Günter Burkard, Heinz J. Thissen

Einführung in die altägyptische Literaturgeschichte II

Einführungen und Quellentexte zur Ägyptologie

herausgegeben von

Louise Gestermann und Christian Leitz

Band 6

LIT

Günter Burkard, Heinz J. Thissen

EINFÜHRUNG IN DIE ALTÄGYPTISCHE LITERATURGESCHICHTE
II

Neues Reich

Zweite Auflage

LIT

∞

Gedruckt auf alterungsbeständigem Werkdruckpapier entsprechend
ANSI Z3948 DIN ISO 9706

Bibliografische Information der Deutschen Nationalbibliothek
Die Deutsche Nationalbibliothek verzeichnet diese Publikation in der Deutschen Nationalbibliografie; detaillierte bibliografische Daten sind im Internet über http://dnb.d-nb.de abrufbar.

2. Auflage 2009

ISBN 978-3-8258-0987-4

Verlagskontakt:
Fresnostr. 2 D-48159 Münster
Tel. +49 (0) 2 51-620 32 22 Fax +49 (0) 2 51-922 60 99
e-Mail: lit@lit-verlag.de http://www.lit-verlag.de

Auslieferung:
Deutschland: LIT Verlag Fresnostr. 2, D-48159 Münster
Tel. +49 (0) 2 51-620 32 22, Fax +49 (0) 2 51-922 60 99, e-Mail: vertrieb@lit-verlag.de

Österreich: Medienlogistik Pichler-ÖBZ GmbH & Co KG
IZ-NÖ, Süd, Straße 1, Objekt 34, A-2355 Wiener Neudorf
Tel. +43 (0) 22 36-63 53 52 90, Fax +43 (0) 22 36-63 53 52 43, e-Mail: mlo@medien-logistik.at

Schweiz: B + M Buch- und Medienvertriebs AG
Hochstr. 357, CH-8200 Schaffhausen
Tel. +41 (0) 52-643 54 30, Fax +41 (0) 52-643 54 35, e-Mail: order@buch-medien.ch

für

Astrid, Kerstin,
Marisa, Mirjam

Vorwort

Wir legen hiermit den zweiten Band der „Einführung in die altägyptische Literaturgeschichte“ vor, der die wesentlichen Texte des Neuen Reiches behandelt. Aus gegebenem Anlaß möchten wir mit allem Nachdruck betonen, daß es sich wie bereits im ersten Band um eine *Einführung* handelt, deren Zweck wir vor allem darin sehen, die Studierenden mit den Literaturwerken vertraut zu machen und zu eigenständiger, weiterer Arbeit anzuregen. Keinesfalls aber soll hier etwas „festgeschrieben“ werden – das würde, wie uns wohl bewußt ist, dem Sinn und Zweck eines wissenschaftlichen Studiums zuwiderlaufen.

Wir halten eine solche – aus der Sicht manches gelehrten Kollegen – einfach daherkommende Einführung gerade in einer Zeit für wichtig, in der die Umstellung der Studiengänge auf B.A. und M.A. vielerorts nur noch eine stark begrenzte Sicht auf das Alte Ägypten erlaubt. Insofern haben wir auch hier an Inhalt und Aufbau des ersten Bandes festgehalten.

Es ist uns eine Freude, Maren GOECKE-BAUER zu danken, die auch dieses Mal mit derselben Akribie wie schon früher das Manuskript las und uns vor einer Reihe von Fehlern und Inkonsequenzen bewahrte.

Das Vertrauen der beiden Herausgeber, Louise GESTERMANN und Christian LEITZ, in uns blieb unerschüttert und verdient unseren herzlichen Dank.

Erftstadt/Vierkirchen, im September 2007

Inhaltsverzeichnis

Einleitung

Diese Einführung in die Literatur des Neuen Reiches soll die in Band I dieser Reihe erschienene Einführung in die Literatur des Alten und Mittleren Reiches fortführen. Das klingt einfach, aber dieses Vorhaben entpuppte sich als nicht so leicht durchführbar. Wir werden hier zwar theoretische Erwägungen zur Frage: „Was ist Literatur?" weglassen, dafür haben wir ein anderes Problem: die Zahl der literarischen Werke ist ungleich höher als die der vorherigen Epochen. Somit stellt sich auch in erhöhtem Maße die Frage, welche Texte respektive Textsorten einzubeziehen sind und welche ohne oder doch mit nur geringem Verlust weggelassen werden können. An dieser Frage bzw. Unsicherheit könnte es – neben der Tatsache, daß das Mittlere Reich nach wie vor als *die* klassische Epoche auch der Literatur gilt – auch liegen, daß wir für diese Zeit wesentlich weniger Anthologien oder zusammenfassende Behandlungen haben als für die vorhergehende Zeit.

Drei Beiträge seien aber doch genannt. Eine Art *status quaestionis* zur Arbeit an literarischen Texten stellt der Beitrag von

🕮 John BAINES, Research on Egyptian Literature, in: Egyptology at the Dawn of the Twenty-first Century. Proceedings of the 8th International Congress of Egyptologists, Cairo 2000, Vol. 3: Language, Conservation, Museology, ed. Zahi HAWASS – Lyla PINCH-BROCK, Cairo – New York 2003, 1-47 (einschließlich verschiedener *responses* u.a. von ALLEN, HAIKAL, JASNOW, ROCCATI, SIMPSON)

dar. Ein weiterer nimmt in aller Kürze, aber grundlegend zur Entwicklung der Literatur im Neuen Reich Stellung:

🕮 Hans-Werner FISCHER-ELFERT, Representations of the Past in New Kingdom Literature, in: „Never Had the Like Occurred". Egypt's Views of the Past, ed. John TAIT, London 2004 (Encounters with Ancient Egypt), 119-137.

FISCHER-ELFERT teilt das Neue Reich wie BAINES (s. dazu weiter unten) in literarischer Hinsicht in zwei naheliegende Stufen ein: 1. die Vor- und 2. die Nach-Amarna-Zeit. In der Zeit vor Amarna wurden lehrhafte, erzählende und lyrische Texte noch in – wenn auch gegenüber dem Mittleren Reich weiterentwickeltem – Mittelägyptisch abgefaßt. Nach Amarna dagegen wurden Texte, wie sie es zuvor noch nicht gegeben hatte, in einer besonderen Stufe bzw. einem besonderen Register des Neuägyptischen, also der zu dieser Zeit tatsächlich gesprochenen Sprache, geschrieben. Dieses Neuägyptisch enthält noch viele verbale und syntaktische Formen des Mittelägyptischen neben rein neuägyptischen Elementen.

Außerdem vermerkt FISCHER-ELFERT, daß aus der Vor-Amarna-Zeit bemerkenswert wenige neue literarische Kompositionen bekannt sind. Es gibt so gut wie keine literarischen Texte, deren Abfassungszeit mit einiger Sicherheit in die 18. Dynastie gelegt werden kann und die keine Vorläufer im Mittleren Reich oder in der zweiten Zwischenzeit haben. Das könne zwar Zufall sein, aber es stehe in einem bemerkenswerten Kontrast zur 19. und 20. Dynastie, in der die literarische Aktivität geradezu explodierte, wie er sich ausdrückt. Allerdings muß, wie er zu Recht betont, der Zufall des Erhaltenen in Rechnung gestellt werden: In geringerem Maße stammen die neuen Texte aus dem memphitischen Raum, in stärkerem aus dem thebanischen, und dort so gut wie ausschließlich aus Deir el Medine (S. 119-120). Es ist mit anderen Worten in Rechnung zu stellen, daß wir möglicherweise nur mit einem sehr speziellen Segment des literarischen Schaffens der Zeit ausgestattet sind. Natürlich heißt das nicht, daß die 18. Dynastie insgesamt arm an textlicher Produktion war. Hierzu wird weiter unten noch Stellung zu nehmen sein.

FISCHER-ELFERT äußert sich in diesem Beitrag auch zur Frage, ob, wie und inwieweit im Neuen Reich Texte des Mittleren Reiches überliefert wurden. Damit blicken wir nochmals kurz auf Band I dieser Einführung zurück. Es fällt ja auf, daß eine ganze Reihe von wichtigen mittelägyptischen Texten nur einmal oder in nur sehr wenigen Quellen überliefert ist. Ersteres gilt für Texte wie den *Lebensmüden*, den *Schiffbrüchigen*, die *Bauerngeschichte* oder die *Lehre für Kagemni*. Das kann aber sicher nicht so gedeutet werden, daß diese Werke nicht weiter tradiert wurden. Die Schreiber von Deir el Medine kannten sie; der Schreiber Amunnacht und der Umrißzeichner Menena etwa, Verfasser von kürzeren Lehren, auf die wir noch zu sprechen kommen, kannten zumindest den *Schiffbrüchigen*, den *Lebensmüden* und die *Bauerngeschichte*, da sie Auszüge daraus in ihren Lehren zitieren oder in anderer Weise auf sie anspielen. Allerdings darf, wie FISCHER-ELFERT anmerkt, auch nicht die Möglichkeit übersehen werden, daß Zitate aus diesen alten Texten quasi als Redensarten weiter tradiert wurden und etwa auf diese Weise in die Lehre des Menena gelangten (S. 121).

Die Unterschiede zwischen der 18. Dynastie und der Ramessidenzeit hatte auch schon

📖 John BAINES, Classicism and Modernism in the Literature of the New Kingdom, in: Ancient Egyptian Literature – History and Forms, ed. Antonio LOPRIENO, Leiden – New York – Köln 1996,[1] 157-174

herausgearbeitet. Auch er stellt fest, daß die „literarische" Eigen-Produktion der 18. Dynastie recht schmal war. Bei manchen Texten, etwa dem *Nilhymnus*, ist die Entstehungszeit umstritten; teilweise wird sie schon in das Mittlere Reich verlegt, u.a. wegen der nicht selten zu beobachtenden gemeinsamen Überlieferung mit der *Lehre des Amenemhet* und der *Lehre des Cheti*. Die Erzählungen des pWestcar sind wohl schon vor dem Neuen Reich entstanden, sie wurden dementsprechend bereits im ersten Band dieser Einführung besprochen. Von einzelnen weiteren Texten bzw. ihrer Entstehungszeit wird später noch die Rede sein. Die Stärke der 18. Dynastie lag vor allem in „historischen" Texten, man denke an die Annalen Thutmosis' III., an die „poetische Stele" dieses Herrschers oder an die Kamose-Stele, um nur drei Beispiele zu nennen. Auch eine Reihe von Hymnen in thebanischen Privatgräbern wäre hier zu erwähnen und schließlich erste Belege für Texte der Gattung „Lob der Stadt". Zu weiterem verweisen wir auf den Artikel von BAINES.

Soviel einleitend und in aller Kürze zu diesen Beiträgen und zu der dem Thema „Neuägyptische Literatur" innewohnenden Problematik. Nach gründlicher Beratung haben wir einen Kanon zusammengestellt, der alles enthält, was *unserer* Meinung nach zur neuägyptischen Literatur gehört und/oder in diesem Rahmen besprochen werden sollte. Wir haben uns dabei auf Texte auf Papyri und Ostraka beschränkt; monumentale und/oder historische Texte wie die eben genannte „poetische Stele" Thutmosis' III., das Kadesch-Gedicht, die Kamose-Stele oder die sog. „Israel-Stele" des Merenptah haben wir ausgeschlossen.

Zu den zu besprechenden Werken gehören also

- die von GARDINER in den *Late-Egyptian Stories* publizierten Texte, also Erzählungen,
- der Moskauer „literarische Brief" oder „Tale of Woe",
- die Lehren – hier sind besonders die *Lehre des Amenemope* und die *Lehre des Ani*, aber auch einige kleinere wie die des Amunnacht oder des Menena zu nennen –,
- die Liebeslieder,

[1] Im folgenden zitiert als AEL.

- Teile der Schülerhandschriften, die unter dem Namen *Late-Egyptian Miscellanies* ebenfalls von GARDINER publiziert und von CAMINOS übersetzt worden sind,
- und schließlich sollen auch Stücke der von H.-W. FISCHER-ELFERT publizierten und übersetzten „Lesefunde im literarischen Steinbruch von Deir el-Medineh" aufgenommen werden.

Im Gegensatz zu der früheren Einführung haben wir uns auch dazu entschlossen, die religiösen Texte vollständig auszuklammern: Gebete und Hymnen, einschließlich des großen Nilhymnus – dessen Datierung wie gesagt umstritten ist –, werden nicht berücksichtigt. Die angestrebte „Einführung" würde sonst unübersichtlich werden; diesen Texten sollte ein eigener Band gewidmet werden.

Die literarisch bzw. literaturgeschichtlich/literaturwissenschaftlich interessierten Ägyptologen scheinen sich, wie oben bereits kurz erwähnt, vor allem auf die „klassische" Literatur des Mittleren Reiches konzentriert zu haben, denn unsere Hilfsmittel sind geringer an Zahl. An Übersetzungen bzw. Übersetzungs-Sammlungen für die Literatur des Neuen Reiches sind vor allem zu nennen:

🕮 Adolf ERMAN, Die Literatur der Ägypter. Gedichte, Erzählungen und Lehrbücher aus dem 3. und 2. Jahrtausend, Leipzig 1923.

Eine englische Übersetzung stammt von

🕮 Aylward M. BLACKMAN, The Ancient Egyptians; A Sourcebook of Their Writing, introduction by William K. SIMPSON, London 1927, Reprint New York 1966.

🕮 William K. SIMPSON (Hrsg.), The Literature of Ancient Egypt. An Anthology of Stories, Instructions, Stelae, Autobiographies, and Poetry, New Haven, London 2003. Diese überarbeitete Neuauflage ersetzt die Erstauflage (New Haven, London 1972).

Die nach wie vor beste und wichtigste Sammlung stammt von

🕮 Miriam LICHTHEIM, Ancient Egyptian Literature II, The New Kingdom, Berkeley 1976.

„Literatur des Neuen Reiches": Das klingt nach einem geschlossenen Zeitabschnitt, wie auch die „Literatur des Mittleren Reiches". Tatsächlich dürfte auch dem Anfänger bald klar sein, daß die Übergänge fließend sind. Mit dem Übergang vom Mittleren ins Neue Reich, und dann insbesondere in der Ramessidenzeit, nimmt nicht nur die Zahl der Literaturwerke zu; auch die Sprache ändert sich, wie sie es überall tut im Laufe der Jahrhunderte. Wir bezeichnen bekanntlich die Sprache des Neuen Reiches als „Neuägyptisch“. Über die Frage, was „Neuägyptisch“ ist, wann es beginnt, wie lange es benutzt wird, ist viel geschrieben worden, man muß hierzu nur die einschlägigen Grammatiken (ERMAN, FRANDSEN, SATZINGER, WINAND, JUNGE, NEVEU) konsultieren. Auch die Sprache, die wir „Neuägyptisch“ nennen, ändert sich im Laufe der Jahrhunderte; literarische Texte benutzen zudem eine andere Sprache als nicht-literarische. In diesem Falle spricht man von „Diglossie“. Nähere Informationen findet man z.B. in den Grammatiken von

🕮 Friedrich JUNGE, Neuägyptisch. Einführung in die Grammatik, Wiesbaden ^{2}1999, 16-22.

🕮 Jean WINAND, Études de néo-égyptien, 1. La morphologie verbale, Liège 1992 (Aegyptiaca Leodiensia 2), 5-30.

Speziell mit dem Thema „Diglossie“ befaßt sich

🕮 Karl JANSEN-WINKELN, Diglossie und Zweisprachigkeit im alten Ägypten, in: WZKM 85, 1995, 87-115.

Wir werden, wie schon in der „Literatur des Mittleren Reiches“ ohne allzu strenge Konsequenz, zunächst die als klassisch geltenden neuägyptischen Erzählungen vorstellen, danach die Lehren und dann die „kleineren Texte“. Bei den Erzählungen legen wir das grobe zeitliche Raster zugrunde, das Friedrich JUNGE für seine Einteilung benutzt (Neuägyptisch, S. 16-18). Eine Zusammenstellung aller im engeren Sinne literarischen Manuskripte stammt von

🕮 Stephen G. QUIRKE, Archive, in: AEL, 379-401, hier besonders 388-389.

Die Erzählungen, die zumeist in der Publikation GARDINERs vorliegen, waren vor mehr als 50 Jahren Gegenstand einer damals bedeutenden Untersuchung, die auch heute noch mit Gewinn benutzt werden kann, trotz vieler in der Zwischenzeit erschienener Einzelbeiträge. Es handelt sich um die Dissertation von

🕮 Fritz HINTZE, Untersuchungen zu Stil und Sprache neuägyptischer Erzählungen, Berlin 1950-1952.

Diese Arbeit besteht aus zwei Teilen: in Teil I behandelt HINTZE Spracheigentümlichkeiten der „Erzählung“, in Teil II solche der „Rede“.

Ohne an dieser Stelle auf Einzelheiten einzugehen, sei lediglich darauf hingewiesen, daß z.B. in dem von LOPRIENO herausgegebenen Sammelband *Ancient Egyptian Literature* recht wenig zu neuägyptischer Literatur gesagt wird. Wir möchten daher dankbar und die Referate der Teilnehmer anerkennend zum einen ein Kölner Hauptseminar im Wintersemester 2003/04 mit dem Titel „Die Literatur des Neuen Reiches im Spiegel neuerer Forschungen“ und zum anderen ein Münchner Hauptseminar im Sommersemester 2004 zum Thema „Neuägyptische Literatur“ erwähnen, Veranstaltungen, aus denen wir viel gelernt haben.

I. Erzählungen

Unter dem – zugegebenermaßen ungenauen – Begriff „Erzählungen" fassen wir eine Gruppe von Texten zusammen, die in ihrer Mehrzahl in der oben genannten Publikation von GARDINER veröffentlicht sind. Einzelheiten zu den Texten sind jeweils nach den Literaturangaben bzw. bei GARDINER nachzulesen.

1. Der verwunschene Prinz (The Doomed Prince, Le prince prédestiné)

Editionen:

🕮 Ernest A. Wallis BUDGE, Facsimiles of Egyptian Hieratic Papyri in the British Museum, Second Series, London 1923, pl. 48-52.

🕮 Georg MÖLLER, Hieratische Lesestücke, 2. Heft, Literarische Texte des Neuen Reiches, ^{2}Leipzig 1927, Nachdruck Berlin 1961, Taf. 21-24.

🕮 Alan H. GARDINER, Late-Egyptian Stories, Bruxelles 1932 (Bibliotheca Aegyptiaca I), 1-9.

Übersetzungen:

🕮 Adolf ERMAN, Die Literatur der Ägypter. Gedichte, Erzählungen und Lehrbücher aus dem 3. und 2. Jahrtausend, Leipzig 1923, 209-214.

🕮 Siegfried SCHOTT, Altägyptische Liebeslieder, Zürich 1950, 188-192.

🕮 Miriam LICHTHEIM, The Doomed Prince, in: Ancient Egyptian Literature II, The New Kingdom, Berkeley 1976, 200-203.

🕮 Emma BRUNNER-TRAUT, Altägyptische Märchen, München 1963 (Erstauflage), Nr. 4.

🕮 Edward F. WENTE, in: William K. SIMPSON (Hrsg.), The Literature of Ancient Egypt. An Anthology of Stories, Instructions, Stelae, Autobiographies, and Poetry, Cairo 2003, 75-79.

Einzelbeiträge:

🕮 Wilhelm SPIEGELBERG, Die Schlußzeilen der Erzählung vom verwunschenen Prinzen, in: ZÄS 64, 1929, 86-87.

🕮 Alfred HERMANN, Der Prinz, dem drei Geschicke drohen, in: Mélanges Maspero, Le Caire 1935-38 (MIFAO 66/1), 313-325.

🕮 George POSENER, On the Tale of the Doomed Prince, in: JEA 39, 1953, 107.

🕮 Chris EYRE, Fate, Crocodiles and the Judgement of the Dead. Some Mythological Allusions in Egyptian Literature, in: SAK 4, 1976, 103-114.

🕮 Emma BRUNNER-TRAUT, in: LÄ IV, 1982, 1107-1112 s.v. Prinzenmärchen.

🕮 Wolfgang HELCK, Die Erzählung vom verwunschenen Prinzen, in: Jürgen OSING und Günter DREYER (Hrsgg.), Form und Mass. Beiträge zur Literatur, Sprache und Kunst des alten Ägypten. Festschrift für Gerhard Fecht, Wiesbaden 1987 (ÄAT 12), 218-225.

🕮 Antonio LOPRIENO, Topos und Mimesis, Wiesbaden 1988 (ÄA 48), 60-64.

🕮 Péter HUBAI, Eine literarische Quelle der ägyptischen Religionsphilosophie? Das Märchen vom Prinzen, der drei Gefahren zu überstehen hatte, in: Ulrich LUFT (Hrsg.), The Intellectual Heritage of Egypt, Studies Presented to László Kákosy, Studia Aegyptiaca XIV, 1992, 277-300.

🕮 Pascale M. TEYSSEIRE, The Portrayal of Women in the Ancient Egyptian Tale, Diss. Yale 1998, 174-178.

🕮 Henrike SIMON, Die Erzählung vom Verwunschenen Prinzen. Gattungstheoretische Untersuchungen zur Literatur des Neuen Reiches, Magisterarbeit Göttingen 2003 (unveröffentlicht).

Der Text ist auf der Rückseite des pHarris 500 = pBM 10060 erhalten. Dieser hat die Maße 143,5 : 20,3 cm (B : H). Die Vorderseite enthält eine Sammlung von Liebesliedern. Die Handschrift ist leider unvollständig. Die Erzählung vom Verwunschenen Prinzen steht auf den Kolumnen 4-8, dann bricht der Papyrus ab. Auf den Kolumnen 1-3 ist das Fragment der Erzählung von der „Eroberung von Joppe“ zu finden, von dem später die Rede sein wird. Auch dieser Text ist unvollständig. Paläographisch gehört die Handschrift an den Beginn der 19. Dynastie, etwa in die Zeit Sethos’ I. und Ramses’ II.

Zunächst zum Inhalt:

Die Person des Autors als fiktiver Erzähler hat

🕮 Claudia SUHR, Zum fiktiven Erzähler in der ägyptischen Literatur, in: Gerald MOERS (Hrsg.), Definitely: Egyptian Literature, Göttingen 1999 (Ling-Aeg, Studia monographica 2), 91-129

untersucht. Zum vorliegenden Text schreibt sie:

> Die Erzählung [...] beginnt mit einer Schilderung der Ausgangssituation durch den auktorialen Erzähler, der das Geschehen mittels perfekter Fiktionalisierung in einer unbestimmten Vergangenheit verortet und den Leser so in die fiktive Welt eintreten läßt (S. 107).

Die folgende Skizze des Inhalts orientiert sich am oben aufgeführten Beitrag HERMANNs:

Einem Königspaar wird erst nach besonderem Bitten von den Göttern ein spätes Kind geschenkt. Nach der Geburt erscheinen als schicksalskündende Feen die sieben Hathoren, die prophezeien, daß sein Tod durch das Krokodil, die Schlange oder den Hund erfolgen werde. Das erinnert an das *Zweibrüdermärchen*, wo diese Göttinnen den gewaltsamen Tod der von Chnum geschaffenen Frau des Bata voraussagen; dazu werden wir später kommen. Um den heranwachsenden Prinzen vor seinen Schicksalen zu bewahren, bauen die Eltern für ihn ein Steinhaus in der Wüste. Als er dort einmal einen Hund sieht und selbst um einen solchen bittet, schenkt man ihm ein kleines ungefährliches Tier (einen „kleinen Zappler“: *wꜥ n ktkt šrj*). Der erwachsene Jüngling, der seine drei Bestimmungen inzwischen kennt, zieht schließlich fort, da er glaubt, ihnen doch nicht entgehen zu können. Er kommt nach Naharina, wo der Fürst des Landes seine einzige Tochter in einem Turm eingeschlossen hat. Die Freier, die um sie werben, müssen zum Fenster hochklettern bzw. hochspringen (*pwj*); dem Gewinner winkt die Hand der Prinzessin. Prinzen aus Syrien, die zur Brautwerbung gekommen sind, nehmen den Jüngling, der seine richtige Herkunft verschleiert und sich als Flüchtling ausgibt, auf und versorgen ihn und sein Pferdegespann. Als wieder ein Kletterwettbewerb zum Fenster der Prinzessin stattfindet, beteiligt sich der ägyptische Prinz daran und natürlich ist er es, der das Fenster erreicht. Der Herrscher, der erfährt, daß nicht ein Fürst seines Herrschaftsgebietes, sondern ein vermeintlich einfacher Fremdling sein Ziel erreicht hat, will ihn töten lassen. Doch die Liebe der Prinzessin rettet ihn. Er erhält sie zur Frau und erzählt ihr von den drei Bestimmungen. Das Ansinnen, seinen Hund, eines seiner Schicksale, töten zu lassen, weist er zurück.

Auf seinem weiteren Lebensweg begegnet der Prinz seinen anderen Schicksalen. Das Krokodil war ihm aus Ägypten gefolgt, wird aber von einem „Riesen“ (*nḫt*) in Schach gehalten. Eines Nachts kommt die Schlange hervor, um ihn zu töten; doch die Frau macht sie betrunken und hackt das Tier anschließend mit einem Beil in Stücke. Danach wird der Prinz während eines Spazierganges plötzlich von seinem Hund bedroht und flieht in einen See, wo er dem Krokodil in die „Arme“ läuft. Dieses fordert ihn auf, gegen den „Riesen“ zu kämpfen, offenbar mit dem (nicht erhaltenen) Versprechen, ihm das Leben zu schenken – hier bricht die Erzählung ab.

Auch hierzu einige Textproben (Übersetzung nach BRUNNER-TRAUT); zunächst der Anfang der Erzählung:

> Was ‚ihn' betrifft, so sagt man, war ein König, dem kein Sohn geboren war. Da erbat sich Seine Majestät von den Göttern seines Gebietes einen Jungen, und sie befahlen, daß ihm einer geboren werde. Er schlief mit seiner Frau in derselben Nacht, und siehe – seine Frau wurde schwanger. Als sie ihre Monate des Gebärens vollendet hatte, wurde (ihr) ein Sohn geboren. Da kamen die Hathoren, um ihm sein(e) Schicksal(e) zu verhängen (*r š3 n=f š3j*). Sie sagten: „Er stirbt durch das Krokodil oder durch die Schlange oder durch den Hund" (4, 1ff.).

Der junge Prinz ist inzwischen herangewachsen:

> Und viele Tage danach war der Knabe von Kopf bis Fuß erwachsen und wandte sich folgendermaßen an seinen Vater: „Was soll dabei herauskommen, daß ich so herumsitze? Sieh, ich bin nun einmal den [*drei*(?)] Schicksalen befohlen. Darum laß mich frei, damit ich nach meiner Neigung handle – der Gott tut (ja doch), was er im Sinne hat" (*j.jr p3 nṯr jrj.t p3 ntj m jb=f*) (4, 11ff.).

Er bricht nach Palästina/Syrien auf:

> So gelangte er zum Fürsten von Naharina (d.i. am oberen Euphrat). Dem Fürsten von Naharina war aber kein Kind geboren außer einer Tochter. Für sie war ein Haus gebaut worden, dessen Fenster siebzig Ellen überm Boden lag. Er ließ alle Söhne aller Fürsten des Landes nach Syrien holen und sprach zu ihnen: „Derjenige, welcher das Fenster meiner Tochter erreicht, der bekommt sie zur Frau" (5, 3ff.).

Die Fürstensöhne, die an diesem Wettbewerb teilnehmen – dieses Motiv begegnet auch sonst; man erinnere sich beispielsweise an den allerdings anders gearteten Wettbewerb der Freier um Penelope, die Frau des Odysseus –, nehmen den unbekannten jungen Mann freundlich auf:

> Sie sagten gesprächsweise zu ihm: „Woher kommst du, schöner Jüngling?" Er antwortete ihnen: „Ich bin der Sohn eines Streitwagenkämpfers aus Ägyptenland" (5, 9ff.).

Der Prinz nimmt an dem Wettbewerb teil; gerade an dieser Passage zeigt sich die stark formelhafte und textgliedernde Funktion von *ḫr jr m-ḫt* (*hrw.w qn.w*) *sw3w ḥr nn*, das hier nur einen neuen Abschnitt ankündigt; selbstverständlich hielten sich die Akteure nicht „viele Tage" untätig vor dem Gebäude auf:

> Und <viele Tage> danach kam der Jüngling, um auch mit den Söhnen der Fürsten zu springen. Er sprang – und erreichte das Fenster

> der Tochter des Fürsten von Naharina. Sie küßte ihn und umarmte ihn von Kopf bis Fuß (6, 4ff.).

Der Herrscher des Landes will den siegreichen Prinzen töten lassen, aber seine Tochter widersetzt sich dem:

> Aber die Tochter hielt ihn fest und schwor bei Gott: „Bei Re-Harachte! Reißt man ihn von mir los, so werde ich nicht mehr essen, werde ich nicht mehr trinken und werde ich auf der Stelle sterben!" [...] Ihr Vater ließ den Jüngling und seine Tochter vor sich holen. Der Jüngling trat vor ihn, und seine Ausstrahlung durchdrang den Fürsten. Da umarmte er ihn und küßte ihn von Kopf bis Fuß (6, 12ff.).

Nach der Hochzeit vertraut der Prinz seiner Frau das ihm geweissagte Geschick an:

> Und viele Tage danach sagte der Jüngling zu seiner Frau: „Ich bin drei Schicksalen überantwortet: dem Krokodil, der Schlange und dem Hund." [...] So begann sie, ihren Gatten sorgfältig zu behüten, und ließ ihn niemals allein ausgehen (7, 5ff.).

Zunächst wird er durch ein Krokodil bedroht, das ihm aus Ägypten gefolgt war und in einem See lebt:

> Es lebte aber auch ein Dämon (*nẖt*) darin (sc. im See), dieser Dämon ließ das Krokodil nicht heraus, wie umgekehrt das Krokodil den Dämon nicht ausgehen ließ. Sobald die Sonne aufging, [stellten] sie sich gegeneinander, und die Beiden kämpften täglich miteinander, einen Zeitraum von 3 Monaten hindurch (7, 11ff.).

Nachdem die Gefahr durch das Krokodil erst einmal neutralisiert ist, droht als nächstes der Tod durch die Schlange:

> Und viele Tage danach feierte der Jüngling einmal einen schönen Tag in seinem Hause. Als die Nacht gekommen war, legte sich der Jüngling auf sein Bett, und der Schlaf bemächtigte sich seiner. Seine Frau füllte eine [Schale mit Wein] und eine andere Schale mit Bier. Da kam eine Schlange aus ihrem Loch, um den Jüngling zu beißen. Seine Frau aber saß neben ihm und schlief nicht. Die [Schalen lockten] die Schlange an, sie trank und wurde betrunken. Dann schlief sie umgedreht, und seine Frau hackte sie in Stücke mit ihrem Beil (7, 14ff.).

Schließlich tritt auch noch der Hund auf:

> Und viele Tage danach ging der Jüngling aus und erging sich lustwandelnd in seinem Anwesen. [...] Da nahm sein Hund Stimme an und sprach: „Ich bin dein Schicksal!" Er lief von ihm davon, erreichte den See und sprang ins Wasser auf der Flucht vor dem Hund. Da faßte ihn das Krokodil und zog ihn dorthin, wo der Dämon wohnte, der

> gerade ausgegangen war. Das Krokodil sagte zu dem Jüngling: „Ich bin dein Schicksal, das dir gefolgt ist. Bis jetzt habe ich drei volle Monate hindurch mit dem Dämon gekämpft. Sieh, ich werde von dir ablassen. Aber dafür sollst du, wenn mein Feind wiederkommt, um zu kämpfen, für mich streiten. Wenn du dich erkenntlich zeigen willst, töte den Dämon. Wenn du schon auf den Hund geschaut hast, schau erst recht auf das Krokodil (8, 6ff.)!"

Kurz danach bricht die Handschrift ab. Der bis jetzt immer noch gebrauchte Titel „Der verwunschene Prinz" ist dazu angetan, an Titel von Märchen zu erinnern; in der Tat sollte dies damit auch erreicht werden, denn bis in die allerjüngste Zeit ist der Text als altägyptisches Märchen aufgefaßt worden, wie auch das *Zwei-Brüder-Märchen*. Adolf ERMAN hatte in seinem Buch „Die Literatur der Ägypter" (S. 209) den Titel übernommen, den Georg EBERS eingeführt hatte: „Der verwünschte Prinz", aber hinzugefügt: „Es müßte richtiger heißen: der Prinz, der dem verhängten Geschick nicht entfliehen konnte". So hat denn auch Alfred HERMANN seinem diesbezüglichen Beitrag den zutreffenderen Titel gegeben: „Der Prinz, dem drei Geschicke drohen". Wie die Bezeichnungen „Doomed prince" und „Prince prédestiné" zeigen, hat sich das Adjektiv „verwunschen" überall durchgesetzt.

Seit

🕮 Max PIEPER, Das altägyptische Märchen, Morgenland 27, Leipzig 1935, 41-44

und schon vorher (Handwörterbuch der Märchenkunde, Berlin 1929) den Text als Märchen etablierte, allerdings darin schon ERMAN folgend, der in der „Literatur der Ägypter", 1923, 210 feststellte: „Die Erzählung [...] könnte [...] ebenso gut in unsere Märchenwelt gehören als in die des alten Ägypten" – seit dieser Zeit gilt der Text als Märchen, und so nennt Emma BRUNNER-TRAUT ihn „das märchenhafteste Märchen Altägyptens" (LÄ IV, 1107), und als „Märchen" bezeichnet noch ASSMANN den Text:

🕮 Jan ASSMANN, Kulturelle und literarische Texte, in: AEL, 59-81, hier 78.

Auf Grund des nicht erhaltenen Schlusses wurde in der Fachliteratur auch spekuliert, wie die Geschichte denn wohl ausgegangen sei; für ERMAN (auch MASPERO, WIEDEMANN, SPIEGELBERG und andere) war „klar, daß den Prinzen trotz aller Vorsicht sein Schicksal ereilt". Im Gegensatz dazu haben EBERS, PIEPER, HERMANN, BRUNNER-TRAUT und andere für ein *happy end* plädiert, d.h. nach ihrer Meinung überwindet der Prinz schließlich sein Schicksal.

In den oben gegebenen Textauszügen sind die wichtigsten Punkte enthalten, die Anlaß zur Diskussion gegeben haben. Im Vordergrund steht dabei die Bedeutung des „Schicksals", das in unserem Text manchmal singularisch, manchmal pluralisch geschrieben wird. Hier ist vor allem

🕮 Jan QUAEGEBEUR, Le dieu égyptien Shaï dans la religion et l'onomastique, Brüssel 1975 (OLA 2)

zu nennen, der im Anschluß an

🕮 Siegfried MORENZ, Untersuchungen zur Rolle des Schicksals in der ägyptischen Religion, Berlin 1960

die Semantik des Verbums *š3* und des Nomens *š3j* durch alle Texte hindurch untersucht hat, auch unter Einschluß der hier relevanten Stellen. An ein Märchen erinnere zudem die Tatsache, daß die Personen anonym sind; es sei auffällig, daß die syrische Fürstentochter bei ägyptischen Göttern schwört und weiteres.

In seinem oben zitierten Artikel „Die Erzählung vom verwunschenen Prinzen" hat Wolfgang HELCK mit dem „Märchen"-Begriff und der von BRUNNER-TRAUT vorgenommenen Datierung aufgeräumt. Ausgangspunkt ist seine Feststellung, daß

> in Ägypten alles Geschriebene einen Zweck hat und es ‚Literatur' in unserem Sinne – worunter ‚Volksdichtung' gehört – nicht niedergeschrieben gibt (S. 218).

Die Niederschrift des Textes ist wie oben erwähnt in die Zeit Sethos' I./Ramses' II. zu datieren und nach BRUNNER-TRAUT „sicher nicht viel früher (nicht vor der Amarnazeit) entstanden". HELCK zeigt überzeugend, daß das Milieu der Erzählung, der Wunsch des Prinzen, in die Ferne zu gehen etc., in die Zeit der 18. Dynastie gehört, in die „ritterliche Gesellschaft der Streitwagenkämpfer", eine Welt, „wie sie während der Zeit der 18. Dynastie im ganzen Ostmittelmeerraum bestand" (S. 220). Dazu gehört einerseits die Betonung der Bedeutung des Pferdes; andererseits hebt sich die ganz unägyptisch gezeichnete Figur der Fürstentochter von den sonst in ägyptischen literarischen Texten vorkommenden negativ konnotierten Frauen ab: Sie setzt ihren Willen durch, sie tritt schützend vor ihren Mann, den Prinzen – kurzum: Sie verkörpert die in der 18. Dynastie erkennbare emanzipierte Frau; das ist umso bemerkenswerter, als sie eine *fremde* Frau ist – hier braucht man nur auf die Warnung vor der fremden Frau in der *Lehre des Ani* (3, 13-14) hinzuweisen.

Die *Prinzengeschichte* entsteht in der Zeit des Zusammenbruchs von Amarna, als „eine Rückbesinnung auf die frühe 18. Dynastie und auf die Standesethik der

Streitwagenkämpfer“ (HELCK, S. 224); eine solche Rückbesinnung kann das Schicksal ändern. Daß diese Auffassung von HUBAI (s.o.) bestritten worden ist, der den Text wieder als Volksmärchen verstehen will, sei *en passant* erwähnt.

Alle mit der Prinzengeschichte verbundenen Fragen und Probleme einschließlich der gesamten Forschungsgeschichte sind in der Magisterarbeit von Henrike SIMON aufgearbeitet worden. Besonders intensiv hat sie sich dem *status quaestionis* des Verhältnisses der Ägyptologie vs. Märchenforschung und *vice versa* der Übertragbarkeit des Märchenbegriffs etc. gewidmet. Ihr Literaturverzeichnis ist überwältigend. Hier kann nicht die ganze Arbeit referiert werden, es sollen nur einige Punkte hervorgehoben werden. So überarbeitet sie den Motivkatalog, den BRUNNER-TRAUT unter Verwendung des Standardwerkes von

🕮 Stith THOMPSON, Motif Index of Folk Literature: a Classification of Narrative Elements in Folk-Tales etc., 6 Bände, ^{2}Bloomington 1955-58

erstellt hatte und bildet aus den 17 Motiven drei Motivketten. Sie befaßt sich mit der dreifachen Bedrohung durch Krokodil, Schlange und Hund. Ein besonders interessanter, bislang nicht beachteter Aspekt ist ihre Analyse des Turmes, in welchem die Tochter des Fürsten von Naharina eingesperrt ist: es könnte sich dabei um einen syrischen Palastbau, ein sog. *bīt ḫilāni* handeln, dessen architektonischen Besonderheiten sie eine ausführliche Beschreibung widmet.

Das naheliegende Ergebnis ihrer Untersuchung lautet: „Die *Erzählung vom verwunschenen Prinzen* ist kein Märchen“ (S. 115). In einem Ausblick verweist sie auf Ähnlichkeiten zwischen der Prinzenerzählung und „der sogenannten Artusepik des Hoch- und Spätmittelalters“; konstitutive Elemente des letzteren sind die sog. *âventiure* und die *minne*. Daraus ergibt sich ihr Vorschlag, den Text als *höfischen Roman* zu klassifizieren.

Der Text ist einfach gebaut, er enthält Wiederholungen, typische Satzeinleitungen etc., die ihn trotz der Gliederungspunkte, die zunächst einen anderen Eindruck erwecken könnten, im Gegensatz zur Versliteratur als Prosatext kennzeichnen, wie

🕮 Günter BURKARD, Der formale Aufbau altägyptischer Literaturwerke: Zur Problematik der Erschließung seiner Grundstrukturen, in: SAK 10, 1983, 79-118

an einem längeren Auszug unseres Textes (5, 6-13) gezeigt hat, vgl. auch

🕮 Günter BURKARD, Metrik, Prosodie und formaler Aufbau altägyptischer literarischer Texte, in: AEL, 454-455.

Es sei nun nochmals an die Ausführungen HELCKs zur Gesellschaft der Streitwagenkämpfer angeknüpft, speziell an die vom Prinzen gebrauchte Bezeichnung *snnj*, die ebenso wie das auch in der Astarte-Geschichte belegte Wort *jm* „Meer, See", das ja auch hier vorkommt, semitischen Ursprungs ist; alle Informationen dazu finden sich bei

🕮 James E. HOCH, Semitic Words in Egyptian Texts of the New Kingdom and Third Intermediate Period, Princeton 1994, 261-263.

Die Bezeichnung *snnj* kommt in einem Text vor, der zu den *Late-Egyptian Miscellanies* gehört: im pAnastasi III 6, 2-10 = *LEM* 27, 11-15, datiert auf das Jahr 3 des Merenptah (ca. 1210); dort heißt es in der Übersetzung von

🕮 Nikolaus TACKE, Verspunkte als Gliederungsmittel in ramessidischen Schülerhandschriften, Wiesbaden 2001 (SAGA 22), 41:

> Der Schreiber Amenemope spricht zum Schreiber Pabasa: Dieser Brief ist dir gebracht worden mit der Mitteilung: Paß auf und werde Schreiber; die ganze Welt wirst du (dann) leiten! Komm, daß ich dir von einem schwächlichen Beruf (*j3w.t gbj*) erzähle, (nämlich dem des) Streitwagenkämpfers der Wagentruppe (*snnj n t3-nt-ḥtr*).

Im folgenden wird u.a. geschildert, wie es dem Streitwagenkämpfer nicht gelingt, sein Pferdegespann vor Verletzung durch die Leine und durch Dornengestrüpp zu schützen, und die Folge seines Verhaltens ist:

> Schließlich ist er zu Boden geworfen und mit 100 Schlägen geschlagen.

Dieser Text zeigt, wie

🕮 Hans-Werner FISCHER-ELFERT, The Sufferings of an Army Officer, in: GM 63, 1983, 43-45

schreibt, „daß auch der Streitwagenfahrer nicht vom Spott und Hohn dünkelhafter Schreiber verschont geblieben ist" (S. 43). Wir nehmen diesen Text als eine Bestätigung der oben zitierten Auffassung HELCKs. Damit können wir die Besprechung des „Prinzen" beschließen. Hier ist es angebracht, einen

Exkurs

einzuschieben: In den Literaturangaben wird immer wieder und so auch oben zur *Prinzengeschichte* auf die Untersuchung von

🕮 Antonio LOPRIENO, Topos und Mimesis. Zum Ausländer in der ägyptischen Literatur, Wiesbaden 1988 (ÄA 48)

verwiesen. Aufgrund des Untertitels darf man also mit Fug und Recht erwarten, daß die in den neuägyptischen Literaturwerken vorkommenden Ausländer in dieser Arbeit erwähnt sind. Tatsächlich behandelt LOPRIENO den *Verwunschenen Prinzen*, wie etwa dem Register (S. 122) zu entnehmen ist. Die beiden von ihm gebrauchten Begriffe „Topos" und „Mimesis" seien hier kurz erläutert, da von ihnen noch mehrfach die Rede sein wird.

🕮 Jeremy HAWTHORN, Grundbegriffe moderner Literaturtheorie, UTB 1756, Stuttgart 1994, 326

schreibt zum Begriff *Topos*:

> Der Begriff *Topos* kommt aus dem Griechischen [genauer: aus der Rhetorik des Aristoteles, unsere Anm.] und bedeutet ‚Gemeinplatz',...

Den Ausdruck „Gemeinplatz" finden wir z.B. bei WIELAND und GOETHE. Sammlungen solcher *Topoi* sind seit dem Altertum kompiliert worden, in Deutschland waren es z.B. die barocken „Schatzkammern", in England die „Commonplace Books". Es handelt sich also ursprünglich um nichts anderes als eine rhetorische Formkategorie, als Beispiel sei der *Topos der affektierten Bescheidenheit* zitiert: „Ich bin unfähig, einem so großen Thema gerecht zu werden". Im Laufe der Zeit vollzog sich eine Entwicklung: aus der rhetorischen Formkategorie wurde eine poetische, schließlich bei CURTIUS ein literarisches Klischee. Von eben diesem Romanisten Ernst-Robert CURTIUS (1886-1956), und zwar aus dessen 1948 entstandenem Werk „Europäische Literatur und lateinisches Mittelalter" übernimmt LOPRIENO sein Verständnis von *Topos*. Der *Topos* wird zur Diagnostizierung literarischer Formkonstanten entdeckt: Demnach bedeutet *Topos*

> die literarische Übertragung einer im kulturellen Kon-Text verankerten Grundaussage über die Realität, ein *Bezugsschema* (LOPRIENO, S. 10).

Dazu eine weitere Bemerkung:

> Im Unterschied zum Zitat, das nur Text in Beziehung setzt, handelt es sich beim Topos um die literarische Transzendierung akzeptierten gesellschaftlichen Grundwissens (Hannes BUCHBERGER, Rez. zu LOPRIENO, in: WdO 20/21, 1989/90, 7 unter Zitierung LOPRIENOs).

Der Begriff *Mimesis* kommt ebenfalls aus dem Griechischen und bedeutet „Nachahmung" oder besser „Darstellung". Seit Aristoteles ist alle Kunst *Mimesis*, d.h. wenn Literatur Kunst sein will, ist sie *Mimesis*, und sie bedient sich verschiedener Darstellungsformen: der Topik, der Narrativik, der Lyrik etc. LOPRIENO faßt *Mimesis* „als des Autors selbständigen Versuch [auf], das ‚Wirkliche' darstellend zu bewältigen" (S. 11). Dabei geht es nicht um „die reale Wirklichkeit, wie sie unabhängig vom Menschen existiert, sondern um die ‚fiktive Wirklichkeit' innerhalb der Darstellung" (BUCHBERGER, S. 7).

Geht man von den ursprünglichen Definitionen aus, dann benutzt LOPRIENO eigentlich zwei *termini*, die verschiedenen Ebenen angehören: *Topos* ist ein Begriff für ein Formulierungsverfahren, *Mimesis* ist ein kunsttheoretischer, also ein *Metabegriff* (BUCHBERGER, S. 8). Wenn wir LOPRIENO für die in unseren Erzählungen vorkommenden Ausländer heranziehen, müssen wir uns natürlich seiner Definitionen bedienen.

LOPRIENO überträgt sein *Topos* – *Mimesis*-Modell auf die Ausländerthematik und legt fest: Der topische Ausländer (der in der Weisheitsliteratur vorkommt) ist anonym, er tritt nur unter seiner Stammesbezeichnung auf („elender Asiat") und ist gegenüber der ägyptischen Weltordnung ein Unmensch; der mimetische Ausländer trägt einen Namen, ist ein Individuum, „ein ägyptisierter ‚Mensch'" (BUCHBERGER, S. 9).

Betrachten wir unter diesem Gesichtspunkt die Ausländer im *Verwunschenen Prinzen*, stellen wir fest, daß weder der Fürst von Naharina (*p3 wr n Nhrn*) noch seine Tochter einen Namen tragen. LOPRIENO behilft sich hier mit der Feststellung, daß diese Tatsache

> nicht in antimimetischen Sinne ausgedeutet werden [sollte]: selbst der ägyptische Held wird in dieser Geschichte lediglich durch seine psychologischen und sozialen Charakteristika dargestellt, so daß das Fehlen der Präsentation durch Eigennamen hier als stilistisches Merkmal aufgefaßt werden kann, das vielleicht dazu bestimmt ist, den fiktionalen, oder besser imaginären Kontext der Erzählung hervorzuheben (LOPRIENO, S. 61 Anm. 8).

Ein anderer Gesichtspunkt leuchtet uns mehr ein:

> Der *Verwunschene Prinz* setzt sich *freiwillig* dem mimetischen Verfahren der Realitätsbewältigung aus: nicht der Ägypter erkundet das Fremde und den Fremden, wie bei Sinuhe, sondern umgekehrt der Fremde den Ägypter (S. 62).

Der Fürst fragt den Prinzen nach seiner Herkunft:

> Das Ägypter-Sein ist nicht mehr ‚selbstverständlich', sondern ist zum potentiellen Gegenstand fremder Neugier geworden, die von einem gleichwertigen Ausländer, dem Herrscher eines Großreiches, ausgeht (S. 62-63).

Diese Ausführung käme u.E. auch ohne das Adjektiv „mimetisch“ aus, aber der Hinweis auf Sinuhe ist überzeugend; man kann eine Entwicklungslinie in Bezug auf die Erschließung des Auslands erkennen: bei Sinuhe unfreiwilliger Aufenthalt in der Fremde, die von ihm erkundet wird, beim *Verwunschenen Prinzen* freiwilliger Aufenthalt in der Fremde, der Prinz wird erkundet.

Ende des Exkurses

2. Das Zweibrüdermärchen

Editionen:

🕮 Select Papyri in the Hieratic Character from the Collections of the British Museum, part II, London 1860, pl. IX-XIX.

Die Lithographien von J. NETHERCLIFT wurden von dort übernommen von

🕮 Georg MÖLLER, Hieratische Lesestücke, 2. Heft, Literarische Texte des Neuen Reiches, ^{2}Leipzig 1927, Nachdruck Berlin 1961, Taf. 1-20.

🕮 Alan H. GARDINER, Late-Egyptian Stories, Bruxelles 1932 (Bibliotheca Aegyptiaca I), 9-30.

Übersetzungen:

🕮 Adolf ERMAN, Die Literatur der Ägypter. Gedichte, Erzählungen und Lehrbücher aus dem 3. und 2. Jahrtausend, Leipzig 1923, 197-209.

🕮 Miriam LICHTHEIM, The Two Brothers, in: Ancient Egyptian Literature II, The New Kingdom, Berkeley 1976, 203-211.

🕮 Emma BRUNNER-TRAUT, Altägyptische Märchen, München 1963 (Erstauflage), Nr. 5.

🕮 Carsten PEUST, Das Zweibrüdermärchen, in: TUAT Ergänzungslieferung, Gütersloh 2001, 147-165.

🕮 Edward F. WENTE, in: William K. SIMPSON (Hrsg.), The Literature of Ancient Egypt. An Anthology of Stories, Instructions, Stelae, Autobiographies, and Poetry, Cairo 2003, 80-90.

Einzelbeiträge:

🕮 Elke BLUMENTHAL, Die Erzählung des Papyrus d’Orbiney als Literaturwerk, in: ZÄS 99, 1972, 1-17.

🕮 Jan ASSMANN, Das ägyptische Zweibrüdermärchen (Papyrus d’Orbiney): Eine Textanalyse auf drei Ebenen am Leitfaden der Einheitsfrage, in: ZÄS 104, 1977, 1-25.

🕮 Emma BRUNNER-TRAUT, in: LÄ IV, 1982, 697-704 s.v. Papyrus D'Orbiney.

🕮 Susan T. HOLLIS, The Ancient Egyptian „Tale of the Two Brothers". The Oldest Fairy Tale in the World, Univ. of Oklahoma Press 1990.

🕮 Wolfgang WETTENGEL, Zur Rubrengliederung der Erzählung von den zwei Brüdern, in: GM 126, 1992, 97-106.

🕮 Sally L.D. KATARY, *The Two Brothers* as Folktale: Constructing the Social Context, in: JSSEA 24, 1994 (erschienen 1997), 39-70.

🕮 Susan T. HOLLIS, Anubis' Mortuary Functions in „The Tale of the Two Brothers", in: Hermes Aegyptiacus. Egyptological Studies for B.H. Stricker on his 85th Birthday, ed. by Terence DUQUESNE, Oxford 1995, 87-99.

🕮 Pascale M. TEYSSEIRE, The Portrayal of Women in the Ancient Egyptian Tale, Diss. Yale 1998, 67f., 92f., 139-148.

🕮 Françoise LABRIQUE, La transmission de la royauté égyptienne, dans le *De Iside*, le *Jugement d'Horus et Seth* (P. Chester Beatty I) et le *Conte des Deux Frères* (P. d'Orbiney) in: Pouvoir des hommes, signes des dieux dans le monde antique, ed. Michel FARTZOFF – Elisabeth SMADJA – Evelyne GENY, Paris 2002, 9-26.

🕮 Wolfgang WETTENGEL, Die Erzählung von den beiden Brüdern. Der Papyrus d'Orbiney und die Königsideologie der Ramessiden, Fribourg – Göttingen 2003 (OBO 195).

Im letztgenannten Buch ist die gesamte Forschungsgeschichte zum Text beschrieben, so daß man einen sehr guten Überblick erhält.

An den Beginn sei allerdings ein anderes Zitat gestellt:

> Das Brüdermärchen ist das reichste und anfänglichste Märchen Ägyptens und ist auch sein berühmtestes geworden. Sein Gehalt kann nicht ausgeschöpft und hier nur eben angedeutet werden (BRUNNER-TRAUT, Altägyptische Märchen, Erstauflage, 290).

Der pd'Orbiney ist benannt nach einer Engländerin, Elisabeth geb. Fearnley, die den Namen d'Orbiney in Frankreich annahm. Sie erwarb den Papyrus in Italien und übergab ihn im Winter 1851/52 an Emmanuel DE ROUGÉ, der die Bedeutung des Textes sofort erkannte. 1857 verkaufte sie den Papyrus an das Britische Museum; dort wird er unter der Inventar-Nr. pBM EA 10183 aufbewahrt.

Zunächst zum Inhalt und in diesem Zusammenhang auch zu einigen Textzitaten, die allerdings infolge des relativen Umfangs der Geschichte nur sehr eklektisch sein können (Übersetzung nach BRUNNER-TRAUT):

Anubis, seine Frau und sein jüngerer Bruder Bata leben gemeinsam in einem Haus. Sie leben von der Landwirtschaft, in der sich Bata als besonders geschickt herausstellt:

> Es waren einmal zwei Brüder, sagt man, von ein und der selben Mutter und von ein und dem selben Vater. Anubis war der Name des älteren, Bata der Name des jüngeren. Anubis, er besaß ein Haus und besaß eine Frau, während sein jüngerer Bruder bei ihm so lebte wie ein Sohn. Er (der jüngere) war es, der für ihn Kleider machte, der hinter seinem Vieh auf die Weide ging, und er war es auch, der pflügte und der für ihn erntete, kurz, er war es, der für ihn alle Feldarbeit verrichtete (1, 1-3).

Als er eines Tages von Anubis vom Feld zurückgeschickt wird, um zusätzliches Saatgetreide zu holen, möchte ihn die Frau des Anubis verführen. Zur Technik der Verführung hat sich ausführlich geäußert

🕮 Philippe DERCHAIN, La perruque et le cristal, in: SAK 2, 1975, 55-74.

Doch der tugendhafte Jüngling widersteht:

> Da begann sie ein Gespräch mit ihm und sagte: „In dir ist viel Kraft. Ja, ich sehe täglich deine Manneskraft“, und sie wünschte ihn als Mann kennenzulernen. Sie stand also auf, griff nach ihm und sagte zu ihm: „Komm, laß uns eine Stunde zusammen schlafen. Das soll sich dir lohnen. Ich werde dir schöne Kleider dafür machen.“
>
> [...]
>
> Der junge Mann wurde wie ein oberägyptischer Panther, wenn er in Wut gerät, wegen des gemeinen Antrags, den sie ihm gemacht hatte, und sie fürchtete sich gar sehr (3, 4-9).

In Umkehrung der Wahrheit denunziert ihn die Frau abends bei ihrem Mann, der seinen Bruder daraufhin umzubringen versucht. Doch dieser wird durch seine sprechenden Kühe gewarnt und flieht. Anubis verfolgt ihn solange, bis Re-Harachte auf ein flehentliches Gebet des Bata hin zwischen beiden ein großes Wasser voller Krokodile entstehen läßt. Dann klärt Bata seinen Bruder über das tatsächliche Geschehen auf, kehrt aber nicht mit ihm zurück, sondern:

> Er nahm ein Messer und schnitt sich das Glied ab. Er warf es ins Wasser, und der Wels verschluckte es. Er wurde schwach und zusehends elend. Sein älterer Bruder hatte sehr, sehr Mitleid und fing an, laut um ihn zu weinen. Aber er konnte nicht hinüber, wo sein jüngerer Bruder war, wegen der Krokodile (7,8-8,1).

Bata zieht dann ins sog. „Tal der (Schirm-)Pinien“ (≈ Phönikien), verabredet jedoch zuvor noch mit seinem Bruder ein Lebenszeichen: Wenn er sich in Gefahr befinde, schäume Anubis' Bier über. Anubis kehrt nach Hause zurück, tötet seine Frau und wirft sie den Hunden vor.

Szenenwechsel: Bata zieht ins „Tal der Schirmpinie", nimmt dort, wie ebenfalls verabredet, sein Herz heraus und legt es auf die Spitze dieses Baumes. Dann baut er sich ein Schloß. Eines Tages trifft er auf die Götterneunheit, die gerade im Land unterwegs ist und die von seiner Einsamkeit gerührt ist. Sie veranlaßt Chnum, für Bata eine Frau zu erschaffen, wie es sie schöner nie gegeben hatte, aber die Sieben Hathoren (die wir schon vom *Verwunschenen Prinzen* kennen) prophezeien, daß sie eines gewaltsamen Todes sterben werde:

> Und Chnum machte ihm eine Lebensgefährtin, deren Erscheinung schöner war als die aller Frauen im ganzen Lande und in die jeder Gott eingegangen war. Die Sieben Hathoren kamen, sie anzuschauen, und sie sagten einstimmig: „Sie wird eines gewaltsamen Todes sterben" (9, 7-9).

Bata warnt sie vor dem (unersättlichen?) Meer, das sie tatsächlich eines Tages bedroht. Auf der Flucht greift die Pinie sich eine Locke der Frau, die das Meer anschließend nach Ägypten trägt. Dort wird sie Pharao gezeigt, der alsbald in Liebe zu dieser Frau fällt und sie holen lassen will. Der erste Versuch mißlingt, weil Bata alle Soldaten mit einer Ausnahme umbringt. Beim zweiten Versuch schickt Pharao mehr Soldaten und eine Frau mit Schmuck, und dieses Mal gelingt die Entführung. Die Frau des Bata wird „Große Haremsdame". Als der König von ihr erfahren möchte, was es mit ihrem Gemahl auf sich habe, sagte sie zu ihm:

> „Laß die Schirmpinie fällen und sie zerhacken!" Man schickte Soldaten mit ihren Geräten aus, um die Schirmpinie zu fällen. Sie kamen zur Schirmpinie, und sie schnitten die Blüte ab, auf der das Herz Batas lag, und der fiel im gleichen Augenblick tot um (12, 4-7).

Szenenwechsel: Anubis will einen Becher Bier trinken, doch das Bier schäumt über, der ersatzweise angebotene Wein wird schlecht. Das ist das verabredete Zeichen:

> Da nahm er seinen Stock und seine Sandalen und auch seine Kleider und seine Waffen, und er machte sich auf, ins Tal der Schirmpinie zu gehen. Er trat in das Schloß seines jüngeren Bruders, und er fand seinen jüngeren Bruder tot auf seinem Bett liegen. Er weinte, als er seinen jüngeren Bruder als einen Toten liegen sah. Dann ging er, um das Herz seines jüngeren Bruders unter der Schirmpinie zu suchen, unter der sein jüngerer Bruder abends geschlafen hatte. Er verbrachte drei Jahre, es zu suchen, aber er fand es nicht (12, 10-13, 5).

Zu Beginn des vierten Jahres unternimmt er einen letzten Versuch:

> Am Abend wollte er gerade heimgehen, und suchte es nur noch einmal einen Augenblick – da fand er eine Frucht und nahm sie mit heim. Und dies war das Herz seines jüngeren Bruders. Er holte eine Schale frischen Wassers und warf es hinein (13, 7-9).

Er läßt Bata das Wasser samt seinem Herzen trinken, dann „wurde er so, wie er gewesen war" (*jw=f ḥr ḫpr mj wn.n=f*). Bata schlägt seinem Bruder nun folgenden Plan vor: Er werde sich in einen Stier verwandeln und ihn, den älteren Bruder, auf seinem Rücken zum Pharao tragen; dieser werde das Rasse-Tier in Gold und Silber aufwiegen lassen. So geschieht es, Anubis lebt hochgeehrt in einem ägyptischen Dorf, und am Hofe Pharaos gibt sich der Stier der „großen Haremsdame" zu erkennen:

> „Sieh, ich lebe noch!" Sie sagte zu ihm: „Wer bist du denn?" Er antwortete ihr: „Ich bin Bata. Du weißt doch, als du die Schirmpinie hast zerhacken lassen für Pharao, daß das meinetwegen geschehen ist, um mich nicht mehr leben zu lassen. Sieh, ich lebe noch, und zwar als Stier" (15, 8-16, 1).

Sie verlangt daraufhin vom Pharao, den Stier schlachten zu lassen. Während der Schlachtzeremonie fallen zwei Blutstropfen des Stiers auf die beiden Seiten des Palasttores und es entstehen daraus zwei große Perseabäume. Als Pharao und die Dame darunter sitzen, gibt sich Bata abermals zu erkennen. Jetzt verlangt die Frau, die beiden Perseabäume zu fällen. Während dieses Vorganges fliegt der Frau ein Splitter in den Mund, sie wird augenblicklich schwanger und gebiert einen Sohn, der von Pharao zum „Königssohn von Kusch", kurz darauf zum „Erbprinzen von ganz Ägypten" ernannt wird – es ist der neue Bata, der vier Jahre später Nachfolger des gestorbenen Pharao wird. Er läßt seine Frau von einem Kollegium richten, herrscht danach 30 Jahre, und nach seinem Tode folgt ihm sein älterer Bruder Anubis auf den Thron.

Der Text endet mit einer Nachschrift, aus der hervorgeht, daß der Schreiber des Textes Ennene ist, und zwar im Jahr 1 Sethos' II., d.h. ca. 1200 v.Chr.; diesen Ennene kennen wir auch als Schreiber diverser Schülerhandschriften. Wichtig ist der letzte Satz dieser Nachschrift:

> „Wer gegen diese Schrift redet, dem wird Thot Feind sein!"

Die Sprache ist insgesamt einfach und vordergründig leicht zu verstehen. Die Zahl der verwendeten Motive ist hoch, zudem ist der Stoff außerordentlich weit verbreitet: Das *Brüdermärchen* ist in über 1000 Varianten in aller Welt belegt, das reicht bis hin zu dem Märchen der Gebrüder Grimm mit dem Titel „Die zwei

Brüder“ (Kinder- und Hausmärchen, 60, s. etwa Hans-Jörg UTHER (Hrsg): Brüder Grimm: Kinder- und Hausmärchen, München 1996).

Aus all dem wird deutlich, daß es nicht einfach ist, sich diesem Text zu nähern. Er war unter anderem Gegenstand der Dissertation von HOLLIS; dort kann man (ebenso wie jetzt bei WETTENGEL, Erzählung) von der Forschungsgeschichte bis zur Einzelinterpretation alles nachlesen. Wir müssen hier selektiv verfahren. Auch dabei gilt zunächst wieder die oben S. 13 zitierte Feststellung HELCKs, daß

> in Ägypten alles Geschriebene einen Zweck hat und es ‚Literatur' in unserem Sinne – worunter ‚Volksdichtung' gehört – nicht niedergeschrieben gibt.

In jüngster Zeit wurde die Meinung vertreten, es handele sich

> bei dem Text um ein politisch-religiöses Dokument, das sich aus verschiedenen ägyptischen Bildern vom Sonnenlauf, des Königskultes, Mythenfragmenten um Osiris und historischen Vorgängen der 18./19. Dynastie zusammensetzt (WETTENGEL, in: GM 126, 1992, 97).

Wie die Lithographien bei MÖLLER anschaulich zeigen, ist der Text durch Rubren in 24 verschieden lange Abschnitte gegliedert, die eine Art Dreiteilung ergeben. Das wird schon durch die Inhaltsangabe nahegelegt. Wir halten uns dabei an die Einteilung von BRUNNER-TRAUT (LÄ IV, 698; eine an strukturalistischen Methoden orientierte Analyse stammt von Jan ASSMANN (in: ZÄS 104, 1977, bes. 5ff.), ist allerdings für Anfänger nicht leicht nachzuvollziehen):

1. Einleitung mit Schilderung des Lebens der Brüder auf dem Lande bis zur Trennung,
2. Schicksal des Bata, Leben im Tal der Schirmpinie bis zu seiner Rückkehr nach Ägypten, und
3. zweimaliger Versuch, Bata zu töten, Leben in der ägyptischen Residenz bis zu Batas Lebensende.

Diesen drei Großabschnitten entsprechen auch verschiedene sprachliche Ebenen (wie HINTZE festgestellt hat), ohne daß man daraus allerdings den Schluß ziehen darf, es handele sich um drei verschiedene Quellen, deren Bestandteile zu einer Komposition verschmolzen worden seien. Im Gegenteil deuten verschiedene Indizien darauf hin, daß diese äußere Gliederung schon zu Beginn feststand, also den Rahmen bildete, der anschließend durch den Text ausgefüllt wurde, wie ASSMANN (ZÄS 104, 1977, bes. 3-4) beobachtet hat. ASSMANN hat auch festgestellt, daß den drei Abschnitten eine topographische Gliederung des Textes entspricht: Ägypten – Libanon – Ägypten; von WETTENGEL stammt die Vermutung, daß dabei auch an die drei Jahreszeiten Ägyptens und an den täglichen Sonnenlauf (mit je 12 Tages- und Nachtstunden) zu denken ist. Das sieht bei den Jahreszeiten dann so aus:

1. Ägypten: 1.-8. Stunde: Neujahr bis Herbst, jahreszeitlich bedingter Sonnenrückzug;
2. Libanon: 8.-16. Stunde: Winter/Frühjahr, mythische Sonnenferne im „Gottesland", winterlicher „Tod" und Sonnenrückkehr im Frühjahr nach Ägypten;
3. Ägypten, Königspalast: 16.-24. Stunde: Frühjahr/Sommer.

Die Rubrengliederung bespricht WETTENGEL ausführlich in seiner Monographie S. 191ff. und zieht daraus das Fazit,

> daß der gesamte Text in der Form, in welcher er uns vorliegt, konstruiert worden sein muß. Die Ereignisse der Erzählung, in die der Gott Bata verwickelt ist, basieren teilweise auf älteren mythischen Bildern, die den Sonnenlauf beschreiben und in die schließlich das Königtum eingebunden ist. Eine derartige Zusammenstellung ist typisch ramessidisch (S. 202).

Allerdings ist zu bedenken, daß bei derartigen Überlegungen immer eine Gefahr der Überinterpretation besteht, und es ist zu fragen, ob WETTENGEL dieser Gefahr nicht gelegentlich erliegt. So erscheint sein Vorschlag, neben markanten Einschnitten wie denen nach dem 8. und dem 16. Kapitel weitere besondere Höhepunkte zu sehen, allzu willkürlich bzw. beliebig.

So könnte man etwa auch fragen, warum nicht statt dem 16. das 15. Kapitel eine besondere Bedeutung besitzt. Immerhin wird dort von der Wiederbelebung des toten Bata berichtet. Wenn man nur will, könnte man sicher auch noch ganz andere Einteilungen bzw. Schwerpunkte suchen und finden. Auch die jahreszeitliche Gliederung, die WETTENGEL vornimmt, vermag nicht so recht zu überzeugen. Er verfängt sich unserer Ansicht nach zu sehr im Schema der 24 Kapitel, die natürlich an eine solche Einteilung ebenso denken lassen wie an die 24 Stunden des Tages. Die topographische Gliederung, die ASSMANN vorgenommen hat, ist nach wie vor überzeugender.

Erzählt wird der Text wieder von einem auktorialen Erzähler, wie es

🕮 Claudia SUHR, Zum fiktiven Erzähler in der ägyptischen Literatur, in: LingAeg, Studia monographica 2, 1999, 108-110

beschreibt. Die Einleitung in die Erzählung ist dieselbe wie beim *Verwunschenen Prinzen*; vgl.

> Was ‚ihn' betrifft, so sagt man, war ein König, dem kein Sohn geboren war.

und

> Was ‚ihn' betrifft, sagt man (*jr mntf ḫr.tw*), (es waren) zwei Brüder von einer Mutter und von einem Vater: Anubis war der Name des älteren, Bata der Name des jüngeren [...].

Außer den beiden Namen erfahren wir nichts Konkretes, was nach SUHR auf die Fiktionalität der Erzählung hinweist:

> Die eigentliche Handlung beginnt, als die Brüder eines Tages wieder einmal auf dem Felde arbeiten, wobei ihre Gefühle durch Innenansicht vermittelt werden. Die ausdrückliche Betonung der Tatsache, daß es sich um eine gewohnheitsmäßig ausgeübte Tätigkeit handelt, bereitet den Umschlag zu einer Veränderung der Ausgangslage vor (S. 108).

Im folgenden beschreibt SUHR, wie der Erzähler den Leser immer wieder durch Eingriffe führt und vor Irrtümern bewahrt. Trotzdem bleibt es schwer genug, den Handlungsverlauf zu verfolgen.

Betrachten wir zunächst die Hauptpersonen:

1. Die Sympathien des Lesers/Hörers gehören zweifellos Bata, dem Hirten und Viehzüchter, später Jäger, noch später König. Bata zeigt durch seine Aktivitäten seine göttliche und königliche Natur – wir folgen hier der Beschreibung LABRIQUEs –, aber bevor er König wird, bedarf es einiger Abenteuer. LABRIQUE verweist auf die Ähnlichkeit mit dem jungen Horus, der ebenfalls Abenteuer bestehen muß, bevor er König wird. In unserem Fall gehen die Konflikte von einer Frau aus, seiner Schwägerin, auf die wir noch zu sprechen kommen.

Es klingt kurios, daß man bei der Entdeckung der Erzählung Anubis bereits gut kannte, aber mit Bata (zuerst Sata gelesen, s. dazu weiter unten) nichts anfangen konnte. Das sollte sich aber bald ändern; alle Einzelheiten sind bei HOLLIS, S. 70-105 nachzulesen.

Hinter dem *B3t3* des pd'Orbiney verbirgt sich eine Gottheit, deren Ursprünge man bis zum Alten Reich zurückverfolgen kann, wo er als *Bt* erscheint; dazu sei verwiesen auf

🕮 Peter KAPLONY, in: LÄ I, 1975, 632-636 s.v. Bata.

Heimat dieses Gottes ist der 17. oberägyptische Gau; beide, *Bt* und *B3t3* sind ebenso mit landwirtschaftlicher Arbeit wie mit Osiris verbunden. Zwischen Altem und Neuem Reich klafft eine Lücke; dann taucht der Name des Gottes plötzlich in syllabischer Schreibung auf, und zwar in Verbindung mit der Stadt *S3k3*, die seit der Zeit der Hyksos einige Bedeutung gewann.

Nun gibt es vom Ende der Ptolemäerzeit einen berühmten Text, den pJumilhac, der seinem Inhalt nach aus dem 17. und 18. oberägyptischen Gau stammt. Er enthält eine Sammlung von Legenden aus verschiedenen Kultorten in Mittelägypten. Unter anderem wird geschildert, wie Anubis zusammen mit anderen Gottheiten die Gaureliquie des Osiris vor den Nachstellungen des Seth-Bata von *S3k3* schützt. Schließlich wird Seth-Bata in der Schlachtstätte gefangen gehalten und danach in die Balsamierungsstätte überwiesen.

🕮 Hartwig ALTENMÜLLER, Bemerkungen zum Hirtenlied des Alten Reiches, in: CdE 48, 1973, 211-231

hat (S. 217-218) die einschlägigen Stellen aus beiden Texten – dem pd'Orbiney und dem pJumilhac – zu Bata zusammengestellt. Für ihn sind die beiden Texte die Hauptquellen des „Bata-Mythos".

Zum entgegengesetzten Ergebnis kommt HOLLIS in ihrer Untersuchung (S. 102f.): Trotz einiger auf den ersten Blick ähnlich erscheinender Aktionen wie der Flucht und der Selbstkastrierung sind Motivation und tatsächliche Ausführung so absolut verschieden („utterly different"), daß die Identität der beiden Erzählungen und damit diejenige der beiden Gottheiten nicht aufrecht zu erhalten ist.

WETTENGEL (S. 259) hat die von ALTENMÜLLER zusammengestellten einschlägigen Stellen aus dem pd'Orbiney und dem pJumilhac zu Bata wieder aufgegriffen. Dabei geht er besonders auf ein kurzes Zitat im pJumilhac XX, 18 ein: „Was Bata betrifft, Seth ist es!" Angesichts des schlechten Bildes des Seth passt diese Identifizierung nicht so recht in die *Geschichte der zwei Brüder*. Doch kann WETTENGEL zeigen, daß es nicht jener Seth ist, den wir als „gewalttätigen Osirismörder" kennen – diese Figur ist er *nach* den Ramessiden, wo er zum verhaßten Gott der Ausländer wird und der Verfemung anheimfällt –, sondern hier ist er identisch mit dem Gott Seth-Baal, „dem Lebensspender und mächtigen Dynastiegott der Ramessiden". Die Identifizierung des „guten" Bata mit dem „bösen" Seth im ptolemäischen pJumilhac ist also keine späte Umdeutung des Seth, sondern greift auf die früher vorgenommene Identifizierung der beiden Gottheiten zurück. Diese Interpretation kann WETTENGEL durch ein Zitat aus einem magischen Text aus Deir el Medine untermauern, der sich jetzt in der Nationalbibliothek in Athen befindet. Dieser Text wird von FISCHER-ELFERT und HOFFMANN publiziert. Er stammt aus derselben Zeit wie der pd'Orbiney, also aus der 19. Dynastie. In ihm geht es um die Austreibung von Dämonen; unter dem Text ist der Gott Seth abgebildet, der die Osirismumie trägt. Der Papyrus enthält auch einen Spruch zum Vertreiben der *ns*- und *nsj*-Krankheit. Es heißt dort:

> Starker, Bata im Leib seiner Mutter, groß an Kraft in seinem Leib,
> Sohn der Nut in seinem Leib, dieser Aufrührer, Starker im Leib seiner Mutter,
> Aufrührer im Leib seiner Mutter, Seth, d<er> Starke im Leib seiner Mutter,
> König von Ober- und Unterägypten Seth!
> Sein Bruder Osiris, der du sitzest, indem dein Herz in deinem Leib ist:
> Dein Leiden lasse ab von Ägypten, in dem du geboren wurdest (WETTENGEL, S. 262-263).

Es wird also die Kraft des Gottes Bata, des Seth und des Osiris beschworen. Bata wird mit Seth(-Baal) identifiziert, der mächtigen erwähnten Dynastiegottheit, die „König von Ober- und Unterägypten" ist.

Auf die Rolle des Anubis ist HOLLIS in ihrem Beitrag in der Festschrift STRICKER eingegangen, beginnend mit seinen Nennungen in den Pyramiden- und den Sargtexten. Aber wie Bata ist Anubis auch mit dem 17. oberägyptischen Gau verbunden – beide, Bata und Anubis, tragen zu verschiedenen Zeiten das Epitheton „Herr von Saka". Anubis hat zwei Seiten: diejenige des Totengottes, des Mumifizierers und Wiederbelebers und eine andere, gefährliche Seite, auf die z.B. in der 5. Stunde des Pfortenbuches hingewiesen wird: „Anubis hat seinen Vater (Osiris) verschluckt" (vgl. aber E. HORNUNG, Das Buch von den Pforten des Jenseits, Genève 1984, Teil II, 148: Das Verschlucken bezieht sich demnach auf das Balsamieren und Bestatten der Leichname, ist also positiv aufzufassen). Schließlich steht er auch in Beziehung zum König und damit zu Osiris, zu dessen Sohn er wird. Das muß hier nicht weiter ausgeführt werden. HOLLIS folgert jedenfalls, daß Anubis, der generell außerhalb der ägyptischen Mythen steht, hier voll involviert ist, und zwar in seiner traditionellen Rolle: als Totengott mit einer besonderen Beziehung zum König, ein Königsmacher, der selbst König wird.

2. Als weitere Hauptpersonen sind die beiden Frauen zu betrachten: die Frau des Anubis im ersten, die des Bata im zweiten Teil. Sie haben einige Gemeinsamkeiten: beide sind nicht mit Namen genannt, beide spielen eine verhängnisvolle Rolle. Mit beiden haben sich besonders Frauen auseinandergesetzt, deren Beiträge schon genannt wurden: Susan T. HOLLIS, Pascale M. TEYSSEIRE und Sally KATARY. TEYSSEIRE behandelt die Frau des Anubis im Kapitel „The Adulterous Woman" (S. 92f.), die Frau des Bata im Kapitel „The Deceptive

Woman" (S. 67f.); damit sind die Rollen eigentlich hinreichend charakterisiert. KATARY geht einen Schritt weiter: Sie sieht in den beiden Frauen den Archetyp der „bösen Frau". Zum Vergleich mit der Frau des Anubis zieht sie den sog. „Weiberjambus" des griechischen Dichters SEMONIDES (2. Hälfte 7. Jh.v.Chr.) heran, in dem in jambischer Form Frauen mit Tieren verglichen werden. KATARY zitiert als engste Parallele den achten Frauentypus, dessen Beschreibung wir hier zur Illustration in Übersetzung zitieren:

> Die achte stammt vom Pferd, dem schönen stolz bemähnten.
> Um Plackerei und Kummer sucht sie sich zu drücken,
> setzt schwerlich eine Handmühle in Gang und schwingt
> kein Sieb und schafft auch kaum den Unrat aus dem Haus,
> nimmt kaum am Ofen Platz, aus Scheu vor Kohlenstaub.
> Gezwungen nur erduldet sie des Gatten Liebe.
> Sie wäscht sich täglich zwei-, ja dreimal ihren ‚Schmutz'
> vom Leib und salbt sich ein mit duftgetränkten Ölen.
> Die Haarpracht trägt sie üppig lang und stets gekämmt,
> von frischen Blüten wird sie reizvoll überschattet.
> Solch Weib gewährt zwar Fremden eine Augenweide,
> erwächst jedoch für ihren Ehemann zur Plage –
> sofern der nicht, ein Herrscher oder Zepterträger
> an einem Anblick dieser Art sich herzlich freut (zitiert nach: Griechische Lyrik, hrsg. von Dietrich EBENER, Bayreuth 1985, 82).

Des weiteren zitiert KATARY den griechischen Dichter HESIOD, der um ca. 700 v.Chr. in Böotien lebte; ihm verdanken wir die Geschichte der Pandora, jener Frau, die vom Gott Hephaistos geschaffen und von den Göttern mit allen Reizen ausgestattet wurde, um den Feuerdiebstahl des Prometheus zu rächen. Pandora erhält von Zeus einen Krug, in dem sich alle Übel befinden. Prometheus („Vorsicht") warnt seinen Bruder Epimetheus („Nachsicht"), der Pandora zur Frau nimmt. Beim Öffnen des Kruges fliegen alle Übel heraus, nur die „Hoffnung" (ἐλπίς) bleibt im Gefäß, das heute meist fälschlich „Büchse" der Pandora genannt wird.

Die Parallelen zwischen der Frau des Bata, die ja auch von den Göttern geschaffen wurde, und Pandora sind schon vor längerer Zeit gesehen worden:

🕮 Peter WALCOT, Hesiod and the Near East, Cardiff 1966.

Es besteht durchaus die Möglichkeit, daß HESIOD wie SEMONIDES das ägyptische Literaturwerk auf dem Wege mündlicher Erzählung bekannt war. Das *tertium comparationis* ist jedenfalls die Tatsache, daß das Böse von der Frau ausgeht. Die weiteren Ausführungen KATARYs lassen wir weg und kommen zu ihrer Interpretation der beiden Frauen, der des Anubis und der des Bata, zurück: Nach ihrer Ansicht handelt es sich in beiden Fällen um Aspekte oder Manifestationen der Göttin Hathor. Dazu verweist sie auf die verschiedenen Rollen der Hathor im *Buch von der Himmelskuh*, im *Mythos vom Sonnenauge*, in der *Geschichte von Horus und Seth* etc., also auf den gefährlichen und verführerischen Charakter der Hathor. Nach KATARYs Ansicht spielt der Autor des Zwei-Brüder-Märchens die Möglichkeit durch, was passieren *kann*, wenn die dunkle Seite der Hathor zum Zuge kommt. Das wiederum hängt mit der ambivalenten Haltung zu den Frauen zusammen, die wir nicht nur in Ägypten, sondern auch in Griechenland und anderwärts beobachten können – hier soll der Hinweis auf Maat und Wirklichkeit genügen: Trotz Titeln, Ämtern, selbst Königsherrschaften bleiben – so KATARY – „Kinder, Küche und Kirche" der der Frau zugewiesene Bereich (etwa auch in der später zu besprechenden *Lehre des Ani*). So ist für sie das Zwei-Brüder-Märchen das Ergebnis der Gedankengänge *männlicher* Erzähler, die die Beziehungen der Geschlechter unter den Themen „Wahrheit, Loyalität und Gerechtigkeit" abhandeln – am Schluß triumphiert das Gute über das Böse, oder besser: der Gute über die Böse. Als eine solche extrem frauenfeindliche Zeit identifiziert sie die 19. Dynastie, und daher kann der Text nicht, wie vermutet worden ist (MANNICHE, in: GM 18, 1975, 33-35), in der Amarnazeit, sondern nur in der Ramessidenzeit entstanden sein. Im übrigen sei es die typische Art von *folktales*, daß der Held die Anschläge überlebt. Mehr herauszulesen würde nach KATARY zu Übertreibung und Verzerrung („exaggeration and distraction") führen.

Dieses einigermaßen apodiktisch formulierte Wort reduziert allerdings den Inhalt mehr oder weniger auf einen „Geschlechterkampf". Uns scheint BRUNNER-TRAUT der Sache näher zu kommen:

> [...] Hauptgegenstand [ist der] Mythos vom sterbenden und wieder auferstehenden Gott der Fruchtbarkeit, der sich immer neu inkarniert, der Mensch, Tier und Pflanze mit seiner göttlichen Zeugungskraft durchwaltet (Altägyptische Märchen, Erstauflage, 260).

WETTENGEL zieht (S. 265-272) ein längeres Fazit unter der Überschrift „Die Textgattung" und skizziert nochmals zusammenfassend die Genesis des Textes. Die wesentlichen Punkte sind die folgenden:

- Die Erzählung ist eine Auftragsarbeit des ramessidischen Königshauses, vermutlich sollte die Krönung Sethos' II. in einer „nicht sehr stabilen Zeit" vorbereitet werden. Ein vergleichbarer Zweck war auch schon für die Abfassung von *Horus und Seth* vermutet worden und wird im Zusammenhang mit der Behandlung dieses Textes zur Sprache kommen.

- Die Erzählung ist nach einem Wort von KEEL ein „konstruierter Mythos“ und hat nichts mit einem Märchen zu tun – diese Feststellung wurde schon vor langer Zeit von zwei Märchenforschern getroffen (HORALEK, DE VRIES), die außerhalb der Ägyptologie standen.
- Es handelt sich nicht um zweckfreie Unterhaltung (die es nach HELCK ja auch nicht gibt), und es liegt kein über Generationen gewachsener Mythos vor, sondern

> es handelt sich vielmehr um einen in der Zeit der 19. Dynastie aus älteren und jüngeren Elementen konstruierten literarischen Text des ramessidischen Königtums, der [jetzt folgt WETTENGELs Urteil über die eigene Arbeit, unsere Anm.] nach einer Analyse seines historisch-politischen und religiösen Kontextes nach über dreitausend Jahren einen einzigartigen Einblick in seine Genesis und in den Formungsprozeß früher und international verwobener Göttermythen zuläßt (S. 272).

Wie weiter oben schon angedeutet, wird die Frage des *Sitzes im Leben* von Texten im Zusammenhang mit der Erörterung der Geschichte von *Horus und Seth* ausführlich zur Sprache kommen. Hier mag daher die Vorbemerkung genügen, daß selbstverständlich Texte in einem kulturellen Umfeld entstehen, das sie in unterschiedlicher Weise widerspiegeln. Inwieweit sich aber konkrete historische Geschehnisse daraus ableiten lassen bzw. ihnen ein ganz bestimmter Anlaß zugrunde liegt, muß doch sehr vorsichtig gefragt werden. Interessanterweise soll in beiden Fällen die Thronfolge den Anlaß für die Entstehung der beiden Erzählungen gebildet haben.

3. Wahrheit und Lüge

Editionen:

🕮 Alan H. GARDINER, Hieratic Papyri in the British Museum, 3rd series, London 1935, 2-6, pl. 1-4.

🕮 Alan H. GARDINER, Late-Egyptian Stories, Bruxelles 1932 (Bibliotheca Aegyptiaca I), 30-36.

Übersetzungen:

🕮 Siegfried SCHOTT, Altägyptische Liebeslieder, Zürich 1950, 205-208.

🕮 Miriam LICHTHEIM, Truth and Falsehood, in: Ancient Egyptian Literature II, The New Kingdom, Berkeley 1976, 104-107.

🕮 Emma BRUNNER-TRAUT, Altägyptische Märchen, München 1963 (Erstauflage), Nr. 6.

🕮 Edward F. WENTE, in: William K. SIMPSON (Hrsg.), The Literature of Ancient Egypt. An Anthology of Stories, Instructions, Stelae, Autobiographies, and Poetry, Cairo 2003, 104-107.

🕮 Bernard MATHIEU, Vérité et mensonge. Un conte égyptien du temps des Ramsès, in: L'Égypte 11, 1998, 27-36.

Einzelbeiträge:

🕮 Max PIEPER, Das Märchen von der Wahrheit und der Lüge und seine Stellung unter den ägyptischen Märchen, in: ZÄS 70, 1934, 92-97.

🕮 John G. GRIFFITHS, Allegory in Greece and Egypt, in: JEA 53, 1967, 89-91.

🕮 Aristide THÉODORIDÈS, Le serment terminal de „Vérité-Mensonge" (P. Chester Beatty II, 11, 1-3), in: RdE 21, 1969, 85-105.

🕮 Leonard H. LESKO, Three Late-Egyptian Stories Reconsidered, in: Egyptological Studies in Honor of Richard A. Parker, ed. by Leonard H. LESKO, Hanover – London 1986, 98-103.

Der Text unserer Erzählung befindet sich auf dem hieratischen pChester Beatty XI (= pBM 10682). Die Niederschrift stammt aus der 19. Dynastie. Der Anfang ist verloren, auch die erhaltenen Seiten weisen immer wieder Lücken auf, aber der Sinn läßt sich recht gut ergänzen.

Zum Inhalt: In dem verlorenen bzw. zerstörten Anfang der Erzählung stehen die zwei Brüder *Wahrheit* und *Lüge* vor dem Gericht der Götterneunheit. *Lüge* verklagt *Wahrheit* wegen eines Dolches bzw. eines Messers, das er ihm entliehen, das aber *Wahrheit* nicht zurückgegeben habe. Dieses Messer ist unglaublich groß und dementsprechend wertvoll. Da *Wahrheit* dieses Messer offensichtlich nicht erstatten konnte, fordert *Lüge* von der Götterneunheit, *Wahrheit* auf beiden Augen blenden zu lassen und ihn als Türhüter von *Lüge* agieren zu lassen.

So geschieht es, aber damit nicht zufrieden, fordert *Lüge* von zwei Dienern, seinen Bruder wegzubringen und zu töten. *Wahrheit* kann die Diener überreden, das nicht zu tun, sondern ihn unter einem Busch zu verstecken und mit Brot zu versorgen. Dort wird er von Dienerinnen einer Frau gefunden, deren Namen im Text leider an keiner einzigen Stelle erhalten ist. Sie verliebt sich in *Wahrheit*, und beide zeugen einen Sohn, der ebenso schön wie intelligent ist und seine Mitschüler überragt. Diese verspotten ihn aber wegen seiner Vaterlosigkeit. Als er daraufhin seine Mutter zur Rede stellt, zeigt sie ihm den Vater, also den neben der

Tür hockenden Blinden. Auf Befragen erzählt *Wahrheit* seinem Sohn, was geschehen ist, und der Junge macht sich auf, den Vater zu rächen. Zu seiner Ausrüstung gehört u.a. ein wunderschönes Rind. Er geht dorthin, wo der Hirte von *Lüge* die Rinderherden hütet, und bittet den Hirten, auf sein Rind aufzupassen. Dieses Tier erweckt die Habgier von *Lüge*, der es essen will. Der Hirte sträubt sich zunächst, kann aber seinem Herrn nicht widerstehen. Als der Sohn von *Wahrheit* später vom Hirten sein Rind zurückfordert und es in einer ähnlich gewaltigen Dimension beschreibt, wie es seinerzeit das Messer gewesen sein soll, kann der Hirte es ihm nicht geben. So bringt der Sohn von *Wahrheit* nunmehr *Lüge* vor Gericht. Die Götterneunheit zweifelt an der Dimension des Rindes, aber der Sohn hält ihr entgegen, daß es auch kein Messer solchen Ausmaßes gebe, und fordert erneut sein Recht. Da schwört *Lüge*, daß das Gericht, falls man *Wahrheit* lebend fände, ihn selbst blenden lassen und ihn zum Türhüter von *Wahrheit* machen solle. Der stark zerstörte Schluß wird meist so rekonstruiert, daß der Sohn die Götterneunheit daraufhin zu seinem Vater bringt und *Lüge* entsprechend bestraft wird: Er wird geblendet und zum Türhüter von *Wahrheit* gemacht.

Textauszug (eigene Übersetzung):

> *Beschreibung des Messers:* Dessen Klinge der Berg EL ist, dessen Griff das Holz des Waldes von Koptos ist, dessen Scheide das Gottesgrab ist, dessen Riemen aus den Rindern von KAL gemacht war [...] (1, 8-2, 1).
>
> Viele Tage danach gebar sie einen Sohn, dessengleichen es im ganzen Lande nicht gab. Er war groß [...] und glich einem Götterkind. Man schickte ihn zur Schule, er lernte perfekt zu schreiben, er übte jegliches Kriegshandwerk aus und übertraf seine älteren Kameraden, die mit ihm in der Schule waren. Da sagten seine Kameraden: „Wessen Sohn bist du? Du hast keinen Vater!", und sie verhöhnten und verspotteten ihn: „He, du hast keinen Vater!" Da sagte der Knabe zu seiner Mutter: „Wie lautet der Name meines Vaters, daß ich ihn meinen Kameraden sage; denn sie sprechen zu mir: ‚Wo ist er, dein Vater?'; so reden sie mit mir, und sie verspotten mich." Da sagte seine Mutter zu ihm: „Du siehst diesen Blinden, der neben der Türe sitzt – es ist dein Vater." So sprach sie zu ihm. Da sagte er zu ihr: „Das ist wert, deine Familienangehörigen zu versammeln und ein Krokodil rufen zu lassen." Der Knabe holte seinen Vater und ließ ihn auf einem Sessel niedersitzen, er gab ihm einen Fußschemel unter seine Füße, er gab Brot vor ihn. Er ließ ihn essen und trinken. Dann sagte der Knabe zu sei-

nem Vater: „Wer hat dich geblendet, damit ich dich räche?“ Er sagte zu ihm: „Es war mein jüngerer Bruder, der mich geblendet hat.“ Er erzählte ihm alles, was mit ihm passiert war. Er zog los, um seinen Vater zu rächen. Er nahm 10 Brote, einen Stock, ein Paar Sandalen, einen Wassersack, und er holte ein Rind von wunderschöner Farbe. Er ging dorthin, wo der Hirte von *Lüge* war (4, 5-7, 3).

Beschreibung des Rindes: Gibt es ein Rind so groß wie das meinige? Wenn es auf der Insel des Amun (El-Balamun) steht, liegt seine Schwanzspitze auf dem Papyrusdickicht, sein eines Horn liegt auf dem Westgebirge, sein anderes auf dem Ostgebirge, der große Strom ist seine Ruhestätte; täglich werden ihm 60 Kälber geboren.“ Da sagte der Hirte zu ihm: „Gibt es ein Rind so groß, wie Du sagst?“ Da packte ihn der Knabe und schleppte ihn dorthin, wo *Lüge* war. Er schleppte *Lüge* zum Gerichtshof vor die Götterneunheit (9, 1-10, 1).

Da schwor *Lüge* einen Eid mit den Worten: „Bei Amun, bei dem Herrscher! Wenn man *Wahrheit* lebend findet, soll man mich auf beiden Augen blenden und mich zum Türhüter des Hauses von *Wahrheit* machen (10, 6-7)!“

Auf das im folgenden äußerst fragmentarisch erhaltene Urteil folgt noch ein sehr zerstörtes Kolophon.

Auch für diese Erzählung gilt: so viele Beiträge, so viele Meinungen. Das Ende ist wie erwähnt nicht erhalten, sondern in seiner jetzigen Form rekonstruiert: Eigentlich endet der erhaltene Text mit der Bestrafung von *Lüge* und dem fragmentarischen Hinweis, daß der Sohn seinen Vater gerächt habe. Die jetzt allgemein verbreitete Version geht auf einen längeren Artikel des belgischen Rechtshistorikers Aristide THÉODORIDÈS zurück, der die juristischen Aspekte der Erzählung untersucht und den hohen Respekt der Ägypter vor dem Eigentum Anderer herausstellt. WENTE hat dagegen den von THÉODORIDÈS rekonstruierten Schluß, in dem *Wahrheit* lebend gefunden wird, nicht übernommen.

Ein weiterer Punkt betrifft die (wieder einmal negativ konnotierte) Frau, mit der der blinde *Wahrheit* einen Knaben zeugt: sie wird viermal genannt, aber an allen vier Stellen ist ihr Name zerstört. SCHOTT legt ihr den Namen „Güte“ bei, BRUNNER-TRAUT nennt sie „Begierde“ – beides entspringt dem richtigen Gedanken, den Personifizierungen „Wahrheit“ und „Lüge“ eine weitere gegenüberzustellen. WENTE verzichtet auf einen Namen und schreibt „N.“. Die meisten Kommentatoren (GARDINER, BRUNNER-TRAUT, WENTE, LESKO) verweisen auf die *Erzählung von Horus und Seth* und das *Zwei-Brüder-Märchen* als Parallelen. Besonders BRUNNER-TRAUT hat sich auf „eine volkstümliche Umdichtung des großen mythischen Musters, des Osirismythos“ (S. 293), festgelegt und sieht in den Namen „Wahrheit“ und „Lüge“ eine Umbenennung der streitenden Brüder Osiris und Seth; natürlich verweist sie ebenso wie PIEPER auf das Weiterleben der Motive in Märchen späterer Kulturen. LESKO hat darüber hinaus historische Bezüge zur Zeit Sethos' I. und Ramses' II. erkennen wollen.

GRIFFITHS ist hier vorsichtiger; in seinem Beitrag zur Allegorie verweist er einerseits auf Ähnlichkeiten zu den genannten Erzählungen, stellt aber auch die Unterschiede heraus: So wird Seth nicht geblendet, und die Dame unserer Erzählung ist nicht mit Isis zu vergleichen. Seine Ansicht, eine eigenständige Erzählung mit lehrhaften Zügen zu sehen, halten wir nicht nur für durchaus nachvollziehbar, sondern bis zum Beweis des Gegenteils für plausibler. Zuletzt hat sich

🕮 John BAINES, Myth and Literature, in: AEL, 373-374

kurz zu dieser Erzählung geäußert. Auch er sieht eine engere Verwandtschaft zum Osiris-Mythos als zum „Zwei-Brüder-Märchen“:

> in both texts, the evil character is the woman which supplies the necessary link between the generations and motivates much of the action (S. 374).

Allerdings sieht er auch, daß die mythischen Elemente relativiert sind; z.B. gehört die „böse Frau“ ebenso in die Welt der Folklore wie in jene des Mythos. Der Sohn hat einerseits phantastische Qualitäten, andererseits beklagt er sich ganz irdisch bei seiner Mutter, daß er keinen Vater hat. Ein Paradoxon besteht darin, daß *Wahrheit* (= Maat) eine Göttin ist, daß hier jedoch ein Mann diesen Namen trägt. Nach BAINES liegt eher ein Spezialfall vor als die Vollversion eines Mythos. Die Erzählung spiele mit Tradition, Erzählung und Fiktionalität, die Rolle des Mythos in solchen Erzählungen bedürfte detaillierter Studien.

Das führt abschließend zurück zur Ansicht GRIFFITHS' von einer eigenständigen Erzählung: Könnte hier nicht ein *exemplum* dafür vorliegen, daß beim Kampf zwischen Wahrheit und Lüge – das Gute und das Böse gehören nun einmal zum Weltbild nicht nur Ägyptens – sich am Ende die Wahrheit durchsetzt, auch wenn Götter zeitweise auf die Lüge hereinfallen? Diese Meinung ist im Vergleich zu den dargebotenen Auffassungen schlichten Zuschnittes, hat aber u.E. dieselbe Berechtigung.

4. (Der Streit zwischen) Horus und Seth.

Editionen:

🕮 Alan H. GARDINER, The Library of A. Chester Beatty. Description of a Hieratic Papyrus with a Mythological Story, Love Songs, and Other Miscellaneous Texts. The Chester Beatty Papyri N° 1, London 1931, 8-26. Pl. 1-16,8.

🕮 Alan H. GARDINER, Late-Egyptian Stories, Bruxelles 1932 (Bibliotheca Aegyptiaca I), 37-60.

Übersetzungen:

🕮 Miriam LICHTHEIM, Horus and Seth, in: Ancient Egyptian Literature II, The New Kingdom, Berkeley 1976, 214-223.

🕮 Emma BRUNNER-TRAUT, Altägyptische Märchen, München 1963 (Erstauflage), Nr. 13.

🕮 Friedrich JUNGE, Die Erzählung vom Streit der Götter Horus und Seth um die Herrschaft, in: TUAT III, 5, Gütersloh 1995, 930-950.

🕮 Edward F. WENTE, The Contendings of Horus and Seth, in: William K. SIMPSON (Hrsg.), The Literature of Ancient Egypt. An Anthology of Stories, Instructions, Stelae, Autobiographies, and Poetry, Cairo 2003, 91-103.

Einzelbeiträge:

Eine Monographie ist hier besonders hervorzuheben, da sie nicht nur eine hieroglyphische Transkription und eine Übersetzung enthält, sondern eine literaturwissenschaftliche Auseinandersetzung mit der Erzählung darstellt:

🕮 Michèle BROZE, Les aventures d'Horus et Seth dans le Papyrus Chester Beatty I, Leuven 1996 (OLA 76).

Es handelt sich um ihre in Brüssel entstandene Dissertation; das umfangreiche Literaturverzeichnis macht weitere Hinweise auf Einzelbeiträge überflüssig, ausgenommen jene, die zu dieser Zeit noch nicht veröffentlicht waren; hier sind daher zu erwähnen:

🕮 Friedrich JUNGE, Mythos und Literarizität: Die Geschichte vom Streit der Götter Horus und Seth, in: Heike BEHLMER (Hrsg.), ... *quaerentes scientiam.* Festgabe für Wolfhart Westendorf zu seinem 70. Geburtstag überreicht von seinen Schülern, Göttingen 1994, 83-101.

🕮 Ursula VERHOEVEN, Ein historischer „Sitz im Leben" für die Erzählung von Horus und Seth des Papyrus Chester Beatty I, in: Mechthild SCHADE-BUSCH (Hrsg.), Wege öffnen. Festschrift für Rolf Gundlach zum 65. Geburtstag, Wiesbaden 1996 (ÄAT 35), 347-363.

🕮 Françoise LABRIQUE, La transmission de la royauté égyptienne, dans le *De Iside*, le *Jugement d'Horus et Seth* (P. Chester Beatty I) et le *Conte des Deux Frères* (P. d'Orbiney), in: Pouvoir des hommes, signes des dieux dans le monde antique, ed. Michel FARTZOFF – Elisabeth SMADJA – Evelyne GENY, Paris 2002, 9-26.

Das Sprechverhalten der beteiligten weiblichen und der männlichen Gottheiten untersuchte

🕮 Deborah SWEENEY, Gender and Conversational Tactics in The Contendings of Horus and Seth, in: JEA 88, 2002, 141-162.

Daß diese Erzählung als „Steinbruch" für alle Grammatiken und Aufsätze zur neuägyptischen Sprache und Grammatik dient, ist fast überflüssig zu erwähnen. Auch eine Marburger Magisterarbeit von

🕮 Beate VORLAUF(-HOFMANN), Untersuchungen zur Grammatik der neuägyptischen Erzählungen von Horus und Seth, Marburg 1993 (unveröffentlicht)

ist hier zu nennen.

Zunächst zum pChester Beatty, benannt nach seinem früheren Besitzer, dem Multi-Millionär Alfred Chester BEATTY (1875-1968), nach dessen Tod der Papyrus in die Chester Beatty Library in Dublin kam; die anderen Papyri aus seinem Besitz schenkte er dem British Museum.

pChester Beatty I ist 5,20 m lang und 21,5 cm hoch. Die *Horus und Seth*-Erzählung füllt die Kolumnen 1, 1-16, 8; die zweite Hälfte der col. 16 und die col. 17 nehmen Gedichte ein. Auf dem Verso befinden sich ein fragmentarischer Hymnus, ein – für den „Sitz im Leben" vielleicht wichtiger – Hymnus auf Ramses V. und eine Sammlung von Liebesliedern, auf die wir noch zurückkommen werden.

Die Nennung Ramses' V. läßt eine Datierung des Manuskriptes um ca. 1160 v.Chr. zu. Wir kennen auch die antiken Besitzer dieses Papyrus und weiterer Chester Beatty Papyri; dazu äußerte sich

🕮 Pieter W. PESTMAN, Who were the Owners in the „Community of Workmen" of the Chester Beatty Papyri?, in: Gleanings from Deir el-Medîna, ed. Robert J. DEMARÉE – Jacobus J. JANSSEN, Leiden 1982, 155-172.

Kurz gesagt handelt es sich dabei um eine Dynastie von Schreibern aus Deir el Medine, deren bekanntester Vertreter *Qn-ḥr-ḫpš=f* gewesen ist. Diese Schreiber haben eine ganze Reihe literarischer Texte gesammelt, und ein glücklicher Umstand hat dafür gesorgt, daß sie erhalten blieben.

Die Erzählung ist nicht nur lang, sie ist auch verwickelt und hat viele Mitspieler. Das macht es nötig, den Inhalt etwas ausführlicher darzustellen. Die übersetzten Teile werden nach der Übertragung von JUNGE in TUAT zitiert.

Der Text beginnt mit einer *lacuna*, dahinter folgt „[...] die Entscheidung (Trennung, *wp.t*) zwischen Horus und Seth". Es handelt sich also um eine Gerichtsverhandlung. Das Kind (*wꜥ n ms*) Horus sitzt vor dem Allherrn und klagt auf das Amt seines Vaters Osiris. In einer ersten Debatte plädiert Schu für die Amtsübergabe an Horus und findet die Zustimmung des Thot und der Neunheit. Der Allherr ist erbost über den Alleingang der Götter, aber auch Onuris stimmt für den Vorschlag. Als der Allherr zornig schweigt, will Seth im Kampf mit Horus die Herrschaft erlangen. Aber Thot entgegnet ihm:

> Werden wir dann etwa das Unrecht nicht erkennen? Soll denn etwa, während sein Sohn Horus dasteht, das Amt des Osiris dem Seth gegeben werden? (1, 11-12)

Re gerät in Zorn, weil er Seth das Königsamt geben will. Atum beschließt jedoch, den Rat des Gottes *Bꜣ-nb-Ḏd.t* einzuholen. Dieser will sich kein rechtes Urteil erlauben und schlägt vor, die Göttermutter Neith zu befragen. Thot verfaßt einen Brief im Namen des Allherrn und die Antwort der Göttin lautet:

> Gebt das Amt des Osiris seinem Sohn Horus; schafft nicht grobe und unangebrachte Präzedenzfälle für Unrecht, sonst werde ich zornig und der Himmel berührt die Erde! Und man sage dem Allherrn, dem Stier in Heliopolis: „Vermehre den Seth in seiner Habe; gib ihm doch Anat und Astarte, deine beiden Töchter und überlaß Horus den Thron seines Vaters Osiris!" (3, 2-5)

Die Neunheit stimmt der Göttin zu, aber der Allherr fährt Horus zornig an:

> Du bist so erbärmlichen Körpers, daß dieses Amt zu groß ist für dich,
> Du Bengel mit schlechtem Geschmack! (3, 7-8).

Jetzt sind die Götter verärgert, der Gott Baba beleidigt sogar den Allherrn mit der Aussage: „Dein ‚Schrein' ist wohl leer!" (was nach JUNGE unserer Redensart „Du hast wohl nicht alle Tassen im Schrank!" entspricht). Die Neunheit jagt Baba für seinen Frevel aus der Versammlung und zieht sich zurück. Der Allherr verbringt übelgelaunt einen ganzen Tag auf dem Rücken liegend, bis seine Tochter Hathor – hier als Hathor von Memphis – vor ihn hintritt. Sie entblößt sich vor ihm, indem sie ihr Kleid hochhebt, bringt ihn damit zum Lachen und erreicht dadurch, daß er sich wieder dem Thema Thronfolge zuwendet.[2]

Die Verhandlungen werden nun wieder aufgenommen. Seth betont in seinem Plädoyer seine große Kraft, mit der er wie kein Zweiter den Feind des Re von der Sonnenbarke abwehren kann. Als die Götter seinem Anspruch zustimmen, weisen Thot und Onuris nochmals auf den direkten Anspruch des leiblichen Sohnes hin. Aber Ba, der Herr von Mendes, will das Amt dem Bruder der Mutter zusprechen. Die Neunheit ist erzürnt, auch Horus beklagt sich erstmalig selbst über die Ungerechtigkeit. Isis schwört wütend, dem Allherrn Atum diese Worte mitzuteilen. Als die Götter Isis beruhigen und ihr Recht zusprechen, droht Seth, täglich einen der Götter mit seiner Keule zu erschlagen und weigert sich, in Anwesenheit der Isis weiter zu verhandeln.

Re-Harachte[3] befiehlt dann, die Entscheidung auf der ‚Insel der Mitte' zu treffen und weist den Fährmann Nemti an, keine Frau, die der Isis ähnlich sieht, überzusetzen. Daraufhin verwandelt sich Isis in eine alte Frau und bittet Nemti, sie hinüberzufahren, damit sie einen kleinen Knaben, der dort Vieh hüte, mit Brot versorgen könne. Nach anfänglichem Zögern läßt Nemti sich mit dem goldenen Siegelring der Alten bestechen. Auf der Insel angekommen sucht Isis die lagernden Götter auf und verwandelt sich in eine schöne junge Frau. Seth erblickt sie und verliebt sich augenblicklich. Liebestrunken läßt er sich von ihr mit einer Geschichte, die auf dem Wortspiel *j3w.t* „Vieh" bzw. *j3w.t* „Amt" beruht, hereinlegen: Ihr Gatte, so erzählt die verwandelte Isis, ein Viehhirt, sei verstorben und ein Fremder wolle nun dem kleinen Sohn, der die Herde seines Vaters hütet, das Vieh rauben und ihn hinauswerfen. Seth reagiert empört mit den Worten:

> Wird man denn, während der Sohn des wackeren Mannes dabeisteht,
> das Vieh dem Fremden geben? (6, 12-13).

Daraufhin verwandelt sich Isis in eine Weihe, fliegt auf einen Baum und ruft Seth zu:

> Nun weine Du! Dein eigener Mund hat es gesagt; dein eigener Verstand hat Dich gerichtet – was willst Du noch? (6, 14-7, 1)

---

[2] BRUNNER-TRAUT, Altägyptische Märchen, 9. Auflage 1989, 309 Anm. 5 verweist in diesem Zusammenhang auf Clemens Alexandrinus, *Protreptikos* II 19P.: Baubo bringt Demeter während ihrer Suche nach Persephone auf dieselbe Weise zum Lachen.

[3] Der „Allherr" Atum-Re-Harachte-Chepri wechselt „chamäleonartig" (JUNGE) sein Aussehen.

Seth sucht weinend Re-Harachte auf und schildert ihm die Geschichte. Dieser bestätigt, daß er sich selbst gerichtet habe, läßt aber den Fährmann Nemti für seinen Ungehorsam mit Entfernung der Fußkrallen bestrafen; Nemti schwört darauf dem Golde ab.

Am Abend schicken Re-Harachte und Atum der Neunheit ein Schreiben mit der Aufforderung, dem Horus die Weiße Krone und den Thron des Osiris zu übergeben.

Die Neunheit verfährt entsprechend, und Seth tobt vor den Göttern. Er, der ältere Bruder, habe das Vorrecht und er verlangt, dem Horus die Krone vom Kopf zu reißen und mit ihm im Wasser um das Amt kämpfen zu dürfen. Re-Harachte erlaubt das. Auf Vorschlag des Seth sollen die beiden Götter in Gestalt von zwei Nilpferden gemeinsam drei Monate unter Wasser verbringen. Isis fürchtet um das Leben ihres Sohnes und wirft eine Harpune dorthin ins Wasser, wo Horus und Seth untergetaucht waren. Zunächst trifft sie ihren verzweifelt aufschreienden Sohn Horus. Sie befiehlt der Harpune, sich zu lösen und wirft erneut. Diesmal trifft sie Seth. Der Gott appelliert daraufhin an die geschwisterlichen Gefühle der Isis, worauf sie aus Mitleid ihren Bruder Seth wieder befreit.

Horus steigt wild vor Zorn aus dem Wasser, trennt der Mutter den Kopf ab und zieht sich mit diesem ins Gebirge zurück. Re-Harachte ist verwundert über die kopflose Göttin, und Thot erklärt ihm, es handele sich um Isis, dem ihr Kind den Kopf abgeschnitten habe.

Darauf will Re dem Horus eine Lehre erteilen, und die Neunheit macht sich auf die Suche nach ihm. Seth findet ihn schlafend auf einem Berg und reißt ihm seine beiden Augen aus, behauptet aber vor Re-Harachte, den Gott nicht gefunden zu haben. Dann sucht und findet Hathor den weinenden Horus und heilt mit Hilfe von Gazellenmilch seine Augen. Nach ihrer Rückkehr unterrichtet sie Re-Harachte über die Vorgänge. Dieser zitiert Horus und Seth vor die Neunheit und fordert die beiden Götter auf, ihren Streit zu begraben. Darauf lädt Seth den Horus ein, einen schönen Tag in seinem Hause zu verbringen. Der Gott willigt ein.

Die folgenden gegenseitigen Begattungsversuche sind in der ägyptologischen Literatur oft unterdrückt worden; hier eine Übersetzung nach JUNGE:

> Zur Abendstunde bereitete man ihnen die Lagerstatt, und sie begaben sich zu zweit zur Ruhe. Des Nachts aber machte Seth sein Glied steif und schob es dem Horus zwischen die Schenkel, woraufhin Horus aber seine Hände zwischen die Schenkel legte und Seths Samen auf-

> fing. Alsdann machte sich Horus auf, seine Mutter Isis zu sprechen: „Komm zu mir, Isis, meine Mutter; komm, daß Du siehst, was Seth mir angetan hat“, öffnete seine Hand und ließ sie den Samen Seths sehen, und sie schrie höchlichst empört auf, ergriff ihr kupfernes Messer, schnitt seine Hand ab, warf sie ins Wasser und ließ ihm wieder eine gehörige Hand heranreifen. Ferner holte sie ein bißchen wohltuendes Öl und salbte des Horus' Glied damit; daraufhin machte sie, daß es steif wurde, hielt es über ein Töpfchen und ließ seinen Samen hineinfließen. Alsdann machte sich Isis mit dem Horus-Samen in aller Morgenfrühe auf zu Seths Küchengarten und sagte zu Seths Gärtner: „Welches Gemüse ist es denn, das Seth hier bei Dir ißt?“ Da sagte der Gärtner zu ihr: „Er ißt außer Lattich keinerlei Gemüse hier bei mir“, und Isis gab den Horus-Samen daran. Da kam nun Seth, wie es seine tagtägliche Art war, und aß eben von dem Lattich, den er fortwährend aß – da war er auch schon schwanger vom Samen des Horus (11, 2-11, 12).

Seth will den Rechtsstreit fortsetzen. Vor der Neunheit rühmt er sich, die „Arbeit eines Mannes“ (12, 3) an Horus getan zu haben. Die Neunheit ist empört und spuckt Horus ins Gesicht. Horus lacht über die Götter und schlägt vor, den Samen des Seth und seinen eigenen aufzurufen. Thot fordert nun den Samen des Seth auf, herauszukommen. Dieser antwortet aus dem Wasser.

> Daraufhin legte Thot seine Hand auf Seths Schulter und sagte: „Komm heraus, Same des Horus!“, vorauf der zu ihm sagte: „Wo kann ich denn herauskommen?“, und Thot zu ihm: „Komm aus seinem Ohr!“; da aber sagte der zu diesem: „Ich soll aus seinem Ohr herauskommen, wo ich eine göttliche Flüssigkeit bin!“, und Thot zu ihm: „Komm aus seinem Scheitel!“, woraufhin er herauskam als eine Sonnenscheibe von Gold oben auf Seth, und als Seth überaus wütend war und die Hand ausstreckte, sich die Sonnenscheibe von Gold zu greifen, nahm Thoth sie an sich und gab sie als Emblem auf seinen Kopf, und das Götterkollegium sprach: „Horus ist im Recht, Seth im Unrecht“ (12, 8-13, 1).

Seth schwört zornig, daß demjenigen das Königsamt zustehen soll, der bei einer gemeinsamen Wettfahrt in zwei Steinschiffen gewinnt. Darauf zimmert sich Horus ein Boot aus Pinienholz, überzieht es mit Stuck und läßt es heimlich am Abend zu Wasser. Der erstaunte Seth baut darauf seinerseits ein Schiff aus einer Bergspitze. Als sie vor der Neunheit ihre Fahrt beginnen, versinkt das Schiff des Seth und als wütendes Nilpferd bringt er auch das Schiff des Horus zum Kentern. Als dieser seine Harpune in ihn hineinstoßen will, hält die Neunheit ihn zurück.

Darauf macht sich Horus auf nach Sais, klagt der Göttin Neith den ganzen Ablauf des Rechtstreites und sagt zu ihr:

> Führ Du nun endlich eine Entscheidung herbei zwischen mir und Seth, denn seit achtzig Jahren stehen wir vor Gericht, und man ist trotzdem außerstande, zwischen uns zu entscheiden! Wiewohl man ihn nicht Recht bekommen lassen wird mir gegenüber, so war es wohl bis hierher gewiß tausendmal, daß ich fortwährend Recht bekam ihm gegenüber, er aber des nicht achtete, welchen Spruch auch immer das Götterkollegium getan hat (13, 12-14, 2).

Horus zählt dann die verschiedenen (Gerichts-)Hallen auf, in denen er sich mit Seth auseinandergesetzt hat, und schließt:

> Das Götterkollegium meinte zu Schu, dem Sohn des Re: „Was er, Horus, Sohn der Isis, gesagt hat, ist die Wahrheit!“ (14, 4).

In der Zwischenzeit schlägt Thot dem Allherrn vor, Osiris selbst zwischen den Beiden entscheiden zu lassen. Ein Schreiben mit der Bitte mitzuteilen, „was wir mit Horus und Seth tun sollen, damit wir nicht unwissend Maßnahmen ergreifen“ (14,9), wird aufgesetzt, und Osiris antwortet u.a. mit einem Hinweis auf seine Verdienste:

> Warum schädigt ihr meinen Sohn Horus, obwohl ich es bin, der Euch Macht verliehen hat, und ich der bin, der Gerste und Emmer hervorbringt, um die Götter am Leben zu erhalten ebenso wie die Lebewesen auf dem Rücken der Götter – was sonst kein Gott noch Göttin zu tun vermöchte? (14, 11-12)

Re-Harachte weist darauf hin, daß Gerste und Emmer auch ohne Osiris entstanden wären, der jedoch schreibt an Re-Harachte zurück:

> Wahrhaft grandios, was Du getan hast, und was das Götterkollegium zu tun angemessen fand, denn endlich sind Recht und Gerechtigkeit in die Unterwelt versenkt worden! Nun betrachte die Sache aber einmal ganz genau! Das Land, in dem ich bin, das ist voll von Sendboten mit grimmen Mienen, und sie fürchten nicht Gott noch Göttin; ich laß sie los, und sie bringen die Herzen all derjenigen her, die Böses tun, und die werden hier sein mit mir. Was aber sollte wohl mein Hier-Sein, da ich mich im Westen niedergelassen habe, und Ihr dem Ganz-Außen angehört? Wer denn von jenen da ist mir gewachsen – und dennoch hätten sie Unrecht-Tun ausgeheckt? Und als Ptah, der Große, der Memphit und Herr über das Leben des Landes, den Himmel schuf, hat er da etwa nicht den Sternen sagen wollen, die an

> ihm waren: „Nächtens geht ihr im Westen unter, dort, wo sich König Osiris befindet!"? – „Den Göttern folgend aber wird auch die Menschheit dort zur Ruhe gehen, wo Du bist", so sprach er zu mir (15, 3-8).

Der Allherr und die Neunheit stimmen den Ausführungen des Osiris zu. Als Seth erneut eine weitere Verhandlungsrunde fordert, läßt Atum durch Isis den Seth gefesselt herbeibringen. Auf die Frage, warum er sich so gegen eine rechtliche Entscheidung sträube und weiterhin versuche, das Amt des Horus an sich zu reißen, gibt er auf:

> Keineswegs, mein guter Herr! Laßt Horus, den Sohn der Isis rufen und gebt ihm das Amt seines Vaters Osiris (15, 13-16, 1).

Darauf holt man Horus herbei, setzt ihm die Weiße Krone auf und übergibt ihm den Thron des Osiris. Als die Götter dem Horus huldigen, stimmt Isis in den Jubel ein. Ptah fragt, was man mit Seth machen solle. Darauf nimmt ihn Re-Harachte als Sohn zu sich, als der er fortan im Himmel donnern und Furcht erregen soll.

Re-Harachte sagt nun, daß er sich über den Herrschaftsantritt des Horus freut und fordert die Neunheit auf, dem Horus im ganzen Lande zu huldigen. Den Schluß bildet Isis mit einem Jubellied auf Horus, den neuen König und Nachfolger seines Vaters:

> So ist denn Horus erhoben zum Herrscher, der wieder lebendig ist, unversehrt und wohlauf. Das Götterkollegium ist in Festlaune, der Himmel von Freude erfüllt, sie alle schwangen die Kränze, da sie Horus sahen, zum großmächtigen Herrscher Ägyptens erhoben, der lebendig ist, unversehrt und wohlauf. Des Götterkollegiums Sinne sind beseligt, das ganze Land ist in Lobpreis, da sie Horus sahen, der Isis Sohn, wie ihm vererbt ward das Amt seines Vater Osiris, Herrn von Busiris (16, 6-8).

Es folgt ein Nachsatz:

> So ist es denn also gut zu Ende gekommen in Theben, dem Ort der Wahrheit und Ordnung(?).

Die Ansichten, die zu diesem für ägyptische Maßstäbe ungewöhnlich langen Text geäußert worden sind, verraten wie oft in solchen Fällen etwas über den Text und etwas mehr über die Ägyptologen. Das betrifft besonders die Beurteilung der homosexuellen Episode zwischen Horus und Seth, die in früheren Zeiten den Moralbegriffen der beurteilenden Gelehrten unterlag (CAPART, BRUNNER-TRAUT). In der Zwischenzeit hat

🕮 Winfried BARTA, Die Reziprozität der homosexuellen Beziehung zwischen Horus und Seth, in: GM 129, 1992, 33-38

gezeigt, daß sich dieses Motiv bereits in den Pyramidentexten findet; vor allem ist sein Hinweis wichtig, daß es sich „um einen Mythos, also *um eine von Moralbegriffen freie* (unsere Hervorhebung) Göttergeschichte" (S. 33) handelt.

Lassen wir diese Episode einmal außer acht, so hat die Geschichte

> vielerlei Wendungen und hat vielerlei Aspekte. Er [= der Plot] spiegelt realweltliche Institutionen und Hierarchien in der Götterwelt; die Götter schreiben einander Briefe, sie bilden einen Gerichtshof mit einem Gerichtsherrn, der einer Kollegialgerichtsbarkeit unterworfen ist, das Erbrecht wird in seinen Ausprägungen durchgespielt und argumentiert, rechtliche Subtilitäten und Spitzfindigkeiten werden ausgespielt und verworfen, und es wird Zuflucht zum Prinzip des Gottesurteils genommen (Bewährung oder Nichtbewährung in gestellten Aufgaben). Der Zeitgeist des ausgehenden Neuen Reiches ist evident – in der Königsherrschaft Gottes (sei es Re oder Osiris) und den Formen der „Theologie des Willens" („Willkür" Gottes und Abhängigkeit von seiner Gunst – selbst bei den Göttern): der Briefwechsel von Re und Osiris am Ende gehört unter seiner spöttelnden Oberfläche zu den aufschlußreichsten theologischen Argumentationen der Zeit (JUNGE, TUAT, 931-932).
>
> So ist die Erzählung in der Tat „Mythos" – jedoch in einer Gestalt, wie der Mythos bei Aristophanes in Erscheinung getreten ist. [...]
>
> Die burleske Schilderung aber transportiert einen ernsten Gegenstand: Der götterweltliche Rechtsakt von der Übergabe des Herrscheramtes auf den Sohn und Nachfolger ist der Seinsgrund des Königtums auf der Erde; der König tritt sein Amt „auf dem Horus-Thron der Lebenden" an, und weil er die Rolle des Horus vertritt, vertritt der Vorgänger in seinem Tod die Rolle des Osiris. Das Gelingen der götterweltlichen Vorgabe ist die Bedingung des Gelingens in ihrem menschenweltlichen Abbild: der Kontinuität des Königtums im geregelten Übergang von Amtsinhaber zu Amtsinhaber. Die Figuration aus Osiris, Isis, Horus und Seth und ihre Dynamik – das Handlungsschema der Infragestellung des Erbes, des Richtspruches und der legitimierten Amtsübergabe – ist der ägyptische Begriff vom Staat; mit ihr spricht man vom Staat (S. 933).

Dieser Sicht der Dinge entsprachen *grosso modo* die bisherigen Beurteilungen, beginnend mit einer Monographie von

🕮 Joachim SPIEGEL, Die Erzählung vom Streite des Horus und Seth in Pap. Beatty I als Literaturwerk, Glückstadt 1937 (LÄS 9),

der in seiner Zusammenfassung die beiden Probleme benennt, die in dieser Erzählung thematisiert werden:

> Allgemeine Ordnung und Machtinteresse des Einzelnen werden hier als die beiden gegensätzlichen Faktoren empfunden, die alles politische Geschehen bestimmen

und

> Das andere [Problem] entrollt sich damit, daß hier mythisches Geschehen offensichtlich nicht mehr als etwas Absolutes, menschlicher Sphäre Fernes gesehen wird, sondern daß irdische Problematik mit ihm verwoben ist (S. 120-121).

40 Jahre später urteilt

🕮 Jan ASSMANN, Die Verborgenheit des Mythos im Alten Ägypten, in: GM 25, 1977, 7-43, bes. 32-33:

> Die mythologischen Erzählungen des NR, besonders „Horus und Seth", lassen sich als Verknüpfungen derartiger anekdotischer Episoden verstehen, die ihre Formung und Formulierung alltagsweltlicher Praxis verdanken. Auch sie sind in jeder Hinsicht alltagsweltlich, eine profane Unterhaltungsliteratur ‚in the spirit of Offenbach'.

Letzteres ist eine Formulierung GARDINERs aus seiner Einleitung zur Publikation der Chester Beatty Papyri. ASSMANN verweist in diesem Zusammenhang unter anderem auf den Nilpferdkampf in den Tagewählkalendern pSallier IV und pKairo 86637; eine homosexuelle Episode wird etwa auch in einem Papyrus aus Kahun aus dem MR berichtet.

Entsprechend urteilt

🕮 Robert SCHLICHTING, in: LÄ VI, 1982, 85 s.v. Streit des Horus und Seth:

> Die Erzählung gehört in den Bereich der Unterhaltungsliteratur.

Friedrich JUNGE hatte in seinem weiter oben genannten Beitrag zur Festschrift WESTENDORF seine eben zitierte, aus TUAT stammende Ansicht ausführlich dargelegt; auch dort spricht er von „burlesken Zügen und ironischen Verfremdungen" (S. 99).

> Der Autor stellt eine fiktive Wirklichkeit dar, indem er die Götter als die Träger der Wirklichkeit miteinander agieren läßt, ihnen aber gleichzeitig durch Ironie und Mimesis das nimmt, was ihren Bezug auf die Wirklichkeit ausgemacht hat: ihren topischen Charakter (S. 100).

Gegen diese Charakterisierung wendet sich VERHOEVEN in dem zitierten Beitrag. Zunächst versucht sie nachzuweisen, daß die Götter der Erzählung „im Rahmen ihrer Funktionen in der Götterwelt handeln" und beendet die Charakterisierung der einzelnen Götter mit dem Resümee:

> Gerade die ägyptischen Götter sind doch menschlich in ihren Regungen, sie werden nicht nur wie Menschen im täglichen Kult behandelt, zu ihren Rollen im Kosmos gehören auch väterliche, mütterliche oder kindliche Verhaltensweisen, Begierde, Stolz, Verletztheit, Freude, Trauer, Altersschwäche, Krankheit und Tod. Auch andere mythische Erzählungen liefern Beispiele für ‚menschliche' Götter (S. 347-348).

Dazu verweist sie auf die Erzählung von *Astarte und dem Meer*, den *Mythos von der Himmelskuh* und die *Hathor-Tefnut-Legende*. Sie stellt die Erzählung in einen Zusammenhang mit dem ebenfalls auf dem Papyrus befindlichen Hymnus auf Ramses V. und bezieht die Auseinandersetzung zwischen Horus und Seth auf die Wirren um die Nachfolge in der Zeit Ramses' III. und IV. In diesem Rahmen komme Ramses V. die Rolle des Horus zu, mit anderen Worten: die *Erzählung von Horus und Seth* ist nicht „situationsabstrakt" (JUNGE), sondern anläßlich der Übernahme der Herrschaft durch Ramses V. entstanden. Dazu hätte VERHOEVEN als Argument vielleicht auch die „80 Jahre des Streites" heranziehen können, von denen der Text spricht, und wäre dann an das Ende der Regierungszeit Ramses' II. gelangt.

Ihre These ist von

🕮 John BAINES, Myth and Literature, in: AEL, 372-373

relativiert worden. BAINES konzediert zunächst, daß VERHOEVENs Argumentation, der Text sei bei dieser Gelegenheit komponiert, nicht etwa kopiert worden, plausibel ist. Aber wirklich nachzuweisen, daß es sich um eine originale Komposition handelt, dürfte nicht einfach sein. Ferner scheint der Text nicht auf diesen möglichen Zweck eingeschränkt zu sein, sondern hat einen Charakter *sui generis*, d.h. er existiert auch außerhalb dieses möglichen performativen Kontextes. BAINES räumt ebenfalls ein, daß der Text auch als komisch oder burlesk angesehen werden kann, das sei aber nicht alles. Nach seiner Auffassung nutzt die Erzählung ihren Stoff, um so etwas wie eine „pikareske" (= Schelmen-)Erzählung hervorzubringen, in die ein ganzer Kranz von Motiven eingeschlossen werden kann; ebenso gibt es Varianten in der Tonlage, bis hin zu der ernsthaften Auseinandersetzung zwischen Osiris und der Neunheit, die zur endgültigen Lösung des Konfliktes führt. In dem Beitrag

🕮 John BAINES, Prehistories of Literature: Performance, Fiction, Myth, in: Gerald MOERS (Hrsg.), Definitely: Egyptian Literature, Göttingen 1999 (Ling-Aeg, Studia monographica 2), 17-41

faßt BAINES seine Ansicht wie folgt zusammen:

> This is a narrative about the world of gods that takes material, episodes, situations, transitivities from the divine context and reincorporates it into a story-telling framework that has a distinctly anthropomorphized cast, of a type we recognize from other narratives we have known. As the audience reads or listens, it does not believe in the things the narrative tells, even though they embody what is deeply true. In certain directions they go beyond what we would otherwise see in a literary story.

In demselben Jahr 1996, in dem VERHOEVEN ihren Beitrag publizierte, erschien auch die umfassende Monographie von BROZE, deren Manuskript VERHOEVEN schon hatte benutzen können, leider nicht auch umgekehrt – es wäre interessant gewesen zu erfahren, was BROZE über den „Sitz im Leben" gedacht hätte. Ihr Fazit liegt auf der Linie von BAINES. Wir zitieren einige Sätze aus ihrer Zusammenfassung (unsere Übersetzung); sie beginnt mit einer Frage:

> Ein literarisches Werk mit der Absicht, das Publikum zu bezaubern und zu zerstreuen, oder ein mythischer Diskurs, normativ, Begründer einer Union zwischen der Weltordnung und einer bestimmten Idee der Macht? Die Besonderheit der *Horus und Seth*-Erzählung besteht darin, beides zu sein. Der Autor benutzt bisweilen das Pittoreske [...], ahmt oft das juristische Vokabular nach, nimmt seinen Leser zum Zeugen für Kühnheit und Dummheit einer seiner Personen, spielt mit Zweideutigkeit und dreht oft die Logik der Kommunikations-Schemata um (S. 277).

Die Erzählung von *Horus und Seth* ist nach BROZE ein „mythologischer Roman" (S. 278, 283): Wenn der Mythos das Sichtbare und das Unsichtbare vereinige, dann vereinige der Roman seinerseits Wirklichkeit und Fiktion. Dem Autor von *Horus und Seth* sei die Fusion gelungen.

Die letzten Sätze relativieren den „Autor" und wirken wie eine Entgegnung zu VERHOEVEN:

> Die Mischung von Humor und Ernst, mit der sich dieser Schreiber dem ägyptischen Denken zuwendet, ohne Geringschätzung und ohne Emphase (man fühlt sich an „sine ira et studio" erinnert), macht uns deutlich, daß nicht *ein* [unsere Hervorhebung] Name am Ende des Textes ihn (sc. den Text) geschaffen haben kann. Die Fusion von Wirklichem und Imaginärem ist niemals die Frucht einer spontanen Zeugung (S. 284).

Es sei angefügt, daß die Überlegungen VERHOEVENs uns anfangs durchaus fasziniert hatten. Wir erinnern nochmals an die *Geschichte der zwei Brüder* und die für diesen Text geäußerte Vermutung WETTENGELs. Inzwischen sind uns allerdings auch Bedenken gekommen. Kann man sich wirklich vorstellen, daß ein solcher Text anläßlich einer Thronbesteigung rezitiert worden sein könnte? Sind die „pittoresken“ und „pikaresken“ Verhaltensweisen der verschiedenen Götter wirklich nur für unseren kulturellen Geschmack bisweilen recht oder auch zu kräftig? Natürlich ist ein Text wie *Horus und Seth* und eben auch die *Geschichte der zwei Brüder* in einem bestimmten kulturellen Umfeld entstanden und spiegelt dieses notwendigerweise wider. Aber die mögliche Ableitung historischer Geschehnisse aus solchen Texten ist eine andere Sache als deren Verortung und Funktion in einem bestimmten historischen Geschehen. Wir kommen da doch lieber auf das zurück, was JUNGE dazu gesagt hat und was oben zitiert wurde. Dessen Deutung, das sei abschließend vermerkt, trägt im übrigen durchaus – unausgesprochen – der schon mehrfach zitierten HELCKschen Feststellung Rechnung, daß kein ägyptischer Text ohne eine bestimmte Absicht geschrieben worden sei – mag dies nun wiederum insgesamt zutreffen oder nicht.

5. Die Reiseerzählung des Wenamun.

Editionen:

🕮 Wladimir GOLÉNISCHEFF, Papyrus hiératique de la Collection W. Golénischeff, contenant la description du voyage de l'Égyptien en Phénicie, in: RecTrav 21, 1899, 74-102 (*editio princeps* mit Angaben zur Fundgeschichte).

🕮 Georg MÖLLER, Hieratische Lesestücke, 2. Heft: Literarische Texte des Neuen Reiches, ²Leipzig 1927, Nachdruck Berlin 1961, 29 (1, 1-1, 21).

🕮 Alan H. GARDINER, Late-Egyptian Stories, Bruxelles 1932 (Bibliotheca Aegyptiaca I), 61-76.

🕮 Mikhail A. KOROSTOVTSEV, Putešhestvie Un-Amuna v. Bibl., Moskva 1960.

Übersetzungen (nur neuere):

🕮 Elmar EDEL, Der Reisebericht des Wn-'mn, in: Kurt GALLING (Hrsg.), Textbuch zur Geschichte Israels, Tübingen 1968, 41-48.

🕮 Miriam LICHTHEIM, The Report of Wenamun, in: Ancient Egyptian Literature II, The New Kingdom, Berkeley 1976, 224-230.

🕮 Elke BLUMENTHAL, Altägyptische Reiseerzählungen, Leipzig 1982, 27-40 (Übersetzung), 47-52 (Anmerkungen).

🕮 Gerald MOERS, Die Reiseerzählung des Wenamun, in: TUAT III, 5, Gütersloh 1995, 912-921.

🕮 Edward F. WENTE, in: William K. SIMPSON (Hrsg.), The Literature of Ancient Egypt. An Anthology of Stories, Instructions, Stelae, Autobiographies, and Poetry, Cairo 2003, 116-124.

Einzelbeitrag:

🕮 Wolfgang HELCK, in: LÄ VI, 1986, 1215-1217 s.v. Wenamun.

Zu der hier auch noch zu nennenden Bearbeitung von Hans GOEDICKE (The Report of Wenamun, Baltimore 1975) verweisen wir auf die Rezension von George HUGHES (in: The Catholic Biblical Quarterly 38, 1976, 382-384).

🕮 Bernd U. SCHIPPER, Die Erzählung des Wenamun. Ein Literaturwerk im Spannungsfeld von Politik, Geschichte und Religion, Fribourg – Göttingen 2005 (OBO 209).

Diese jüngste Neubearbeitung enthält neben der Aufarbeitung der gesamten Forschungsgeschichte den hieroglyphischen Text mit Transkription, interlinearer Übersetzung und Verweisen auf die Grammatik. Es folgt eine ausführliche historische sowie eine literarische Analyse des Textes, deren Ergebnisse in einem Kapitel „Theopolitik – die Erzählung des Wenamun als religiös-politischer Text" zusammengefaßt werden.

Zur äußeren Form: pMoskau (Puschkin Museum) 120 besteht aus zwei Blättern, deren erstes seinerseits aus drei Fragmenten besteht. Dieses erste Blatt enthält 59 Zeilen (bei 96 cm Höhe und 23 cm Breite), das zweite Blatt enthält 83 Zeilen (bei 109 cm Höhe und 23 cm Breite). Die Schrift läuft parallel zu den vertikalen Fasern, nicht wie üblich zu den horizontalen. Der Text enthält keine Gliederungspunkte, aber auf S. 1 sechs Rubra, die eine Art Gliederung darstellen. Er ist in ein 5. Jahr datiert, das man bis vor einigen Jahren auf die *wḥm-msw.t*-Ära (Beginn im 19. Jahr Ramses' XI.) und damit auf das Jahr 1076 v.Chr. bezog, jetzt jedoch auf die Regierungszeit des Herihor = 1065 v.Chr., wie EGBERTS herausgearbeitet hat (in: ZÄS 125, 96, s. dazu weiter unten). Die Niederschrift wird von LICHTHEIM an das Ende der 21. Dynastie, von QUACK (im Zusammenhang mit der Bearbeitung des *Moskauer literarischen Briefes*, s. auch dazu weiter unten) in die späte 21. Dynastie gesetzt.

Der Papyrus wurde zusammen mit dem *Moskauer literarischen Brief* und dem *Onomastikon des Amenemope* in einem Gefäß in El-Hibeh (Oberägypten) gefunden.

Zu einem solchen Werk gibt es, wie nicht anders zu erwarten, eine Fülle von Einzelbeiträgen, die sich neben anderem mit der Frage des chronologischen Ablaufs der Reise, mit den darin vorkommenden Fremdnamen oder mit einer als „Ekstatiker von Byblos" bezeichneten Figur befassen. Sie werden, soweit erforderlich, an entsprechender Stelle genannt. Die wichtigste Frage war aber die nach der Literarizität des Wenamun. Damit wir uns darüber ein eigenes Bild machen können, müssen wir zuvor den Inhalt kennenlernen:

Wenamun, ein Hofbeamter mit dem Titel „Ältester der Halle vom Tempel des Amun-Re, des Herrn der Throne der Beiden Länder", begibt sich im Auftrag des Hohenpriesters von Theben auf eine Art „Dienstreise", um Bauholz für die Barke des Amun im Libanon zu beschaffen. Er kommt zunächst nach Tanis, wo Smendes, der spätere erste König der 21. Dynastie, und seine Frau Tanutamun regieren; einige Autoren nehmen an, daß es dort zu einer achtmonatigen Verzögerung kam, dazu später. Auf dem Weg nach Byblos wird ihm in der Hafenstadt Dor von einem seiner Leute die Kasse, d.h. Krüge mit Gold und Silber, gestohlen. Er bittet Beder, den lokalen Fürsten, um Hilfe, da er ja in dessen Hafen bestohlen worden sei, doch der lacht ihn nur aus: „Der Dieb, der dich bestohlen hat, gehört zu dir!" Nach seiner Ankunft in Byblos muß er einen Monat warten, bis er mit Tjeker-Baal, dem Fürsten von Byblos, reden kann. Die folgende 10-monatige Aufenthaltszeit in Byblos ist vor allem mit Diskussionen zwischen Wenamun und Tjeker-Baal gefüllt, in denen Ägypten, vertreten durch Wenamun, auf „Normalgröße" gestutzt wird:

> Wenamuns Selbsterkenntnis [besteht] im Gegensatz zu der Sinuhes nun aber darin, daß er nicht der ist, der er zu sein glaubte, und auch die Welt nicht so funktioniert, wie er dachte. Der Versuch, sein ägyptisches Selbst- und Weltverständnis durch rhetorisch(-solidarisch)e Rede zur Grundlage dieser Auseinandersetzungen zu machen, endet in einem Desaster. Wenamuns Welterklärungsversuche prallen wirkungslos an seinem Gegenüber ab und das, was er als Ausdruck einer höheren geistigen Ordnung verstanden wissen will, entpuppt sich als einfaches Geschäft. Unter solchen Umständen jedoch wird Kommunikation grundsätzlich verunmöglicht, denn Wenamun und seine Gesprächspartner gehen von völlig konträren Voraussetzungen aus. Sie haben keine gemeinsame Grundlage mehr (MOERS, Fingierte Welten, 265).

Im Verlauf der Diskussion, in der der Fürst immer wieder seine Macht demonstriert, während Wenamun nichts anderes als Amun und die Größe Ägyptens zu beschwören weiß, schickt Wenamun einen Boten zu Smendes und Tanutamun, die dem Fürsten daraufhin Geschenke schicken; danach kann das gewünschte Holz endlich auf Wenamuns Schiff geladen werden. Nach einem weiteren Zwischenfall gelangt Wenamun nicht etwa nach Hause, sondern wird durch einen Sturm nach *Alasya* (= Zypern) verschlagen. Dort gewährt ihm die

Fürstin Hatiba Zuflucht; mit den Worten an Wenamun: „Ruh dich aus" bricht der Text ab.

Die Frage ist nun, wie die Geschichte weiterging bzw. wie sie endete. Darüber hat sich (neben Anderen)

🕮 John BAINES, On Wenamun as a Literary Text, in: Jan ASSMANN und Elke BLUMENTHAL (Hrsgg.), Literatur und Politik im pharaonischen und ptolemäischen Ägypten, Le Caire 1999 (BdE 127), 209-233

Gedanken gemacht; er kommt zu dem Ergebnis:

> Wenamun must have returned to Egypt, because otherwise he would not have survived to present his narrative in the first person. He will also have brought the timber for the divine barque, both because there is a probable connection between it and the barque depicted in the temple of Khons at Karnak [...], and because he ultimately succeeded with all other aspects of his mission and it would be inappropriate for him to have failed in this one (S. 215).

Ähnlich hatte bereits Elke BLUMENTHAL geurteilt:

> Endlich erfolgreich auf der Rückreise, fällt er beinahe unter die Seeräuber, wird an einen fremden Strand verschlagen und kehrt – das vorzeitige Ende der Handschrift läßt nicht erkennen, ob nach weiteren Abenteuern – schließlich in die Heimat zurück (Reiseerzählungen, S. 59).

Textproben (Übersetzung nach MOERS; Textpassagen in Großbuchstaben kennzeichnen Rubren):

> TAG 16 DES VIERTEN SOMMERMONATS IM JAHR 5: Tag 1 der Dienstreise, die Wenamun, der Hallenälteste des Tempels des Amun, des [Thronherrn] der beiden Länder unternahm, um Bauholz für die große und herrliche Barke des Amun-Re-König-der-Götter zu beschaffen, die auf dem [Fluß] liegt [und deren Name] Amun-User-Hat [ist]. Am Tag meiner Ankunft in Tanis, w[o Smen]des und Tanutamun leben, legte ich ihnen die amtlichen Schreiben von Amun-Re-König-der-Götter vor; sie ließen sie sich vorlesen und sagten: „Ja, sicher, wir verfahren im Sinne von Amun-Re-König-der-Götter, unserem Herrn." VOM VIERTEN MONAT AN (??) blieb ich in Tanis, bis Smendes und Tanutamun mir und dem Frachterkapitän Mengebet den Befehl zum Aufbruch gaben, und ich am ersten Tag des ersten Sommermonats ins große syrische Meer auslief (1, 1-7).

Nach einem Monat vergeblichen Wartens in Byblos wird Wenamun beim Fürsten von Byblos vorgelassen:

> Da ließ mir [der Fürst] von Byblos ausrichten: „Ver[schwinde aus meinem] Hafen!", und ich ließ ihn fragen: „Wohin soll [ich denn ge-

hen...]. Wenn [Du ein Schiff findest,] um mich zu befördern, sorge dafür, daß man mich wieder nach Ägypten bringt!" 29 Tage war ich in seinem H[afen, und] er [vertat] die Zeit damit, mir wiederholt sagen zu lassen: „Verschwinde aus meinem Hafen!" ALS ER NUN seinen Göttern OPFERTE, ergriff Gott Besitz von einem seiner anwesenden Priester und versetzte ihn in Trance. Er sagte zu ihm: „Bring den Gott herauf! Und bring den Boten mit, der ihn bei sich hat! Amun hat ihn geschickt! Er hat ihn kommen lassen!" Gerade in der Nacht, in der der Rasende in Trance verfallen war, hatte ich ein Schiff gefunden, das nach Ägypten auslief, und meine ganze Habe eingeladen. Ich wartete nur noch auf die völlige Dunkelheit, denn wenn sie hereinbrach, wollte ich auch den Gott einladen, damit ihn kein anderes Auge zu sehen bekam. Aber da kam der Hafenmeister zu mir und sagte: „Der Fürst läßt mitteilen, du sollst bis morgen warten!" Ich antwortete: „Warst Du nicht der, der die Zeit damit verschwendet hat, täglich zu mir zu kommen und zu sagen ‚Verlasse meinen Hafen!?' Und jetzt sagst Du: ‚Bleib noch die Nacht!', damit das Schiff wegfährt, das ich gefunden habe; und dann kommst Du wieder und sagst: ‚Verschwinde!' Er ging und berichtete es dem Fürsten (1, 34-46).

Wenamun schlägt Tjeker-Baal vor, sich eine Stele anzufertigen, auf der er (Tjeker-Baal) sein loyales Handeln für Ägypten verewigt:

Warum freust Du Dich denn nicht, läßt Dir eine Stele machen und schreibst darauf: „Amun-Re-König-der-Götter sandte mir seinen Boten Amun-des-Weges-lebe-heil-gesund mit seinem menschlichen Vertreter Wenamun zur Beschaffung von Bauholz für die große und herrliche Barke von Amun-Re-König-der-Götter. Ich fällte es, lud es auf, stellte meine Schiffe und Arbeiter zur Verfügung und ließ es nach Ägypten gelangen, um mir von Amun 50 Lebensjahre zusätzlich zu meinem Geschick zu erbitten." Und wenn eines Tages ein schriftkundiger Bote aus dem Lande Ägypten kommt und Deinen Namen auf der Stele liest, wirst Du wie die hiesigen Götter das Wasser des Westens empfangen. Und er bemerkte: „Ein herrliches Bekenntnis zur Rede, was du mir abgeliefert hast" (2, 54-60).

Wenamuns Schiff wird nach Alasya verschlagen:

Der Wind wehte mich in Alasya an Land, und die Stadteinwohner kamen auf mich zu, um mich zu töten. Ich kämpfte mich zwischen ihnen durch bis zur Stadtfürstin Hetibe und fand sie, als sie ihr eines Haus verließ und in ihr anderes gehen wollte. Ich sprach sie an und fragte die Leute, die um sie herum standen: „Gibt es nicht zufällig einen unter Euch, der Ägyptisch kann?", und einer von ihnen antwortete: „Ich kann es." Ich bat ihn: „Sag meiner Herrin, daß ich bis nach

> Theben – also bis dorthin, wo Amun residiert – gehört habe, daß man zwar in jeder anderen Stadt Unrecht tut, im Land Alasya jedoch gerecht gehandelt wird. Und nun ist es auch hier alltäglich, Verbrechen zu begehen!“ Sie fragte: „Was meinst du damit?“, und ich erklärte ihr: „Wenn die See wütet und der Wind mich in Dein Land verschlägt, wie kannst Du zulassen, daß man sofort versucht, mich umzubringen, obwohl ich der Bote des Amun bin? Glaub mir, man wird mich ewig suchen. Und die Besatzung des Fürsten von Byblos, die sie umbringen wollen, wird ihr Herr nicht zehn von Deinen Besatzungen aufspüren und sie seinerseits töten?“ Sie ließ die Leute rufen, und man klagte sie an. Dann sagte sie zu mir: „Leg dich hin!“ (2, 74-83).

Mit den Worten: *sḏr n=k* endet die Erzählung bzw. besser, wie oben gesagt: „...bricht der Text ab“. Mehr der Kuriosität halber sei eine Miszelle von einer Seite Umfang erwähnt:

🕮 Friedrich HALLER, Widerlegung der allgemeinen Annahme, der Bericht des Wenamun (Papyrus Moskau nr. 120) breche gegen Ende unvermittelt ab und der Schluß sei verloren, in: GM 173, 1999, 9,

in der die Vollständigkeit des Textes postuliert wird und diese beiden Wörter mit „Leb wohl!“ (i.S. von *vale* „sei stark!“) übersetzt werden.

🕮 Erhart GRAEFE, Die letzte Zeile des „Wenamun“ und *sḏr* „stark“, *sḏr* „sichern“, in: GM 188, 2002, 73-75

hat diesen Vorschlag aufgegriffen und schlägt für *sḏr* bei Annahme einer unetymologischen Schreibung die Übersetzung „sichern“ > „sei sicher“ i.S. von „Gute Heimfahrt!“ vor; damit hat der Text auch für ihn ein „normales“ Ende.

Diese Diskussion erscheint allerdings ein wenig akademisch. Wenn man den Text unvoreingenommen betrachtet, kann man nur zu dem Schluß kommen, daß er in der vorliegenden Form unvollständig ist. BAINES, BLUMENTHAL und Andere haben zweifellos recht mit ihrer Vermutung, daß Wenamun am Ende nach Ägypten zurückgekehrt sein muß.

Eine lebhafte Diskussion ergab sich aus den verschiedenen Zeitangaben, die Wenamun macht (vgl. die erste Textprobe); sie wurde vor allem von

🕮 Arno EGBERTS, The Chronology of the Report of Wenamun, in: JEA 77, 1991, 57-67, und

🕮 Arno EGBERTS, Hard Times: The Chronology of „The Report of Wenamun“ Revised, in: ZÄS 125, 1998, 93-108

geprägt. Während er im ersten Artikel, der auch einige Konjekturen zum Text enthält, noch von einer realistischen Chronologie und einer Reisedauer von mehr als zwei Jahren ausgeht, bekennt er sich im zweiten Beitrag zum fiktionalen Charakter des Textes, hält aber an der Reisedauer fest. Danach hat sich

🕮 Ursula RÖSSLER-KÖHLER, Die Reise nach Byblos, in: Dankesgabe für Heinrich Schützinger, Hallesche Beiträge zur Orientwissenschaft 29/2000, 137-144

nochmals mit den Daten EGBERTS' beschäftigt und einige Vorschläge gemacht, die die Reise um 11 Monate verkürzen.

Es sei uns gestattet, anstelle dieser teilweise einigermaßen komplizierten und komplexen Deutungen einen sehr viel einfacheren Erklärungsvorschlag zu machen, der sich aus langjähriger Vertrautheit mit den Eigenheiten ägyptischer Schreiber ergibt:

In den ersten 8 Zeilen der Geschichte werden drei Daten genannt: 4. *šmw* 16 (1, 1), 4. *šmw* (1, 6) und 1. *šmw* 1 (1, 8). Das erste Datum benennt den Termin des Reisebeginns, das zweite die Dauer des Aufenthaltes in Tanis (wobei wir, wie die Mehrzahl der Belege für dieses Wort nahelegt, das einfache *šꜣʿ* mit „bis" übersetzen): Bis zum Ende dieses Monats blieb Wenamun in Tanis, um dann aufzubrechen: Nach zweimaligem richtigem *šmw* schrieb der Schreiber auch hier, und nun versehentlich, ein drittesmal *šmw* anstelle des eigentlich erforderlichen *ꜣḫ.t*. In Wirklichkeit brach Wenamun also am ersten Tag des auf den 4. *šmw* folgenden Monats, dem 1. *ꜣḫ.t* Tag 1 auf. Er war bis dahin somit etwa einen halben Monat unterwegs.

Im Hinblick auf Rekonstruktionsversuche wie die oben erwähnten kann man auch auf BAINES (On Wenamun, 214) verweisen; er warnt vor der Überschätzung historischer Fakten in einem fiktionalen Werk, auch europäische Geschichte könne nicht aus den Werken Shakespeares und Schillers rekonstruiert werden; ähnlicher Auffassung ist EYRE (Irony in the Story of Wenamun, s. weiter unten).

Unserer Meinung nach muß das eine das andere nicht ausschließen: Ein fiktionaler Text kann sehr wohl korrekte (Zeit-)abläufe darstellen. Korrekte Zeitangaben sind damit auch kein Kriterium pro oder contra Literarizität. Zu dieser Problematik schreibt Elke BLUMENTHAL sehr treffend:

> Wahrscheinlich sind die Dialoge literarische Fiktion, vielleicht ist sogar die Gestalt des Wen-Amun frei erfunden, aber die Erfahrungen, die hier beschrieben werden, sind zweifellos von ägyptischen Reisenden gemacht worden, und so enthält die Erzählung in ihren Grundzügen mehr historische Wahrheit als die Erfolgsmeldungen der offiziellen Reiseberichte und als die politische Geschichtsschreibung, die Handelsbeziehungen zu Vasallitätsverhältnissen und Waren zu Tribu-

> ten umdeutete. Darüber hinaus zeigen viele Einzelheiten, die unsere kulturgeschichtliche Kenntnis des alten Syrien bestätigen oder ergänzen, wie genau der Erzähler dort Bescheid wusste (Reiseerzählungen, 63).

Die Forschung hat sich auch noch anderer Fragen und Probleme angenommen, z.B. in mehreren Beiträgen des in der zweiten Textprobe genannten „Ekstatikers“:

🕮 Aelred CODY, The Phoenician Ecstatic in Wenamun. A Professional Oracular Medium, in: JEA 65, 1979, 99-106.

🕮 Jürgen H. EBACH, Der byblitische Ekstatiker im Bericht des Wn-Imn und die Seher in der Inschrift des *Zkr* von Hamath, in: GM 20, 1976, 17-22.

🕮 Manfred GÖRG, Der Ekstatiker von Byblos, in: GM 23, 1977, 31-33.

Zu den fremden Namen äußerte sich u.a.

🕮 Michael GREEN, *m-k-m-r* und *w-t-k-t-r* in der Wenamun-Geschichte, in: ZÄS 113, 1986, 115-119.

Mit dem Wert der gestohlenen Güter setzte sich

🕮 Ronald J. LEPROHON, What Wenamun Could Have Bought: the Value of his Stolen Goods, in: Egypt, Israel and the Ancient Mediterranean World. Studies in Honor of Donald B. Redford, ed. by Gary N. KNOPPERS and Antoine HIRSCH, Philadelphia 2004 (Probleme der Ägyptologie 20), 1-5

auseinander. Schließlich hat Wenamun auch die Nachbarwissenschaftler angeregt; es sei hier nur ein Werk genannt, das eine weitergehende Bedeutung hat:

🕮 Mario LIVERANI, Prestige and Interest. International Relations in the Near East ca. 1600-1100 B.C., Padova 1990, 247-254.

Darauf kann im Rahmen dieser Einführung nicht weiter eingegangen werden; eine Bibliographie der wesentlichen Beiträge findet sich im Internet unter www.ancientneareast.net/wenamun_bibliography.html.

Die wichtigste Frage aber bleibt die nach der Literarizität des *Wenamun*. Es war lange Zeit umstritten, ob es sich dabei um einen literarischen Text handelt und welcher Textsorte er zuzurechnen ist.

🕮 Jaroslav ČERNÝ, Paper and Books in Ancient Egypt, London 1952, 22

hielt ihn – auch wegen des äußeren Formats – für einen echten Reisebericht, also für ein historisches Dokument. Diese Ansicht ist jedoch längst obsolet. Heute ist der Text in der *communis opinio* ein literarisches, fiktionales Werk. Da hier anscheinend Historie und Literatur zusammentreffen, wird der Text als „'realistische' Auseinandersetzung mit der Wirklichkeit der Auslandserfahrung“ beschrieben (LOPRIENO, Topos und Mimesis, 66). Auch wir folgen dieser Einschätzung. Allerdings ist innerhalb dieser grundsätzlich erzielten Einigkeit nach wie vor eine Vielheit der Stimmen zu beobachten. Die wichtigsten dieser Stimmen aus jüngerer Zeit sind die folgenden:

🕮 Antonio LOPRIENO, Topos und Mimesis, Wiesbaden 1988 (ÄA 48), 64-71.

🕮 Anne SCHEEPERS, Le Voyage d'Ounamoun: Un texte „litteraire" ou „non-litteraire"?, in: Claude OBSOMER et Ann-Laure OOSTHOEK (Hrsgg.), Amosiadès. Melanges offerts au Professeur Claude Vandersleyen par ses anciens étudiants, Louvain-la-Neuve 1992, 355-365.

🕮 John BAINES, On Wenamun as a Literary Text, in: Jan ASSMANN und Elke BLUMENTHAL (Hrsgg.), Literatur und Politik im pharaonischen und ptolemäischen Ägypten, Le Caire 1999 (BdE 127), 209-233.

🕮 Christopher J. EYRE, Irony in the Story of Wenamun: the Politics of Religion in the 21st Dynasty, in: Jan ASSMANN und Elke BLUMENTHAL (Hrsgg.), Literatur und Politik im pharaonischen und ptolemäischen Ägypten, Le Caire 1999 (BdE 127), 235-252.

🕮 Gerald MOERS, Fingierte Welten in der ägyptischen Literatur des 2. Jahrtausends v. Chr., Leiden 2001 (Probleme der Ägyptologie 19), bes. 263-273; vgl. Stellenregister S. 335.

🕮 Antonio LOPRIENO, La pensée et l'écriture. Pour une analyse sémiotique de la culture égyptienne, Paris 2001, 51ff., besonders 76-81.

Dort sind die verschiedenen Interpretationsansätze besser nachzuverfolgen, als es der Versuch einer zusammenfassenden Paraphrasierung hier bieten könnte. Es seien daher im folgenden lediglich einige besonders interessante bzw. mehr am Rande dieser Diskussion liegende Facetten kurz nachgezeichnet.

So ist bereits die Frage, welcher moderne Gattungsbegriff dem *Wenamun* am besten eignet, kontrovers. Gegen den von MOERS verwendeten Begriff der „Reiseerzählung" wendet sich

🕮 Hans-Werner FISCHER-ELFERT, Rez. zu G. MOERS, Fingierte Welten (s.o.), in: OLZ 99, 2004, 411-422, hier besonders S. 414,

allerdings ohne einen eigenen Vorschlag zu machen:

> Ich halte den Begriff [in allen vier Fällen] für verharmlosend bzw. schlicht falsch. Alle ihre Helden agieren nicht auf eigene Initiative und aus der Motivation, fremde Orte und Gegenden kennen zu lernen.

Der Reisebericht – so sinngemäß FISCHER-ELFERT weiter – dient als literarisches Vehikel, als Gefäß, „als Form, in die mögliche menschliche Erfahrungen in Krisensituationen gegossen werden".

> Allerdings ist literarische Fiktion nicht ohne Realität denkbar, sie braucht einen *pool*, aus dem die Fiktionen qua Imagination schöpfen. Realität bildet insgesamt einen Entnahmefundus, aus dem sich die dichterische Imagination bedient [...] Der antike Autor wird sich einen Wenamun nicht gänzlich ‚aus den Fingern gesogen' haben, Reiseberichte von Heimkehrern aus der Levante dürften ihren Teil dazu beigetragen haben (S. 414).

Am Ende sei noch ein interessanter Versuch erwähnt, unter Hinweis auf vermutete sprachliche Besonderheiten die Literarizität des Textes zu belegen. Diesen Versuch unternahm vor einiger Zeit

🕮 Helmut SATZINGER, How good was Tjeker-Ba'l's Egyptian? Mockery at foreign diction in the Report of Wenamun, in: LingAeg 5, 1997, 171-176.

SATZINGER versucht in diesem Beitrag zu belegen, daß der Fürst von Byblos kein reines Ägyptisch spricht, sondern gelegentlich vor allem grammatische Fehler begeht, wie sie für Nicht-Muttersprachler typisch sind, etwa der Art „You shall give me for *done it*, and I will *done it*! (S. 172)." SATZINGER bemerkt dazu:

> The author of the text – there should not be any doubt that a text of such eminent literary qualities is a piece of literature and not just a documentary report – chose a naturalistic medium for his work, i.e., a language *written-as-if-spoken*. Furthermore he chose a realistic stylistic means to model his foreign characters: he let them make exactly those slips in language that an audience or reader might expect from them, like wrong pronouns and wrong verb forms (S. 176).

So gerne man dem im Hinblick auf die Literarizität des Wenamun folgen möchte, muß man doch die Entgegnung von

🕮 Arno EGBERTS, Double Dutch in the *Report of Wenamun?*, in: GM 172, 1999, 17-22

zur Kenntnis nehmen, der mit dieser These wieder aufräumt und am Ende das Fazit zieht:

> ... it may be concluded that none of the examples adduced [...] constitute convincing evidence. In other words, there is not a jot of double Dutch to be found in the story,

um mit der tröstlichen Bemerkung zu schließen:

> That must be a reassuring thought for all those who have learned Egyptian by reading *Wenamun* (S. 22).

Damit wollen wir diesen Text verlassen.

6. Astarte und das unersättliche Meer

Editionen:

🕮 Alan H. GARDINER, The Astarte Papyrus, in: Studies Presented to Francis Llewellyn Griffith, London 1932, 74-85 (pAmherst IX).

🕮 Alan H. GARDINER, Late-Egyptian Stories, Bruxelles 1932 (Bibliotheca Aegyptiaca I), 76-81.

🕮 Philippe COLLOMBERT – Laurent COULON, Les dieux contre la mer. Le début du „papyrus d'Astarté" (pBN 202), in: BIFAO 100, 2000, 193-242.

Übersetzungen:

🕮 Emma BRUNNER-TRAUT, Altägyptische Märchen, München 1963 (Erstauflage), Nr. 10.

🕮 Robert K. RITNER, The Legend of Astarte and the Tribute of the Sea, in: William W. HALLO – K. Lawson YOUNGER JR. (Eds.), The Context of Scripture I: Canonical Compositions from the Biblical World, Leiden 1997, 35-36.

🕮 Edward F. WENTE, in: William K. SIMPSON (Hrsg.), The Literature of Ancient Egypt. An Anthology of Stories, Instructions, Stelae, Autobiographies, and Poetry, Cairo 2003, 108-111.

Einzelbeiträge:

🕮 George POSENER, La légende égyptienne de la mer insatiable, in: AIPHOS 13, 1953 (Mélanges Isidore Lévy), Bruxelles 1955, 461-478.

🕮 Rainer STADELMANN, in: LÄ I, 1975, 509-511 s.v. Astartepapyrus.

🕮 Wolfgang HELCK, Die Herkunft der Erzählung des sog. „Astartepapyrus", in: Fontes atque Pontes. Eine Festgabe für Hellmut Brunner, hrsg. von Manfred GÖRG, Wiesbaden 1983 (ÄAT 5), 215-223.

🕮 Pascale M. TEYSSEIRE, The Portrayal of Women in the Ancient Egyptian Tale, Diss. Yale 1998, 148-150.

Der Text dieser Geschichte war lange Zeit nur durch den fragmentarischen pAmherst IX (Percy E. NEWBERRY, The Amherst Papyri, London 1899, pl. 19-21) bekannt.

Dieser Papyrus wird jetzt in der Pierpont Morgan Library in New York aufbewahrt. Seine Herkunft ist unbekannt; er gehört nicht zum *corpus* der anderen Papyri Amherst. Außerdem wurde er bisher aus paläographischen Gründen in die Zeit Haremhabs datiert.

Diese Situation hat sich vor einigen Jahren deutlich verbessert: In der Bibliothèque Nationale in Paris entdeckten Philippe COLLOMBERT und Laurent COULON einen Papyrus, der ursprünglich zu der Sammlung Rollin gehörte (pRollin 1888 = pBN 195: Harîms-Verschwörung gegen Ramses III.); weitere Papyri aus der Sammlung Rollin sind „Rechnungen aus der Zeit Sethos' I.", die Wilhelm SPIEGELBERG 1896 veröffentlicht hat.

1868 von Willem PLEYTE erstmals publiziert, wurde der Text von seinem Erstbearbeiter François CHABAS für einen Hymnus an Amenophis II. gehalten, denn dieser Name wird zu Beginn erwähnt. COLLOMBERT und COULON identifizierten ihn nun aber eindeutig als den Anfang der Astarte-Erzählung und stellten anhand der Paläographie fest, daß er in die Zeit Amenophis' II. (1428-1402/1392) gehört. Er ist also einer der relativ wenigen bekannten *literarischen* Texte, die in der 18. Dynastie entstanden sind. Die beiden Autoren geben außerdem eine fortlaufende Übersetzung des gesamten Textes, so daß man in Zukunft vor allem auf ihren Beitrag zurückgreifen kann. Nützlich wäre allerdings eine lesbarere Edition mit einer hieroglyphischen Transliteration in der Qualität der GARDINERschen.

Die folgenden Auszüge sind Übersetzungen, die sich auf COLLOMBERT – COULON und RITNER stützen.

Der in pBN 202 erhaltene Text beginnt mit einer Datierung und einem Protokoll:

> Jahr 5, 3. Monat der *pr.t*-Zeit, Tag 19.
> Es lebe der König von Ober- und Unterägypten [...] l.h.g.,
> Sohn des Re (Amenophis, Gott-Herrscher von Heliopolis) l.h.g.,
> Beschenkt mit Leben in alle Ewigkeit [...].

Diese Datierung führt uns in das Jahr 1420. Es folgt ein Titel:

> Erneu[ern? ...] dessen, was er getan hat für die Neunheit,
> um gegen das Meer zu kämpfen [...]

Danach folgt etwas, das COLLOMBERT – COULON als „Einführung des Erzählers" bezeichnen:

> [Ich will] Deine Taten [erzählen],
> [Ich] will [Deine Macht?] preisen (*wörtl.:* hoch machen),
> beim Erzählen dessen, was Du getan hast, als Du noch ein Kind warst.

Die letzte Formulierung „als Du noch ein Kind warst" erinnert an Königshymnen. Tatsächlich ist offen, wer hier gemeint ist; auch im nächsten Abschnitt, der „Erschaffung des Heros", bleibt unklar, von wem jetzt die Rede ist. Hier werden Schai und Renenutet genannt, die von einer Persönlichkeit (das Suffix =*s* deutet auf Hathor oder Meschenet hin) geschaffen wurden; daṇn werden die Waffen des anonymen Heros beschrieben. Nach einigen wenigen fragmentarischen Sätzen bricht der pBN 202 ab. Er bildet den oberen Teil einer Seite, deren unterer Teil auf dem ersten Blatt des pAmherst IX erhalten ist. Zwischen beiden Stücken fehlen mehrere Zeilen. Aber auch die folgenden Teile sind so fragmentarisch, daß man kaum ein längeres Stück ununterbrochener Erzählung findet. Die folgenden Textproben stammen daher aus beiden Papyri (eigene Übersetzung):

Aus pBN 202:

> (1) Jahr 5, 3. Monat der *pr.t*-Zeit, Tag 19. Es lebe der König von Ober- und Unterägypten [...] l.h.g., Sohn des Re (Amenophis, Gott-Herrscher von Heliopolis) l.h.g., beschenkt mit Leben in alle Ewigkeit, erschienen [...].
> (2) wie sein Vater Re täglich. Erneuern [...] dessen, was er getan hat für die Neunheit, um gegen das Meer (*p3 jm*) zu kämpfen. [... Ich will erzählen]
> (3) deine Taten, [ich] will erhöhen [deine Macht(?)] beim Erzählen dessen, was du getan hast, als du (noch) ein Kind warst. Deine kraftvollen Taten[...] sind (?)
> (4) Lehren vor mir. Er hat gemacht [...] Schai und Renenutet sind verschieden; sie (Hathor? Meschenet?) hat Schai und Renenutet bestimmt
> (5) (und?) das, was (der, welcher, er) in mir gebildet hat [...] --?-- Seine Kleidung sind Waffen (*ṯrjn*) und Bogen, man(?) hat gemacht [...]
> (6) -berge und Gipfel [...] man hat ihm eine Höhe vergleichbar dem Himmel bestimmt. Was betrifft: als *Mn*[...] baute [...]
> (7) Rebellen(??). Man hat [...] zwei Berge(?), um Deine Feinde zu zertreten [...]
> (8) wie man Schilfrohr zertritt [...] Himmel und Erde, um für die Neunheit die Götter zu erleuchten. Gebildet ist? [...]
> (9) sein Kopf, während seine Hörner(?) [...] seine Feinde und seine Gegner. Was betrifft [...]
> (10) [...] Man hat gefunden den --?--[...] beim Erhöhen
> (11) (Spuren).

Aus pAmherst IX (Gardiner, LES):

> (2, x+13) [...] Da weinte Astarte [...]
> (2, x+14) [...] Sein Herrscher l.h.g. war verstummt(?) [...]
> (2, x+15) [...] Erhebe Dein Gesicht [...]

(2, x+16) [...] Erhebe Dein Gesicht [...]
(2, x+17) hinaus. Da erhob er [sein Gesicht ...] indem sie(?) sang und über ihn lachte. [Das Meer]
(2, x+18) sah Astarte am Ufer des Meeres sitzen und sagte zu ihr: „Woher kommst Du, Tochter des Ptah, Du zornige und wütende Göttin?
(2, x+19) Hast Du die Sandalen Deiner Füße durchgelaufen? Hast Du Deine Kleider zerrissen, die Du anhattest, beim Gehen und Kommen am Himmel und auf Erden?“ Da sagte [Astarte] zu ihm: [...]
(3, y-1) (Das Meer sagt:) „Was werde ich gegen sie unternehmen, ich?“ Astarte hörte, was das Meer sagte. Sie erhob sich, um zur Neunheit zu gehen, dorthin, wo sie (in) Beschäftigung(? o.ä.) waren. Die Großen
(3, y) erblickten sie und standen vor ihr auf; die Kleinen erblickten sie und lagen auf ihren Leibern. Man holte ihr ihren Thron, und sie setzte sich.

Der Inhalt der bisher als „mythologisch“ bezeichneten Erzählung kann wie folgt rekonstruiert werden:

Das Meer (*p3 jm*) droht den Göttern, Himmel, Erde und Berge zu überwältigen, falls es keine Tribute erhalte. Auf Seiten der ägyptischen Götter hören wir von Ptah, Nut, Renenutet – und Astarte, die „Tochter des Ptah“ genannt wird. Astarte wird geschickt, um dem Meer die Tribute zu überbringen, aber das Meer verlangt nicht nur Astarte zur Frau, sondern dazu den Ring des Geb und den Schmuck der Nut, also die Weltherrschaft – man fühlt sich an Wagners „Ring des Nibelungen“ erinnert. Dem immer fragmentarischer werdenden Schluß läßt sich mit Hilfe gleich zu erwähnender Quellen entnehmen, daß das Meer schließlich im Kampf von Seth bezwungen wird.

Bereits GARDINER hatte erkannt, daß der medizinische pHearst 11, 12, 4 aus dem Beginn des Neuen Reiches eine Anspielung auf unseren Text enthält:

„…so wie Seth das Meer (*w3ḏ wr*) bezwungen hat, so wird Seth dich bezwingen, du Asiatische (sc. Krankheit)“.

Größere Klarheit erbrachte die Veröffentlichung ugaritischer Mythen, in denen vom Kampf Baals mit dem Meeresgott Yamm die Rede ist; das ist jetzt nachzulesen in

🕮 Manfred DIETRICH – Otto LORETZ, Mythen und Epen in ugaritischer Sprache, in: TUAT III, 6, Gütersloh 1997, 1118-1134.

Wie in solchen Fällen üblich, begann eine Diskussion über die Frage, wer hier wen beeinflußte; im vorliegenden Fall ist es nun so, daß offensichtlich Ägypten aus dem Orient geborgt hat, aber doch, worauf schon STADELMANN hinweist, in modifizierter Form. Die gesamte Diskussion ist bei COLLOMBERT – COULON nachzulesen, die den *Sitz im Leben* des Textes bestimmt haben. Sie verweisen dazu als Beispiel auf den schon mehrfach genannten Beitrag von

🕮 Ursula VERHOEVEN, Ein historischer „Sitz im Leben“ für die Erzählung von Horus und Seth des Papyrus Chester Beatty I, in: Mechthild SCHADE-BUSCH (Hrsg.), Wege öffnen. Festschrift für Rolf Gundlach zum 65. Geburtstag, Wiesbaden 1996 (ÄAT 35), 347-363.

Im pChester Beatty I besteht wie erwähnt (vielleicht) eine Verbindung zwischen der Erzählung auf der Vorderseite und den Hymnen auf Ramses V. auf der Rückseite; es geht nach Ansicht von VERHOEVEN um die Thronfolge. Im „Astarte-Papyrus“ besteht eine Verbindung zwischen dem eingangs genannten Datum und der mythologischen Erzählung: Es geht um die Etablierung der Kulte asiatischer Gottheiten, speziell im memphitischen Raum, und um die Rolle, die der König selbst dabei spielt. Nach COLLOMBERT – COULON ist die „Person des Heros“ bewußt offen gelassen: auch eine Identifizierung des Königs mit dem Kriegsgott Seth-Baal ist möglich. In den Rahmen dieser Etablierung gehört auch die Verwendung „neuer“ Wörter, z.B. *jm* statt des traditionellen *w3ḏ wr* für „Meer“ oder *ṯrjn* „Rüstung, Panzer“; weitere Belege sind bei COLLOMBERT – COULON zu finden.

In unmittelbarer Nähe von Memphis befand sich der Lieblingsort Amenophis’ II., *Perunefer*, und dort wurden außer Amun und Re auch Astarte und Seth-Baal verehrt. Von dort aus fand die Verehrung der beiden Letzteren Verbreitung. Das Fazit der beiden Autoren lautet (unsere Übersetzung):

> Die teilweise Wiederherstellung des Anfangs des „Astarte-Papyrus“ hat es erlaubt, die Erzählung von den Göttern und dem Meer auf eine neue Art zu betrachten. Der Text erbringt ein zusätzliches Zeugnis des Impulses, den Amenophis II. den Kulten asiatischer Götter in Ägypten gab, besonders in der Gegend um Memphis, und er demonstriert die persönliche Verwicklung des Herrschers in diesen Prozeß [...] Der Text illustriert in auffälliger Weise, wie die fremden Importe in eine erweiterte Vision des ägyptischen Universums integriert wurden, und wie innerhalb dessen, was wir „Literatur“ nennen, die Mythologie mobilisiert wurde, um in der Zeit der Götter eine königliche Ideologie zu verankern, die auf dem Kult des Kriegshelden gründet. Insofern lädt die Klarstellung des Sitzes im Leben dieser Erzählung dazu ein, den Status dieses Werkes erneut zu überdenken und – ganz allgemein – denjenigen der „mythologischen Erzählungen“.

7. Die Eroberung von Joppe

Editionen:

🕮 Ernest A. Wallis BUDGE, Facsimiles of Egyptian Hieratic Papyri in the British Museum, Second Series, London 1923, pl. 47.

🕮 Alan H. GARDINER, Late-Egyptian Stories, Bruxelles 1932 (Bibliotheca Aegyptiaca I), 82-85.

Übersetzungen:

🕮 Adolf ERMAN, Die Literatur der Ägypter. Gedichte, Erzählungen und Lehrbücher aus dem 3. und 2. Jahrtausend, Leipzig 1923, 216-218.

🕮 Emma BRUNNER-TRAUT, Altägyptische Märchen, München 1963 (Erstauflage), Nr. 26.

🕮 Friedrich JUNGE, Die Eroberung von Joppe, in: TUAT Ergänzungslieferung, Gütersloh 2001, 143-146.

🕮 Edward F. WENTE, in: William K. SIMPSON (Hrsg.), The Literature of Ancient Egypt. An Anthology of Stories, Instructions, Stelae, Autobiographies, and Poetry, Cairo 2003, 72-74.

Einzelbeitrag:

🕮 Hans GOEDICKE, The Capture of Joppa, in: CdE 43, 1968, 219-233.

Wie bei der Einleitung zur *Prinzengeschichte* bemerkt, steht auf den Kolumnen 1-3 der Rückseite des pHarris 500 das, was von der Erzählung erhalten ist, und das beschreibt GARDINER so:

> The beginning of this tale is lost, and its middle parts are very defective. On the other hand, the end is complete, and is followed by a colophon (LES, XII).

Der Anfang ist wie folgt zu rekonstruieren: Zur Zeit Thutmosis' III. versucht sein – historisch übrigens belegter – General Djehuti, die Stadt Joppe (heute Jaffa) in Süd-Palästina möglichst kampflos zu erobern. Dazu hat er sich folgenden Plan ausgedacht: Er schickt zunächst einen Boten zum Fürsten von Joppe mit der Mitteilung, er wolle sich ergeben; darauf treffen sich die Beiden außerhalb der Stadt, um die Situation zu bereden, wobei sie ausgiebig zechen. Djehuti kündigt dann an, mit Frau und Kindern in die Gefangenschaft nach Joppe zu gehen. Er bittet außerdem, die Pferdegespanne und ihre Lenker in die Stadt zu lassen und sie dort zu versorgen. Dann wird gemeldet (manche Passagen sind teilweise zerstört und wurden aus dem dann folgenden Text ergänzt bzw. rekonstruiert), daß 1. [Pferde und Pferdeburschen versorgt wurden (GOEDICKE spricht von Konfiszierung, dazu gleich nochmals)] und daß 2. [die gefürchtete Keule des

Pharao Thutmosis eingetroffen sei.] Der Fürst von Joppe äußert den dringlichen Wunsch, diese „große Keule (*ꜥwn.t ꜥꜣ.t*) sehen zu dürfen, und verspricht Djehuti als Gegenleistung eine (seine? die Stelle ist nicht ganz klar) Frau. Djehuti nutzt jedoch die Keule zu einem „Old Shatterhand"-Schlag gegen die Schläfe des Fürsten. Dann läßt er 200 Körbe oder Säcke bringen, in die 200 Soldaten steigen; diese Körbe/Säcke sollen als Beweis, daß Djehuti sich ergeben habe, von 300 jungen Soldaten in die Stadt gebracht werden, als ein Tribut von insgesamt 500 Mann. So geschieht es – der weitere Verlauf ist aus der Geschichte vom Trojanischen Pferd bekannt. Djehuti meldet seinen Triumph in einer Botschaft an Thuthosis. Der Text endet mit dem bekannten Kolophon: „Es ist schön zu Ende gekommen".

Im Text ist übrigens nie vom Fürsten die Rede, wie es aus der Inhaltsangabe und aus manchen Übersetzungen, etwa der von BRUNNER-TRAUT, den Anschein haben könnte; vielmehr ist konstant die Bezeichnung *ḫrj* „Gefällter", „Zu Fällender", „Verdammter" = „Feind" gebraucht.

Einige Textproben (eigene Übersetzung):

> Da sagte der Verdammte (*ḫrj*) zu *Ḏḥwtj*: „Es ist mein Wunsch, die große Keule (*ꜥwn.t ꜥꜣ.t*) des Königs Mencheperre l.h.g. zu sehen, [... (m)eine Frau], *Tjwt-nfr.t* mit Namen – beim Ka des Königs Mencheperre l.h.g, sie ist dein (noch) heute, [tu mir den Gefallen] und bringe sie (sc. Keule) mir". Er (sc. *Ḏḥwtj*) tat entsprechend und brachte die Keule des Königs Mencheperre [l.h.g ..., packte den Verdammten von Joppe] bei seinem Gewande, richtete sich vor ihm auf und sprach: „Sieh mich an, du Verdammter von Joppe! [...] Und damit erhob er die Hand und schlug gegen die Schläfe des Verdammten von Joppe. Dieser sank [besinnungslos] vor ihn hin. Er band ihn an einen Pflock und [umwickelte] ihn mit ledernen Riemen (1, 7-2, 1).
>
> Und er ließ <200> Körbe bringen, die er hatte anfertigen lassen und ließ 200 Soldaten hineinsteigen. Man legte ihre Arme voll Stricke und Pflöcke und verschloß sie (die Körbe) mit einem Siegel. [...] Dann gab man sie lauter tüchtigen Soldaten zu tragen, im ganzen (waren es) 500 Mann (2, 3-7).
>
> Man ging hinaus, um dem Wagenlenker des Verdammten zu sagen: „Dein Herr sagt: ‚Geh und sage deiner Herrin: Freue Dich! Seth hat uns *Ḏḥwtj* samt seiner Frau und seinen Kindern ausgeliefert. Siehe, (hier ist) der Anfang ihrer Abgaben' – so sagt(e) <er> ihr in Bezug auf die 200 Körbe, die voll waren mit Menschen, Fesseln und Seilen." Da ging er (sc. der Wagenlenker) an ihrer Spitze, um seiner Herrin zu sagen: „Wir haben *Ḏḥwtj* ergriffen!" (2, 10-14).

> *Ḏḥwtj* legte sich zur Ruhe, nachdem er einen Brief nach Ägypten zu König Mencheperre l.h.g geschickt hatte, des Wortlautes: „Freue dich! Amun, dein vollkommener Vater, hat dir den Feind von Joppa mit all seinen Bewohnern ausgeliefert, ebenso seine Stadt. Schick Leute, um sie als Gefangene mitzunehmen, daß du das Haus deines Vaters Amun-Re, des Königs der Götter, mit Dienern und Dienerinnen füllest, die unter deine Füße gefallen sind in alle Ewigkeit (3, 6-13).
> Es ist glücklich zu Ende gekommen durch den Ka des Schreibers, geschickt mit seinen Fingern, des Heeresschreibers [...] (3, 13f.).

Exkurs

Im Unterschied zu dem üblichen Hinweis der Kommentatoren auf die List mit dem trojanischen Pferd (oder Kleopatras Ankunft bei Caesar im Teppich, Ali Baba und die 40 Räuber) verweist BRUNNER-TRAUT auf die „Habersackmethode" in den Märchen aller Welt, und nach einigem Suchen findet man eine Geschichte, die ein gewisser Johann HECK 1697 unter dem Titel „Ein Edelmann im Habersack" (= Hafersack) gedichtet hat, und die hier in aller Kürze und zur Entspannung eingeschoben sei: Ein Edelmann will eines Müllers Töchterlein und läßt sich nächtens heimlich von seinem Burschen in einem „Habersack" in die Mühle transportieren, direkt in ihr Schlafgemach. Als er ihr zu mitternächtlicher Stunde nahezukommen versucht, schreit sie durch das ganze Haus. Auf die Vorhaltungen ihres Vaters, sie hätte doch einen Edelmann kriegen können, antwortet sie:

> Den Edelmann, den mag ich nicht;
> Lauf', Müller, lauf'!
> Ein'm braven Burschen versag' ich mich nicht!
>
> Einen braven Burschen will ich hab'n,
> Lauf', Müller, lauf'!
> Und müßt' ich ihn aus der Erde grab'n.

Der Refrain dieses Liedchens lautet:

> Lauf', Müller lauf', Müller, lauf' lauf' lauf'!
> Potzhimmeldonnerwetter, Müller, lauf' lauf' lauf'
> |: Und tu' dein Schlappmaul auf! :|
> (http://cazoo.org/folksongs/LaufMuellerLauf.htm)

Soweit zur „Habersackmethode".

Ende des Exkurses

Die „Eroberung von Joppa“ ist eine „historische Erzählung“ (ASSMANN, AEL, 78); militärische Aktionen, die uns aus anderen Quellen bekannt sind, werden in „Literatur“ übersetzt (LOPRIENO, AEL, 52); in einer als „traditionell“ zu bezeichnenden Erzählweise wird die Erzählung „durch einen situationsüberlegenen auktorialen Erzähler vermittelt“ (SUHR, Zum fiktiven Erzähler, 126-127). Dieser auktoriale Erzähler kommt besonders deutlich etwa in der dritten Textprobe zum Vorschein, wenn er dem Leser mit Hilfe des Wagenlenkers klarmacht, worin die „Abgaben“ bestehen.

Der ägyptische General *Ḏḥwtj*, der hier listenreich wie Odysseus agiert, ist eine historisch gut belegte Persönlichkeit; bis vor einiger Zeit nahm man an, daß das Grab TT 11 ihm gehöre, neuerdings wird Saqqara als Ort seiner Bestattung favorisiert. Jedenfalls existiert eine Reihe von Gegenständen (Goldschale, Gefäße, Skarabäus: Urk. IV 999-1002) mit seinem Namen und seinen Titeln, s. dazu jetzt

🕮 Nicholas REEVES, The Ashburnham Ring and the Burial of General Djehuty, in: JEA 79, 1993, 259-261.

Zu ihm und seinem militärischen Umfeld vgl.

🕮 William J. MURNANE, „Overseer of the Northern Foreign Countries“: Reflections on the Upper Administration of Egypt’s Empire in Western Asia, in: Essays on Ancient Egypt in Honour of Herman Te Velde. Ed. by Jacobus VAN DIJK, Groningen 1997, 251-258.

GOEDICKE hat den ansprechenden Vorschlag gemacht, das Wort für Keule: *ꜥwn.t* zum Angelpunkt eines Wortspiels, einer Amphibolie (Doppelsinn eines Wortes) zu machen, und Waltraud GUGLIELMI, AEL, 494 ist ihm darin gefolgt: das ägyptische Verbum *ꜥwn* bedeutet „schädigen, plündern, rauben“; die „große Keule“ *ꜥwn.t ꜥꜣ.t* wäre also eine „große Räuberin“, diesem Mißverständnis fällt der Fürst von Joppa zum Opfer. Zu diesem Zwecke ergänzt GOEDICKE allerdings zu Beginn, hinter der Sicherstellung der Pferdegespanne, den Satz zu *jw[.tw ḥr ꜥwn=w n] nswt Mn-ḫpr-Rꜥ* „man entführte, d.h. konfiszierte sie für den König Mencheperre“. Doch auch ohne diese Ergänzung erscheint uns der Hinweis auf ein Wortspiel gelungen. Im übrigen vermögen wir dieser Ergänzung auch sonst inhaltlich nicht zu folgen. Aus dem zerstörten Zusammenhang geht immerhin klar genug hervor, daß die Gespanne in die Stadt, also nach Joppe, gebracht und dort versorgt wurden. Die Erzählung demonstriert also, so könnte man sagen, die Überlegenheit ägyptischen Verstandes über ausländische Dummheit.

Wenn wir nun erneut auf die bereits besprochenen Begriffe *Topos* und *Mimesis* zurückkommen, so fällt in unserem Zusammenhang auf, daß LOPRIENO diesen eigentlich ihm besonders passend erscheinen müssenden Ausländer ausläßt. Der „Verdammte von Joppe" wird nicht mit Namen genannt, es handelt sich also nach LOPRIENOs Schema um einen „topischen" Ausländer.

Neben der Frage der Form (eventuell handele es sich um einen „königlichen Diskurs", so LOPRIENO, S. 37) und dem fragmentarischen Charakter des Textes ist sein wichtigstes Argument, der Systemzwang des Stoffes, die kriegerische Auseinandersetzung mit dem Ausland, spiele „die entscheidende Rolle bei der Reduzierung mimetischer Merkmale" (LOPRIENO, S. 38, Anm. 9). Dieses Argument entkräftet

🕮 Hannes BUCHBERGER, Zum Ausländer in der ägyptischen Literatur. Eine Kritik, in: WdO 20/21, 1989/90, 28-29,

indem er nachweist, daß der „Feind von Joppa" *doch* mimetisch ist. Er weist auf zwei Indizien hin:

- der Eid beim ägyptischen König (von GOEDICKE bezweifelt) erweist ihn als Kenner ägyptischer Sitten, macht ihn *in nuce* zu einem ägyptisierten Ausländer;
- die Neugier auf die Keule Thutmosis III.; denn gerade diese Neugier des Fremden auf das nicht mehr selbstverständliche Ägyptische ist, wie wir gehört haben, beim *Verwunschenen Prinzen* ein Moment mimetischen Verfahrens.

8. Der Streit zwischen Apophis und Seqenenre.

Editionen:

🕮 Ernest A. Wallis BUDGE, Facsimiles of Egyptian Hieratic Papyri in the British Museum, Second Series, London 1923, p. 26-27, pl. LIII-LV.

🕮 Alan H. GARDINER, Late-Egyptian Stories, Bruxelles 1932 (Bibliotheca Aegyptiaca I), 85-89.

🕮 Hans GOEDICKE, The Quarrel of Apophis and Seqenenre[c], San Antonio 1986.

Übersetzungen:

🕮 Battiscombe GUNN – Alan H. GARDINER, New Renderings of Egyptian Texts. II. The Expulsion of the Hyksos, in: JEA 5, 1918, 36-56, bes. 39-44.

🕮 Adolf ERMAN, Die Literatur der Ägypter. Gedichte, Erzählungen und Lehrbücher aus dem 3. und 2. Jahrtausend, Leipzig 1923, 214-216.

🕮 Emma BRUNNER-TRAUT, Altägyptische Märchen, München 1963 (Erstauflage), Nr. 25.

🕮 Edward F. WENTE, in: William K. SIMPSON (Hrsg.), The Literature of Ancient Egypt. An Anthology of Stories, Instructions, Stelae, Autobiographies, and Poetry, Cairo 2003, 69-71.

Einzelbeiträge:

🕮 John G. GRIFFITHS, Allegory in Greece and Egypt. II. Anterior Developments in Egypt, in: JEA 53, 1967, 79-102, bes. 96.

🕮 Hellmut BRUNNER, in: LÄ I, 1975, 353-354 s.v. Apophis und Seqenenre.

🕮 Lothar STÖRK, Was störte den Hyksos Apophis am Gebrüll der thebanischen Nilpferde?, in: GM 43, 1981, 67-68.

Die fragmentarische Erzählung steht am Beginn des pSallier I (= pBM 10185), der zu den sog. *Miscellanies*, d.h. den Schülerhandschriften gehört. Diese Handschrift wird in die späte 19. Dynastie datiert. Der Text ist lücken- und fehlerhaft und bricht zudem mit Zeile 3 in col. 3 mitten im Satz ab; danach folgt eine Brieflehre.

Zum Inhalt: In Ägypten herrscht Chaos; es gibt keinen rechtmäßigen König. Im Süden, d.h. in Theben, herrscht Seqenenre, König Apophis sitzt in Avaris im Norden, und das ganze Land zollt ihm Tribut. Er huldigt dem Gott Seth, dem er neben seinem Palast einen Tempel errichtet. Apophis möchte gern seinen Kontrahenten im Süden provozieren, und nach Beratung mit seinen Hofschranzen schickt er dem Seqenenre eine Botschaft mit der Forderung, man möge den „Kanal der Nilpferde“ im Osten Thebens still legen, da ihn (Apophis) das Gebrüll der Nilpferde beim Schlaf störe. Seqenenre ist erstaunt darüber, daß Apophis von dem Kanal gehört hat, behandelt aber den Boten gut und schickt ihn mit der Versicherung zurück, er werde tun, was Apophis verlange. Dann ruft er seinen Hofstaat zusammen, der ihm jedoch außer Schweigen nichts zu bieten hat. Es folgt der Hinweis, daß Apophis eine weitere Botschaft schickte, darauf bricht der Text ab.

Textprobe (eigene Übersetzung):

> Es war nun so: das Land Ägypten war in Not, da es keinen Herrn (in Form) eines Königs gab. Es war ein Tag – was den König Seqenenre anbetrifft, so war er Herrscher der südlichen Stadt. Elend herrschte in der Stadt der Asiaten, denn der Fürst Apophis war in Avaris. Das ganze Land leistete ihm Abgaben, ebenso der Norden(?) mit allen guten Sachen des Deltas. Da machte König Apophis sich Seth zum Herrn, indem er keinem anderen Gott im ganzen Lande diente außer

Seth. Er erbaute einen Tempel aus vollkommener Arbeit für die Ewigkeit neben dem Hause des Königs Apophis, und er erschien bei Tages[anbruch?], um Opfer zu bringen [...] täglich für Seth, während die Vornehmen [des Palastes] Kränze trugen, genau so wie man es im Tempel des Re-Harachte zu tun pflegt. Was nun König Apophis angeht, war sein Sinn darauf gerichtet, Beleidigungen („Worte die angreifen sollten") <an> König Seqenenre, den Fürsten der südlichen Stadt, zu schicken. Viele Tage später rief König Apophis [die Hofleute] seines [Palastes] zusammen [...] (1, 1-1, 6).

(Es geht im folgenden um den) Kanal der Nilpferde, denn sie lassen den Schlaf nicht kommen bei Tag und bei Nacht, weil ihr Gebrüll in [unser aller] Ohren ist [...] (1, 8-1, 10).

Viele Tage danach sandte König Apophis an den Fürsten der südlichen Stadt einen Brief mit der Beschwerde, die ihm seine Schreiber und weisen Männer diktiert hatten. Was den Boten betraf, so erreichte er den Fürsten der südlichen Stadt. Man zerrte ihn vor den Fürsten der südlichen Stadt. MAN sagte zu dem Boten des Königs Apophis: „Wozu bist Du zu der südlichen Stadt geschickt worden? Warum hast Du diese Wege erreicht?" Da sagte der Bote: „Es ist König Apophis, der <mich> zu Dir geschickt hat, um mitzuteilen: ‚Man soll sich vom Kanal der Nilpferde zurückziehen, der sich im Osten der Stadt befindet, denn sie lassen nicht zu, daß Schlaf zu mir kommt bei Tag und bei Nacht, weil ihr Gebrüll in seinen(?) Ohren ist'." Da geriet der Fürst der südlichen Stadt ins Staunen so lange Zeit, daß er dem Boten des Königs Apophis keine Antwort geben konnte. Dann sagte der Fürst der südlichen Stadt zu ihm: „Wodurch ist es (der Fall), daß Dein Herr gehört hat von [dem Kanal der Nilpferde, der im] Osten der südlichen Stadt liegt?" Da sagte der Bote: „[Bring in Ordnung] die Angelegenheiten, derentwegen er mich geschickt hat!" Da veranlaßte der Fürst der südlichen Stadt, daß man Sorge trug für den Boten des Königs Apophis, bestehend aus guten Dingen: Fleisch, Kuchen [...] *und der Fürst der südlichen Stadt sagte zu ihm:* „Was alles angeht, das Du ihm sagen wirst: ‚Ich werde es tun' – so wirst Du ihm sagen." [...] Da machte sich der Bote des Königs Apophis auf, um dorthin zu gehen, wo sein Herr sich befand. Da ließ der Fürst der südlichen Stadt nach seinen Hofleuten rufen, ebenso nach jedem Offizier und Befehlshaber, indem er ihnen jedes Wort mitteilte, derentwegen der König Apophis Botschaft geschickt hatte. Da schwiegen sie einmütig für lange Zeit, ohne antworten zu können mit Gutem oder Schlechtem. Da schickte der König Apophis eine (weitere) Botschaft [...] (2, 1-3, 2).

Der historische Hintergrund der Erzählung ist natürlich die Zeit der Hyksos-Herrschaft, auf die wir hier nicht ausführlich eingehen können. Dazu sei – abgesehen von BECKERATH, Chronologie – verwiesen auf

🕮 Kim S. B. RYHOLT, The Political Situation in Egypt during the Second Intermediate Period, Copenhagen 1997 (CNI Publications 20).

🕮 Daniel POLZ, Theben und Avaris. Zur „Vertreibung" der Hyksos, in: Stationen. Beiträge zur Kulturgeschichte Ägyptens. Rainer Stadelmann gewidmet, hrsg. von Heike GUKSCH und Daniel POLZ, Mainz 1998, 219-231.

🕮 Thomas SCHNEIDER, Ausländer in Ägypten während des Mittleren Reiches und der Hyksoszeit, Teil 1: Die ausländischen Könige, Wiesbaden 1998 (ÄAT 42), bes. Kap. V „Die Hyksoszeit: Perspektiven" (S. 146ff.).

Zum historischen Hintergrund der gesamten Epoche, insbesondere der 17. und frühen 18. Dynastie vgl. jetzt auch

🕮 Daniel POLZ, Der Beginn des Neuen Reiches. Zur Vorgeschichte einer Zeitenwende, Berlin 2007 (SDAIK 31) (Habilitationsschrift München 2005).

Es handelt sich in der vorliegenden Geschichte, kurz gesagt, um die Zeit der 15. und 16. Dynastie, als Ägyptens Norden unter der Herrschaft der aus Palästina stammenden Herrscher stand, während sich die ägyptischen Herrscher des Südens (in Theben) als rechtmäßige Nachfolger der 13. Dynastie sahen, aber tatsächlich den Hyksos tributpflichtig waren. Nach der jetzt zugrundeliegenden Chronologie (Detlef FRANKE, in: Orientalia 57, 1988, 260ff.) regierte der hier genannte Apophis, der bedeutendste und am besten bezeugte König der sog. „großen Hyksos", zwischen 1574-1534 v.Chr. Sein thebanischer Kontrahent ist – wie in der Erzählung, so auch im richtigen Leben – Seqenenre Tao II. Nach anfänglich friedlicher Koexistenz zwischen Nord und Süd beginnt von Süden aus der Kampf gegen die Fremdherrscher. Kamose und Ahmose vertreiben schließlich die Hyksos.

Es fällt auf, daß in der vorliegenden Erzählung Seqenenre nur einmal, zu Beginn, „König" (*nsw*) genannt wird, im weiteren Verlauf nur „Fürst (*ḥq3*) der südlichen Stadt", während Apophis immer als „König" bezeichnet wird. Der Name „Apophis" geht in dieser Lautung auf Manetho zurück, der damit den ägyptischen Namen *Jppj* vokalisiert. Es handelt sich, wie SCHNEIDER S. 36-39 nachgewiesen hat, um einen ägyptischen „Kose- oder Lallnamen in der Art von ‚Pepi'", nicht um einen ausländischen Namen, wie man lange Zeit glaubte. Manethos Form, die einen Anklang an die Chaosschlange Apophis (*ʿ3pp*) suggeriert, ist eine späte; in der früheren Zeit waren Schreibung und Aussprache unterschieden.

Auch hier liegt die Frage nach dem Sinn des Textes nahe, doch auf Grund des – als Schülerübung schon gewollt – fragmentarischen Zustandes können unsere Antworten nur vage sein.

Der Hyksos-Herrscher ist ein Ausländer, er ist aber ebenso wenig wie der „Fürst von Joppa" bei LOPRIENO (Topos und Mimesis) zu finden. Er trägt einen Namen, müßte daher mimetisch sein, BUCHBERGER beschreibt ihn aber als „topisch": Er zieht Seth den ägyptischen Göttern vor und ist daher als Feind markiert, außerdem kennt er das Rollenverhalten des ägyptischen Königs nicht: In der Königsnovelle haben die Hofschranzen zu schweigen, bis der König seinen Ratschluß verkündet, hier müssen die Höflinge des Apophis ihm den Brief an Seqenenre praktisch diktieren.

Diese Erzählung ist auch als Beginn des Krieges gedeutet worden, allerdings ist man sich nicht klar, worin der Kriegsgrund bestanden haben soll; auch weiß man nicht, ob das Brüllen der Nilpferde einen rituellen Hintergund hat oder nur eine absurde Forderung ist, eine Übertreibung nach Art eines Märchenmotivs. Ein sicher nicht in Betracht zu ziehender Vorschlag stammt von GOEDICKE: Er macht aus den *db.w* „Nilpferde" eine Schreibung für *ḏ3b3.w* (Lehnwort aus dem Hebräischen) „Heer" und sieht darin die Aufforderung, fremde Truppen zu entfernen; diese Konjektur ist aber lautlich nicht möglich.

BRUNNER-TRAUT stellt fest:

> Daß Sekenenre der gefeierte Held unserer Geschichte war, steht außer Zweifel. Eine Schülerübung kann keine andere Tendenz zum Inhalt haben, und ägyptisches Geschichtsdenken kann keine andere Wahrheit preisen, als daß ein Ägypter die Feinde überwunden hat. Daß der historische Held tatsächlich gefallen ist, steht der Sage nicht im Wege, denn sie verherrlicht in diesem zweifellos berühmten und sagenumwobenen König [...] den Sieg der Thebaner, den Sieg Ägyptens über die verhaßte Fremdherrschaft [...] (S. 285).

Bekanntlich ist Seqenenres Mumie erhalten; an ihr sind Kopfverletzungen zu sehen. Es ist aber durchaus nicht klar, ob er sie sich im Kampf gegen die Hyksos zugezogen hat – wie überhaupt die ganze Epoche von nicht geringer Unklarheit gekennzeichnet ist; näheres dazu insbesondere bei SCHNEIDER (s.o.).

Kurz darauf schränkt BRUNNER-TRAUT jedoch ein:

> Ist aber die Erzählung nicht als Heldensage fortgeführt worden, sondern als Märchen, so können wir damit rechnen, daß der Streit auf eine Scharfsinnsprobe hinauslief, wie sie ein großer Teil der orientali-

schen Märchen zum Gegenstand hat. – Doch kommen wir für den Ausgang unserer Erzählung nicht über Vermutungen hinaus (285f.).

Treffend hatte bereits

🕮 Pahor LABIB, Die Herrschaft der Hyksos in Ägypten und ihr Sturz, Glückstadt 1936, 37

den Text charakterisiert: „Eine Geschichtserzählung in der Sprache und im Stil der Volkserzählung“. Damit ist wohl klar: Hier sollte nicht Geschichte in unserem Sinne geschrieben, sondern eine Geschichte erzählt werden. Es kann hier nur pauschal darauf verwiesen werden, daß die Geschichtsschreibung der Antike völlig anders aussieht als unsere moderne historische Wissenschaft.

Mit ihrem Hinweis auf eine „Scharfsinnsprobe“ greift BRUNNER-TRAUT eine Idee von

🕮 Gaston MASPERO, Les contes populaires de l' Egypte ancienne, [5]Paris 1911, XXVI

auf, der einige Beispiele aufzählt, in denen sich Könige gegenseitig auf die Probe stellen. So kommt z.B. in dem aus dem 1. Jh.n.Chr. stammenden sog. „2. Setna-Roman“ ein Bote aus Nubien und fordert den ägyptischen König auf, einen versiegelten Brief zu lesen bzw. lesen zu lassen. Aus dem *Leben des Äsop* (des berühmten Fabeldichters), einem griechischen Text, der eine lange Entstehungsgeschichte hat und jedenfalls in der römischen Zeit (2.-5. Jh.) in Ägypten entstanden ist, sei ein Passus zitiert:

> Damals war es Brauch, daß sich die Könige gegenseitig in tugendhaftem Wettstreit Tribute abverlangten. Doch in Kriege oder Kämpfe verwickelten sie sich nicht. Sie stellten in Briefen einander philosophische Fragen, und wer keine Lösung fand, zahlte dem Fragesteller Tribut. *(Mit Hilfe Äsops, der durch den König Lykurgos von Babylon Fragen verschicken ließ)* dehnte sich das Reich der Babylonier aus; sodaß es nicht nur die Barbarenvölker unterwarf, sondern auch den größten Teil der Länder bis nach Griechenland hin bezwang.
>
> *(Die Kunde vom vermeintlichen Tod Äsops erreicht Nektanebos, den König Ägyptens, der nun seinerseits dem Lykurg einen Brief schickt:)* Nektanebos, König von Ägypten, grüßt den Babylonier Lykurgos. Ich will einen hohen Turm bauen, der weder Himmel noch Erde berührt. Sende mir Leute für den Bau und einen Mann, der mir alles, was ich ihn frage, beantworten kann. Nimm dafür 10 Jahre lang Tribute für Deine Stadt. Solltest Du aber dazu nicht imstande sein, so erhebe ich meinerseits 10 Jahre lang Tribute von dem ganzen Lande, das Du regierst (Das Leben Aesops. Aus dem Griechischen von Günter POETHKE, mit

Einleitung herausgegeben und erläutert von Wolfgang Müller, Leipzig 1974, 106-109).

Auf dieser Ebene könnte unsere Erzählung in der Tat angesiedelt sein.

9. Chonsemheb und der Geist.

Editionen:

🕮 Alan H. GARDINER, Late-Egyptian Stories, Bruxelles 1932 (Bibliotheca Aegyptiaca I), 89-94.

🕮 Jürgen von BECKERATH, Zur Geschichte von Chonsemheb und dem Geist, in: ZÄS 119, 1992, 90-107.

Übersetzungen:

🕮 Adolf ERMAN, Die Literatur der Ägypter. Gedichte, Erzählungen und Lehrbücher aus dem 3. und 2. Jahrtausend, Leipzig 1923, 220-222.

🕮 Emma BRUNNER-TRAUT, Altägyptische Märchen, München 1963 (Erstauflage), Nr. 33.

🕮 Edward F. WENTE, in: William K. SIMPSON (Hrsg.), The Literature of Ancient Egypt. An Anthology of Stories, Instructions, Stelae, Autobiographies, and Poetry, Cairo 2003, 112-115.

Einzelbeiträge:

🕮 Emma BRUNNER-TRAUT, in: LÄ I, 1975, 963-964 s.v. Chonsuemheb und der Geist.

🕮 Serge ROSMORDUC, À propos du conte du *Revenant*, in: GM 195, 2003, 81-86.

Die Überlieferungsgeschichte dieser fragmentarischen Erzählung ist ebenso kompliziert wie ihr Inhalt. Der Text ist nur auf Ostraka erhalten, die aus Deir el Medine stammen. Die ersten Stücke gelangten schon am Ende des 19. Jh. in die Museen von Florenz, Paris, Wien und Turin. Die Zusammengehörigkeit dieser verschiedenen Fragmente ergab sich anfangs nur aus dem Namen eines Hohenpriesters des Amun mit Namen *Ḫnsw-m-ḥb* auf allen diesen Stücken. Die Abfolge der einzelnen Quellen blieb zunächst ungewiß, abgesehen von der Beobachtung, daß zwei Ostraka in Florenz Parallelhandschriften dieses Textes darstellten: das eine enthielt die zweite Hälfte des Textes des anderen Ostrakons. Auf der Basis dieser Belege erstellte ERMAN seine Übersetzung. Bald tauchten weitere Ostraka auf; die Einzelheiten sind bei VON BECKERATH nachzulesen.

Die weitere Klärung des Zusammenhangs der einzelnen Stücke ist POSENER zu verdanken. Er identifizierte nicht nur weitere Belege für die Erzählung an verschiedenen Aufbewahrungsorten, sondern konnte auch feststellen, daß jeweils mehrere Ostraka zusammen- und insgesamt zu zwei unterschiedlichen Handschriften gehörten. Es sind also zwei verschiedene Versionen desselben Textes erhalten, die als Abschrift „A“ bzw. „B“ bezeichnet werden. Sie unterscheiden sich im Schriftduktus, die Abschrift „A“ weist außerdem rote Gliederungspunkte auf. POSENER stellte zudem auf zwei dieser Texte Kolumnen-Numerierungen fest: Am unteren Rand eines Turiner Ostrakons findet sich der Vermerk *ntj mḥ 2*, auf dem eines Ostrakons in Florenz steht *ntj mḥ 3*.

Nach der ersten gültigen Edition GARDINERs, der 1932 die ihm bekannten Fragmente ordnete, stammt die jüngste Neuedition von VON BECKERATH, zu der kürzlich ROSMORDUC einige neue Übersetzungsvorschläge beisteuerte. VON BECKERATH datiert den Text in die frühe Ramessidenzeit.

Zum Inhalt: Der erhaltene Text setzt damit ein, daß der Hohepriester des Amun, Chonsemheb, auf das Dach seines Hauses steigt und nach Anrufung verschiedener Götter einen Geist herbeiruft. Der Geist erscheint, nennt seinen Namen und diejenigen seines Vaters und seiner Mutter. Chonsemheb fragt ihn nach seinen Wünschen und verspricht ihm einen neuen Sarg. Der Geist beklagt seinen erbärmlichen Zustand und erzählt seinerseits von seinem früheren Leben, in dem er Schatzhausvorsteher und Befehlshaber des Heeres des Königs <Ra-> hotep gewesen sei. Dieser ist nach den Untersuchungen von POLZ (s.o.) als erster König der 17. Dynastie belegt. Als sein Sterbedatum gibt er aber die Sommermonate des 14. Regierungsjahres des Mentuhotep an – damit greift er in die 11. Dynastie zurück, und somit haben wir ein chronologisches Problem. WENTE emendiert daher u.E. sehr überzeugend in seiner neuen Übersetzung den Namen *Rahotep* zu *Mentuhotep* und setzt diese Person mit Mentuhotep II. gleich, dessen Grabanlage sich in Deir el-Bahri neben dem Tempel der Hatschepsut befindet. Dieser König Mentuhotep, so der Geist, habe für seine standesgemäße Grabausstattung, u.a. für einen Alabastersarg gesorgt. Jetzt aber sei sein Grab verfallen, und trotz mehrfacher Versprechungen offenbar von Seiten des Chonsemheb sei noch nichts geschehen. Chonsemheb verspricht ihm nun zunächst Opfer, darunter 5 Sklavinnen und 5 Sklaven, doch der Geist will keine Opfer, sondern die Wiederherstellung seiner Grabanlage. Nach einer weiteren Lücke erfahren wir, daß Chonsemheb drei Männer beauftragt hat, das Grab in Ordnung zu bringen, das neben der eben genannten Grabanlage des Mentuhotep liegt. Die Männer kommen zurück und berichten, daß sie das Grab gefunden hätten, und Chonsemheb feiert mit den Männern. BRUNNER-TRAUT schließt daraus, daß die Arbeiter ihr Werk vollendet haben, da das Finden nicht die eigentliche Leistung sein könne. Hier bricht wieder einmal der Text ab und läßt damit für eigene Rekonstruktionen des Schlusses Raum.

Textauszug (nach BECKERATH):

> (col. II) *(Der Oberpriester des Amun-Re, Königs der Götter, Ḫnsw-m-ḥb, spricht zu dem Geist Nw.t-bw-smḫ ‚Vatersname: ꜥnḫ-mn, Muttersname: Jt=j-m-šꜣs.t)*: „[Wie übel (o.ä.) ist Dein Leben,] ohne zu essen, ohne zu trinken, ohne zu altern, (col. III) ohne sich zu verjüngen, ohne die Strahlen der Sonne zu sehen, ohne den Nordwind zu atmen. Finsternis[4] ist täglich bei Dir, ohne daß sie sich morgens zerstreut."
>
> Da sprach der Geist zu ihm: „Was anbetrifft: als ich auf Erden lebte, war ich Vorsteher des Schatzhauses des Königs [Mentu-]hotep l.h.g., war ich General-Leutnant der Armee, und als ich an der Spitze der Menschen und beim Erreichen der Götter war, ging ich zur Ruhe im Regierungsjahr 14, während der Sommermonate, des Königs von Ober- und Unter-Ägypten Men<tu>-hotep. Er gab mir meine 4 Kanopenkrüge zusammen mit meinem Sarg aus Alabaster, indem er für mich alles tun ließ, was man für einen meines Kalibers tut. Er ließ mich ruhen in einem Grab, dessen Schacht 10 Ellen (beträgt). Siehe, der Boden ist alt, er fällt heraus. Der Wind wirbelt Staub auf, er ergreift den Sitz(??). Was das Versprechen betrifft, das Du mir gemacht hast: ‚Ich werde Dir eine neue Bestattung machen lassen' – es ist für mich das vierte Mal, daß man es macht. Was soll ich denn tun mit dem, was Du mir (jetzt) wieder gesagt hast. Kommt dies in jeder Hinsicht zur Durchführung?"
>
> Da sagte der Oberpriester des Amun-Re, Königs der Götter, *Ḫnsw-m-ḥb* zu ihm: „Ach, sag' mir einen trefflichen Auftrag mit der Bestimmung, für Dich getan zu werden, ich werde ihn für Dich ausführen lassen, oder ich werde Dir 5 Diener und 5 Dienerinnen weihen – *in toto* 10 –, um Dir Wasser zu spenden, und ich werde Dir einen Sack Emmer täglich geben, daß man ihn Dir opfere durch den Vorsteher der Opfer und um Dir Wasser zu spenden."
>
> Da sagte der Geist *Nw.t-bw-smḫ* zu ihm: „Wozu ist das, was Du tust? Wird nicht der Baum durch Licht (= die Sonne) hervorgebracht? Bringt er nicht Triebe hervor? Der Stein geht nicht zum Altwerden, er gleitet --?-- [...].

Das Ende des erhaltenen Textes lautet:

---

[4] Dieser Satz nach ROSMORDUC, in: GM 195, 2003, 81-83.

> Da sagten sie einstimmig, diese drei Männer: „Wir haben diese vorzügliche Stätte (tatsächlich) gefunden, um [den Namen dieses erhabenen Geistes dauern zu lassen“]. Und sie setzten sich in seiner Gegenwart nieder und sie machten (sich) einen schönen Tag. Sein Herz wurde froh, als sie berichteten. [Und er feierte (o.ä.) mit ihnen bis] die Sonne vom Horizont herauskam. Dann rief er den Stellvertreter des Amuntempels *Mn-k3w* [und beauftragte ihn (o.ä.)] mit seinem Arbeitsvorhaben. Und er ging, um zu schlafen in der Stadt während der Nacht, und er [...].

Die Erzählung trägt in der Sammlung BRUNNER-TRAUTs den Titel „Das Gespenst“, bei WENTE heißt sie „A Ghost Story“. Das könnte auf den ersten Blick einen Leser in eine falsche Richtung locken, in diejenige unserer Gespenster-Erzählungen; doch lassen beide Gelehrte in den Anmerkungen bzw. der Einleitung diesen Verdacht nicht aufkommen. Sie weisen darauf hin, daß zwischen Lebenden und Toten in Ägypten ein enger Kontakt bestand, angefangen von den Banketten, die man in den Gräbern feierte, bis hin zu den bekannten Briefen an die Toten, mit anderen Worten, die Toten waren keine furchterregenden Wesen, sondern Persönlichkeiten, an die man sich wenden konnte. Es war eine bekannte Tatsache, daß zu der Zeit der Erzählung viele Grabanlagen früherer Zeit verfallen, und viele aktueller Zeit ausgeplündert waren, so daß die Klage und das Anliegen des Totengeistes durchaus verständlich waren.

Der Hohepriester Chonsemheb ist eine fiktive Persönlichkeit, die, wie es am Schluß des erhaltenen Textes heißt: „ging, um zu schlafen in der Stadt während der Nacht…“. Die Hervorhebung dieser Tatsache deutet nach BECKERATH

> [...] doch wohl darauf hin, daß ihm ein Traumerlebnis bevorsteht. Gewiß erscheint ihm dabei der Geist noch einmal, um seine Zufriedenheit darüber zum Ausdruck zu bringen, daß nun endlich statt leerer Versprechungen wirklich an der Wiederherstellung seines Grabes gearbeitet wird; vielleicht verheißt er dem Hohenpriester auch etwas Gutes (S. 107).

Mit diesem fiktiven *happy end* schließen wir die Besprechung ab.

In der Publikation GARDINERs folgen als letzte Texte noch die auf einem Berliner und Wiener Papyrus stark fragmentarisch erhaltene Erzählung über einen König und eine Göttin sowie auf einem Brüsseler Ostrakon erhaltene, nicht weiter identifizierbare Textreste. Die bisher einzige Übersetzung des ersteren Textes stammt von Adolf ERMAN, Die Literatur der Ägypter. Gedichte, Erzählungen und Lehrbücher aus dem 3. und 2. Jahrtausend, Leipzig 1923, 222-224.

10. Der Moskauer „literarische Brief" oder „Tale of Woe"

Editionen:

🕮 Michail A. KOROSTOVTSEV, Jeratičeskij papirus 127 iz sobranija GMJJ im. A.S. Puškina, Moskva 1961.

🕮 Ricardo A. CAMINOS, A Tale of Woe. From a Hieratic Papyrus in the A. S. Pushkin Museum of Fine Arts in Moscow, Oxford 1977.

Rezensionen zu CAMINOS:

🕮 George POSENER, Les malheurs d'un prêtre égyptien. Un récit sous forme de lettre, in: Journal des Savants 1979, 199-204.

🕮 Jürgen OSING, in: JEA 69, 1983, 175-178.

Übersetzungen:

🕮 Schafik ALLAM, Papyrus Moscow 127 (Translation and Notes), in: JEA 61, 1975, 147-153.

🕮 Gerald MOERS, Der Brief des Wermai. Der Moskauer literarische Brief, in: TUAT III, 5, Gütersloh 1995, 922-929.

🕮 Joachim F. QUACK, Ein neuer Versuch zum Moskauer literarischen Brief, in: ZÄS 128, 2001, 167-181.

Einzelbeiträge:

🕮 Gerhard FECHT, Der Moskauer „literarische Brief" als historisches Dokument, in: ZÄS 87, 1962, 12-31.

🕮 Ricardo A. CAMINOS, The Moscow Literary Letter, in: Jan ASSMANN – Erika FEUCHT – Reinhard GRIESHAMMER (Hrsgg.), Fragen an die altägyptische Literatur, Studien zum Gedenken an Eberhard Otto, Wiesbaden 1977, 147-153.

🕮 Andrzej NIWINSKI, Bürgerkrieg, militärischer Staatsstreich und Ausnahmezustand in Ägypten unter Ramses XI. Ein Versuch neuer Interpretation der alten Quellen, in: Ingrid GAMER-WALLERT – WOLFGANG HELCK (Hrsgg.), Gegengabe. Festschrift für Emma Brunner-Traut, Tübingen 1992, 252-257.

🕮 Gerald MOERS, Fingierte Welten in der ägyptischen Literatur des 2. Jahrtausends v. Chr., Leiden 2001 (Probleme der Ägyptologie 19), bes. 263-279.

🕮 Antonio LOPRIENO, La pensée et l'écriture. Pour une analyse sémiotique de la culture égyptienne, Paris 2001, 51ff., besonders 76-81.

🕮 Hans-Werner FISCHER-ELFERT, Vom Fluch zur Passion. Zur literarischen Genese des „Tale of Woe" (Pap. Pushkin 127), in: Günter BURKARD – Alfred GRIMM – Sylvia SCHOSKE – Alexandra VERBOVSEK unter Mitarbeit von Barbara MAGEN (Hrsgg.), Kon-Texte. Akten des Symposions „Spurensuche –

Altägypten im Spiegel seiner Texte" 2.-4. Mai 2003, Wiesbaden 2004 (ÄAT 60), 81-89.

Wie bereits erwähnt, wurde dieser Papyrus zusammen mit der *Erzählung des Wenamun* (pPuschkin 120) und dem *Onomastikon des Amenemope* in El Hibeh aufgefunden. Der Text ist vollständig erhalten und befindet sich auf dem Recto (das Verso ist bis auf drei fragmentarische Zeilen unbeschriftet). Die Länge der Papyrusrolle beträgt 120,8 cm, und die Höhe liegt mit 22 cm genau im üblichen Buchmaß einer halben Rolle der Ramessiden-Zeit. Die Rolle besteht aus sechs zusammengeklebten Blättern, ihr Anfang ist durch ein rückseitig verstärkendes Papyrusstück von 4,5 cm Breite an der rechten Kante gut erkennbar. Am linken Ende ist ein relativ breites Stück Papyrus (21,5 cm Breite und 10,8 cm Höhe) wohl schon in antiker Zeit herausgetrennt worden, der Text ist davon jedoch nicht beeinträchtigt. Obwohl der Papyrus sich nicht in allerbestem Zustand befindet, ist der Text gut lesbar.

Zu Beginn, im sog. „Grußformular", gibt es einige Rubra, ansonsten ist der Text mit schwarzer Tinte geschrieben und mit Gliederungspunkten versehen. Er umfaßt fünf Kolumnen.

Das Hieratische ist nach CAMINOS das Werk eines „second rate *scriba librarius*". Auf Grund der Paläographie und einer genauen Untersuchung der Grammatik kommt QUACK zu dem Ergebnis: „Demnach kann man den Text provisorisch als ein noch vom literarischen Sprachgebrauch der Ramessidenzeit beeinflusstes Werk der früheren Dritten Zwischenzeit ansehen" (S. 172).

Zum Inhalt:

Der Absender des Briefes ist ein „Gottesvater" am Tempel von Heliopolis namens *Wermai, Sohn des Huy*, Empfänger der „königliche Residenzschreiber" *Usimaaranacht, Sohn des Ramose*; diese Residenz liegt, wie FISCHER-ELFERT (S. 82) betont, im 18. o.ä. Gau und ist identisch mit dem Fundort El-Hibeh.

Der Absender beginnt mit einer Reihe von Segenswünschen

> für das körperliche, seelische und soziale Wohl des Adressaten in Diesseits und Jenseits. Insgesamt ist diese Briefeinleitung wesentlich individueller und textspezifischer gestaltet, als das bisher in der Literatur herausgestrichen wurde" (FISCHER-ELFERT, S. 82).

Danach schildert *Wermai* in einer langen Passage, wie er – nach eigenen Worten völlig grundlos – sein Amt, sein Hab und Gut, schließlich seine Familie verlor und durch Ägypten irrte. Überall begegnet ihm nur Feindschaft. Schließlich gerät er in eine Gegend zwischen Charga und Dachla, wo er eine kleine Parzelle erhält, mit deren Erträgen er ein kärgliches Leben führen kann, auch hier umgeben von Betrug (Fälschung des Kornmaßes) und der Willkür eines betrügerischen Vorgesetzten ausgesetzt. Abschließend drückt *Wermai* seine Hoffnung auf Rettung durch einen unbekannten Helfer aus, nach QUACK und FISCHER-ELFERT handelt es sich dabei um Atum-Re-Harachte, also den Dienstherrn *Wermai*s.

Textproben:

> Kopie des Briefs, den der Gottesvater des Tempels von Heliopolis Wermai, der Sohn des Hjj geschickt hat, wobei er seinen Vertrauten grüßt, den königlichen Schreiber in der Residenz Usimarenacht, <Sohn> des Premose aus Herakleopolis; er sagt:
> Dir Leben, Heil, Gesundheit zu deiner Zeit!
> Empfang dir ein schönes Alter in der Stadt des Atum!
> Möge deine Gunst dauernd sein im Gefolge des königlichen Ka!
> Mögen dich die Götter und Menschen gut behandeln!
> Möge die Sonne am Himmel aufgehen und dein Herz durchziehen!
> Möge er auf dein Flehen kommen, indem er zufrieden ist!
> Möge er deine Bitten hören, wenn du ihn anbetest
> (1, 1-5, Übersetzung nach QUACK, S. 173)!
>
> Schließlich solltest du nach einem von Menschen bewohnten Ort Ausschau halten;
> fern sei es von dir, einen menschenleeren Ort zu erblicken (1, 13-14, Übersetzung FISCHER-ELFERT, S. 84)!
>
> Mögest du dich heil und unversehrt mit der Nekropole vereinen,
> dich mischen unter die Großen von Heliopolis wie (unter) die Gerecht(fertigt)en (2, 1-2, Übersetzung FISCHER-ELFERT, S. 83).
>
> Ich wurde illegalerweise davongejagt, ich wurde betrogen,
> ohne daß ich Einspruch erheben konnte.
> Ich wurde aus meiner Stadt geworfen,
> meine Habe wurde entwendet und blieb nicht unversehrt,
> Ich bin total(?) zerstört.
> Alle (in) der Stadt, die (das) mitbekommen haben, können (es) bezeugen.
> Sie wurden als Pfand gegen mich festgenommen,
> die/meine(?) Frau, die flehend an sie herantrat,
> deren Kinder wurden zerstreut,
> einige von ihnen wurden im Gefängnis eingesperrt,
> andere als Beute verschleppt,

indem sie vor mir mit meiner Habe beladen wurden.
Meine Diener, sie wurden abgeführt.
Mein Amt wurde (mir) genommen, ich (selbst aber) nicht ergriffen/berührt,
Ich wurde aus meinem früheren Ort vertrieben,
und einem Wanderdasein auf hartem Wege überlassen
(2, 4-11, Übersetzung FISCHER-ELFERT, S. 85).

Ich verbrachte den Tag in einer Stadt, die nicht zu mir gehörte,
oder in einer Stadt, die mir unbekannt war, wie ein Fremder(?),
mit Bekanntschaften, die nicht meine alten waren,
Freundschaften, die neu geschlossen werden mussten.
Meine eigenen (Freunde) zur Seite meiner Person,
– „Haltet Abstand von ihm!", so sagten sie
(3, 7-9, Übersetzung FISCHER-ELFERT, S. 84).

Es gab nie Erkundigungen nach meinem Befinden im Verlaufe meines Hin- und Herziehens;
wenn Fleisch und Knochen (erst einmal) auf den Wüstenrand geworfen sind. Wer wird sie (dann noch) bestatten
(3, 10-11, Übersetzung FISCHER-ELFERT, S. 83-84)?

Oh müßte ich nicht zu dir schreiben über ein großes Verbrechen!
Es war bei meinem Gott(?), man hat (es) umgewandt,
indem es (angeblich) bei mir geschah (?).
Wer wird es verbergen(?), sagend: „Deine Macht, oh Gott, der es tat!" (?)
Komm, rette mich vor ihnen!
Könnte ich ihn/es doch nach Naharina schicken,
um den verborgenen --?-- zu holen!
Möge er zu denen von Se'ir gelangen und sich wieder zu uns zurückwenden!
Möge er doch meine Geleiter erreichen
(5, 3-5, Übersetzung QUACK, S. 180)!

Diese Textproben lassen nicht erkennen, wie viele Schwierigkeiten der Text (noch immer) bietet: das bezieht sich auf die Schreibungen von Wörtern ebenso wie auf die Grammatik. QUACK beschreibt die Problematik im Vorlauf zu seiner Übersetzung eingehend. Eines dieser schwierigen, in diesem Fall: unbekannten Wörter bezeichnet den oben genannten „verborgenen" aus dem Ausland stammenden erhofften Retter. CAMINOS hatte darin „a warrior or soldier of a special class" vermutet (*Tale*, S. 68). Mittlerweile ist ein zweiter Beleg für dieses Wort in einem kursivhieratischen Text (P. Cairo 30865 aus der Zeit des Taharka, ed. Günter VITTMANN, in: Enchoria 27, 2001, 155ff.) aufgetaucht, ohne daß deswegen die Bedeutung klarer wäre.

Wir wollen uns auf den literarischen Charakter der Erzählung konzentrieren und können uns dafür auf den jüngsten Beitrag zum Text, den zitierten Artikel von FISCHER-ELFERT stützen.

Dazu gehört die Feststellung, daß die Irrfahrten des *Wermai* wie die Fahrten des *Wenamun*, die Erzählungen des *Schiffbrüchigen* und des *Sinuhe* „alle eines der entscheidenden Fiktionalitätssignale der Gattung Erzählung enthalten, und das ist das Motiv der Grenzüberschreitung“ (S. 81). Auch für diesen Text lehnt FISCHER-ELFERT, wie schon für *Wenamun*, die Bezeichnung „Reiseerzählung“ ab, die ihm in diesem Falle – er spricht von der „Passion“ des *Wermai* – „absolut verharmlosend anmutet“.

Dazu gehört auch, daß die Versuche von FECHT und NIWINSKI, den Text historisch zu verorten, und zwar in die innenpolitischen Auseinandersetzungen am Übergang von der 20. zur 21. Dynastie, genauer: in die Zeit des Hohenpriesters Amenhotep, gescheitert sind. Dies wurde möglich durch eine von FISCHER-ELFERT verbesserte Übersetzung; die Zeile, die in der obigen Übersetzung „Meine Habe wurde entwendet und blieb nicht unversehrt; ich bin total(?) zerstört“ lautet, wird noch von QUACK übersetzt: „... und blieb nicht unversehrt *vor den großen Feinden*“, d.h. die „Feinde“ lassen sich, wie FISCHER-ELFERT bemerkt, „astrein weginterpretieren“ (S. 81, Anm. 1). Ausführungen dazu jetzt bei

🕮 Wolfgang WEGNER, „Erzfeinde“ oder „völlige Vernichtung“? Ein neuer Vorschlag zu P. Moskau 127, 2, 6f., in: ZÄS 133, 2006, 181-192, bes. 190.

Von FISCHER-ELFERT stammt ferner die Beobachtung, daß zwischen den einleitenden Segenswünschen und der anschließenden Schilderung der Leiden keine scharfe Zäsur besteht, wie bisher angenommen, sondern daß im Gegenteil die Segenswünsche „das Spiegelbild der korrespondierenden Episoden in der Passion Wermais bilden“ (S. 83). Dazu zwei Beispiele aus der obigen Textprobe:

1. Begräbnis – Wunsch und Wirklichkeit:

> Mögest du dich heil und unversehrt mit der Nekropole vereinen,
> dich mischen unter die Großen von Heliopolis wie (unter) die Gerecht(fertigt)en.

Diese Zeilen korrespondieren mit der Aussage *Wermais*:

> Es gab nie Erkundigungen nach meinem Befinden im Verlaufe meines Hin- und Herziehens;

wenn Fleisch und Knochen (erst einmal) auf den Wüstenrand geworfen sind. Wer wird sie (dann noch) bestatten?

2. soziale Integration – Wunsch und Wirklichkeit:

> „Schließlich solltest du nach einem von Menschen bewohnten Ort Ausschau halten;
> fern sei es von dir, einen menschenleeren Ort zu erblicken!"

Wermai ist tatsächlich überall allein:

> Ich verbrachte den Tag in einer Stadt, die nicht zu mir gehörte,
> oder in einer Stadt, die mir unbekannt war, wie ein Fremder(?),
> mit Bekanntschaften, die nicht meine alten waren,
> Freundschaften, die neu geschlossen werden mussten.
> Meine eigenen (Freunde) zur Seite meiner Person,
> – „Haltet Abstand von ihm!", so sagten sie.

Ein anderes Kriterium dafür, daß ein Text „literarisch" genannt werden kann, ist die sog. „Intertextualität", d.h. eine Beziehung zwischen einem Text und den Texten, die er rezipiert und verarbeitet, die ihm vorangehen oder auf die er Bezug nimmt. Solche Vorläufer sind für den *Schiffbrüchigen*, für *Sinuhe* und für *Wenamun* von MOERS in den „Fingierten Welten" besprochen worden; dort fehlt eine „Referenzquelle" (S. 82) für die vorliegende Geschichte. FISCHER-ELFERT hat eine solche Quelle entdeckt, und zwar eine Fluchformel aus der 22. Dynastie, am Ende der sog. „Stèle de l'apanage". Bei dem Text dieser Stele handelt es sich um ein Testament in Form eines Orakeldekretes des Amun, und mit diesem Testament vermacht der Hohepriester des Amun namens *Juwelot* seinem Sohn *Chaemwaset* ein Landgut. Der Text endet mit einer längeren „Droh- oder Fluchformel zur Sicherung dieses Testamentes gegen eventuelle Zuwiderhandlungen" (JANSEN-WINKELN, in: CdE 67, 1992, 254). Diese Formel weist, wie FISCHER-ELFERT zu Recht bemerkt, „in einigen Punkten eine verblüffende Übereinstimmung mit dem Schicksal Wermais auf, die bis in die Wortwahl hineinreicht" (S. 86). Für Beispiele sei auf die Ausführungen FISCHER-ELFERTs verwiesen. Wichtig ist hier, daß die in den Fluchformeln angedrohten Sanktionen für den Betroffenen (Verfluchten) zum Verlust der „ökonomischen, familiären, sozialen und spirituellen Einbindung in die Welt der Lebenden und die der Toten" (S. 88) führen. Er „wird zu einem Wanderer zwischen den Welten". FISCHER-ELFERT zieht daraus den Schluß: „Brief und Passion Wermais könnten aus der literarischen Umsetzung und Ausschmückung eines göttlichen Fluches resultieren" (S. 88). Er hält es für möglich, daß es sich bei dieser „quasi autobiographischen Erzählung" um ein negatives *exemplum* handelt, „das [...] die tatsächlichen Auswirkungen für den Fall der ‚Übertretung' (ägyptisch *thj*) eines göttlichen Dekretes ausmalt" (S. 88). Er zieht folgendes Fazit:

> Mit der Erzählung des Wermai liegt uns ein an die Adresse des ägyptischen Auditoriums gerichtetes warnendes Beispiel vor, was im Falle des Missachtens eines göttlichen Dekretes bei Greifen von dessen Fluchformeln *in praxi* passieren kann. Dieses Auditorium vermute ich – analog zum „Gottesvater" Wermai – in der Priesterschaft. [...] Unser Protagonist wäre unterm Strich aber auch alles andere als ein leidender Gerechter, als welchen er sich präsentiert. Ein ägyptischer Hiob ist er beileibe nicht (S. 89)!

II. Liebesdichtung

1. Liebesdichtung I

Die beiden besprochenen Erzählungen vom *verwunschenen Prinzen* und der *Eroberung von Joppe* befinden sich wie schon vermerkt auf der Rückseite des pHarris 500 = pBM 10060. Dessen Vorderseite enthält die früheste Sammlung ägyptischer Liebespoesie.

Bevor wir zu den Texten selbst kommen, seien einige Worte über die Entstehung der Liebesdichtung gesagt. Die immer noch beste Einführung stammt von

🕮 Alfred HERMANN, Altägyptische Liebesdichtung, Wiesbaden 1959.

Einen knappen Überblick über die Texte gibt und die Frage nach dem „Sitz im Leben" behandelt

🕮 Waltraud GUGLIELMI, Die ägyptische Liebespoesie, in: AEL, S. 335-350.

Alle Liebeslieder sind aus einem relativ eng begrenzten Zeitraum, nämlich vom Beginn der 19. Dynastie bis zur 2. Hälfte der 20. Dynastie überliefert. Danach wird diese Gattung nicht fortgeführt. Das ist sicher, der Zufall des Erhaltenen kann ausgeschlossen werden. Ihre Sprache ist das Neuägyptische, ursprünglich die thebanische Volkssprache, die sich als literarische Schriftsprache seit der Amarnazeit durchsetzt. Es ist also, genauer gesagt, ein literarisches Neuägyptisch (Sarah I. GROLL, in: OLP 6-7, 1975/76, 237-246),

> ein besonderer, nicht umgangssprachlicher Dialekt, der poetische Lizenzen aufweist und nicht so schlicht ist wie die dem Mythischen oder Folkloristischen nahe stehenden neuägyptischen Erzählungen (GUGLIELMI, S. 340).

HERMANN bemerkt zur Entstehungszeit:

> Diese Sachlage läßt die Frage berechtigt erscheinen, ob Liebesgedichte schon früher geschaffen wurden als in der Zeit der vorhandenen Niederschriften (HERMANN, S. 9).

Die *communis opinio* tendiert heute dahin, daß die Liebesdichtung kaum vor der Mitte der 18. Dynastie entstanden sein kann, und schließt sich damit HERMANNs Meinung an; aber es ist interessant zu verfolgen, wie HERMANN zu dieser Ansicht gelangt. Er nimmt die Frage zum Ausgangspunkt, welche kulturgeschichtlichen Umstände

> der Entstehung einer solchen Dichtung hätten förderlich sein können oder sie zumindest nicht gehindert haben (S. 9).

Dazu untersucht er die Stellung der Frau in Ägypten und das wechselseitige Verhältnis der Geschlechter. Besondere Behandlung erfährt dabei der Hathorkult. Die Liebeslieder sind, wie zu erwarten, nicht *ex nihilo* entstanden, sondern das Resultat einer langen Vorgeschichte. So wird z.B. vor dem Neuen Reich der Liebe zu Kleinkind und Jungtier als besonders schutzbedürftigen Wesen Ausdruck verliehen. Ferner gibt es seit dem frühen Mittleren Reich den Liebeszauber, mit dem man (= Mann) die Liebe einer Frau erzwingen will; diese Art von Magie hat sich bis in die späteste Zeit erhalten, wir kennen auch koptische Liebeszauber.

HERMANNs weitere Analyse führt zu der Feststellung, daß die geschilderten Ansätze nicht reichten, um es zu einer Liebeslyrik kommen zu lassen. Es kamen besondere geschichtliche Umstände hinzu, und zwar die verschiedenen Regimes der 18. Dynastie. Hier sind zu nennen:

> 1. die von einem ganz eigenen Lebensstil getragene Zeit der Königin Hatschepsut
> 2. die kriegerischen und zugleich festfrohen Jahrzehnte der Thutmosiden,
> 3. die auf behäbigen Luxus oder feinsinnige Intimität gerichtete Ära des üppigen Amenophis III. und des schwärmerischen Echnaton (S. 36).

In diesen drei Abschnitten seien, so HERMANN, die Wurzeln der ägyptischen Liebesdichtung zu suchen. Er analysiert diese drei Abschnitte, z.B. die Art der Kunst, wie sie unter Hatschepsut praktiziert wird und der selbst noch Thutmosis III. erliege, oder die Kriegszüge und die Feste zur Zeit der Thutmosiden. Unter Amenophis III. versucht man dann, den erreichten Bestand zu bewahren, die Kulturgüter aber noch zu erweitern bis hin zum Luxus. Daneben zeigt sich ein „hemmungsloser Individualismus“ (Hermann, S. 55), z.B. in der Anmaßung königlicher Bauformen wie derjenigen von Grabgebäuden bei Amenophis, Sohn des Hapu, Ramose u.a.

Amenophis III. durchbricht auch die Konvention in der Auswahl seiner Gattin: Keine Frau königlichen Geblütes wird „Große Königsgemahlin“, sondern Teje, eine Harîmsfrau aus bürgerlichen Kreisen. Dieses Ereignis wird durch den sog. „Hochzeitsskarabäus“ publik gemacht. Nach HERMANN zeigt sich hier

> ein Bekenntnis des Pharao zum Vorrang natürlicher menschlicher Empfindungen vor allen Forderungen der Überlieferung (S. 57).

Ein Holztäfelchen, das aus dem Witwensitz der Königin Teje im Fajum stammt, zeigt ein königliches Paar, das sich bei den Händen faßt – zweifellos Amenophis III. und Königin Teje selbst. Diese Art des Beisammenseins eines Königspaares wird fortgeführt und erweitert durch Echnaton und Nofretete, die bekanntlich in vielen Familienszenen dargestellt werden. Dazu gehören als Fortsetzung die Darstellungen Tutanchamuns und der Anchesenamun.

Es ist, so HERMANN resümierend,

> offensichtlich die Episode von Amarna, ja in engerem Sinne die kurze Zeit ihres Ausklanges gewesen, wo die letzten Voraussetzungen für die Ausbildung der Liebesdichtung gegeben waren: die Begegnung der Partner in Einsamkeit und – nach Niederbruch der alten und vor der Wirksamkeit einer neuen Doktrin – in einer wirklichen Freiheit. Es stand nun kaum noch etwas im Wege, daß das Liebesgespräch des Alltags, auf das zahlreiche Bildszenen schließen lassen, literaturfähig wurde und es zur Aufzeichnung von Liebesgedichten kam. In der Tat erscheinen die ersten Niederschriften in der Generation unmittelbar nach den letzten Amarnaherrschern (S. 64).

Damit sind die Voraussetzungen benannt, unter denen Liebesdichtung entstehen kann. Als sie entsteht, tritt sie in eine Literatur ein, in der natürlich schon verschiedene Formen existieren, und – wir beschränken uns auf die sog. lyrische Literatur –

> kennzeichnend für alle Arten der Lyrik scheint der Vorgang zu sein, daß sich eine Spannung des Menschenlebens spontan in Sprache löst und daraus ein sich von der Situation abhebendes Sprachgebilde entsteht. Die Verschiedenheit der Situationen, von denen man ausgeht, und die Abwandlung der Spannung, die man erlebt, führen zu den einzelnen lyrischen Formen, die wir unterscheiden (HERMANN, S. 66).

Auf diese Weise entstehen nach HERMANN (natürlich bereits viel früher als die Liebeslieder) der *Zauberspruch* (vorhandene Situation vs. eine, die über diese hinaus erst entstehen soll), das *Ritual* (Spannung zwischen der Gruppe und dem geglaubten Geschehen), das *Arbeitslied* (Spannung, die der Mensch zu einer vom Leben geforderten Aufgabe hat), der *Hymnus* (ehrfürchtiges Staunen über ein überragendes Wesen, man erinnere sich etwa an den „Kannibalenhymnus" der Pyramidentexte) und das *Gebet* (je persönlicher die angebetete Gottheit gedacht ist, umso subjektiver wird die menschliche Spannung). Zur Liebeslyrik bemerkt HERMANN noch:

> Die vitalste und intensivste Spannung, die das Individuum erfährt, die Liebe, hat als Lyrik im eigentlichen Sinne das Liebesgedicht geschaffen (S. 71).

Wenn das Liebesgedicht auch als sprachliche Spannungsäußerung von der Empfindung des Liebenden zum geliebten Menschen aufzufassen ist, also sicherlich auch zur Werbung um den anderen verwendet worden ist, so existiert es doch auch losgelöst, um seiner selbst willen, ist also auch, nach einer früheren Wortschöpfung von ASSMANN, situationsabstrakt.

Damit zu den konkreten Zeugnissen (vgl. GUGLIELMI, S. 338f.):

Sie stammen, wie bemerkt, alle aus dem Raum Theben, mit großer Wahrscheinlichkeit zum größten Teil aus Deir el Medine, abgesehen vom pHarris 500, der im Ramesseum gefunden wurde. Über die Datierung herrscht weitgehende Übereinstimmung. Der früheste Text ist pHarris 500, dessen Niederschrift in der Zeit Sethos' I. erfolgte. Die Kairener Liebeslieder, die zum Teil auf einer Vase („Cairo Vessel") und zum Teil auf Papyrusfragmenten aus Deir el Medine erhalten sind, stammen aus der 19. oder 20. Dynastie; pTurin 1966 gehört der frühen 20. Dynastie an. Am Schluß steht pChester Beatty I aus der 20. Dynastie, dessen Vorderseite die *Geschichte von Horus und Seth* enthält. Außerdem gibt es noch Fragmente auf Papyri und Ostraka, die hier nicht weiter berücksichtigt werden.

Wenden wir uns zunächst also dem pHarris 500 zu, der – wie alle anderen Zeugnisse der Liebespoesie – jetzt leicht zugänglich ist in

🕮 Bernard MATHIEU, La poésie amoureuse de l'Égypte ancienne. Recherches sur un genre littéraire au Nouvel Empire, Le Caire 1996 (BdE 115).

Dort sind alle Texte in hieroglyphischer Transliteration wiedergegeben; für die originale hieratische Schrift muß man auf die Publikation von

🕮 Ernest A. Wallis BUDGE, Facsimiles of Egyptian Hieratic Papyri in the British Museum, Second Series, London 1923, pl. XLI-XLVI

zurückgreifen.

Übersetzungen:

🕮 Siegfried SCHOTT, Altägyptische Liebeslieder, Zürich 1950, 46ff.

🕮 Miriam LICHTHEIM, Love Poems, in: Ancient Egyptian Literature II, The New Kingdom, Berkeley 1976, 189-192.

🕮 Michael V. FOX, The Song of the Songs and the Ancient Egyptian Love-Songs, Madison (Wisc.) 1985, 7-29.

🕮 Erik HORNUNG, Gesänge vom Nil, Zürich – München 1990, 153-158.

🕮 Pascal VERNUS, Chants d'amour de l'Égypte antique, Paris 1992.

🕮 John L. FOSTER, Love Songs of the New Kingdom, Austin 1992, 63-76 (Zyklus I), 97-112 (Zyklus II), 31-37 (Zyklus III).

🕮 Bernard MATHIEU (s.o.)

🕮 Vincent A. TOBIN, in: William K. SIMPSON (Hrsg.), The Literature of Ancient Egypt. An Anthology of Stories, Instructions, Stelae, Autobiographies, and Poetry, Cairo 2003, 307-333.

Einzelbeiträge:

🕮 Dimitri MEEKS, in: LÄ III, 1980, 1048-1052 s.v. Liebeslieder.

🕮 Philippe DERCHAIN, Pour l'érotisme, in: CdE 74, 1999, 261-267 (Rezension zu MATHIEU mit weiterer Literatur).

Der pHarris 500 ist in 8 Kolumnen unterteilt und enthält drei Gruppen von Liebesliedern, deren erste (rto. 1, 1-4, 1) keinen Titel mehr hat; dieser ist verloren. Die Gruppe wurde von SCHOTT unter den Arbeitstitel „Macht der Liebe" subsumiert; es sind acht unabhängige Lieder, die einem Mädchen (Nr. 1, 2, 4, 8) und einem Jungen (Nr. 3, 5, 6, 7) in den Mund gelegt sind.

Gruppe 2 (rto. 4, 1-6, 2) trägt den Titel „Beginn der erfreuenden Gesänge für deine Geliebte, die Erwählte deines Herzens, wenn sie von der Flur kommt"; diese ebenfalls acht Lieder sind einem Mädchen in den Mund gelegt.

Es folgt das „Harfnerlied des Antef" (rto. 6, 2-7, 3), das auf den ersten Blick nicht dorthin zu passen scheint, aber doch mit seiner Aufforderung zum Lebensgenuß ein verwandtes Thema verfolgt. S. dazu weiter unten.

Gruppe 3 (rto. 7, 3-8, 3) besteht aus drei Liedern, vorgetragen von einem Mädchen. Verräterischerweise wird jedoch zur Personenkennzeichnung als Determinativ der „sitzende Mann" verwendet. Das zeigt, daß zumindest der Schreiber des Papyrus ein Mann gewesen sein muß.

Es folgen (rto. 8, 4-12) zwei kurze, fragmentarische Lieder. Einige Textproben (Übersetzung nach HORNUNG):

> Mein Herz ist noch nicht gestillt von Deiner Liebe,
> Du mein (kleiner) Wolfsjunge!
> Rauschtrank ist ja Dein Liebesakt,
> und ich will ihn nicht lassen,
> bis Schläge mich davontreiben,
> daß ich die Zeit im Sumpf verbringe –
> zum Syrerland mit Knüppeln und Keulen,
> zum Negerland mit Palmruten,
> zum Hochland mit Stöcken
> und zum Tiefland mit Prügeln –
> aber ich will ihre Ratschläge nicht hören,
> den zu lassen, den ich begehre! (Lied 4)

Es dürfte klar sein, wer spricht. Die einzelnen Strophen sind durch das Pausenzeichen *grḥ* getrennt.

Als Komplement Lied Nr. 5, von dem Jungen gesprochen:

> Ich fahre nach Norden mit der Strömung, die Ruder tauchen im Takt;

Mein Bündel geschultert,
strebe ich nach Memphis.
Ich will Ptah, dem Herrn der Gerechtigkeit, sagen:
„Gib mir meine Geliebte heute nacht!"
Der Fluß, er ist Wein,
Ptah ist sein Schilf
und Sachmet sein Lotusblatt;
Jadit ist seine Knospe
Und Nefertem seine Blüte.
[Die ‚Goldene' ist voller] Freude,
hell wird die Erde durch ihre Schönheit.
Memphis ist eine Schale mit Liebesäpfeln,
hingestellt vor den ‚Schöngesichtigen' (Ptah).

Wir schließen hier noch die Texte des Gefäßes aus Cairo bzw. Deir el Medine (oCairo 25218 + oDeM 1266) an; die Literaturangaben sind dieselben.

Textprobe (Übersetzung nach MATHIEU, TOBIN, SCHOTT):

Die Liebe der Schwester ist auf jenem Ufer,
(aber) der Fluß verschlingt meine Glieder,
denn die Wasser sind mächtig zur Zeit [der Überschwemmung],
und ein Krokodil liegt auf der Sandbank.
Aber ich steige ins Wasser
Und wate durch die Wellen.
Mein Herz ist stark (furchtlos) in der Flut,
und ich habe erkannt, daß das Krokodil wie eine Maus
und die Wasseroberfläche wie Land für meine Füße ist.
Ihre Liebe ist es, die mich stark macht,
sie macht für mich einen Wasserzauber,
während ich die Liebe meines Herzens
geradewegs vor mir stehen sehe.

Es ist interessant, was die Ägyptologen im Laufe der Forschung zu solchen Texten gesagt haben. Was BRUNNER-TRAUT dazu geäußert hat, haben wir schon in unserem 1. Band S. 189 zitiert. Ein Beispiel sei hier wiederholt; er genügt als Beleg für ihre, gelinde gesagt, erstaunliche Einstellung:

> Die sinnliche Liebe haben die Ägypter zwischen den Pfeilen des Liebesgottes und den Krallen des Teufels mit gutem Gewissen natürlich und gesund angesiedelt. Weder führte sie, lebenswillig wie sie waren, die Liebe als ein Quell der Sünde vor den Altar der Jungfrau, noch hat das mit dem Sinn für Heiliges begabte Volk das Liebeswunder sexualisiert oder materialisiert [...] (LÄ III, 1035).

Auch die folgenden Sätze von Wilhelm Max MÜLLER, Die Liebespoesie der Alten Ägypter, Leipzig 1899, zu pHarris 500 entbehren heute nicht ganz der unfreiwilligen Komik:

> Wir wissen jetzt, daß die alten Ägypter durchaus keine Nation von frommen Asceten und philosophischen Kopfhängern waren, sondern ein munteres Volk von fröhlicherer Lebensauffassung als alle anderen alten Orientalen (Einl. S. 1).

> Für die *Einfachheit und Nüchternheit unserer Liedchen* (unsere Hervorhebungen) könnten wir freilich manche Entschuldigung anführen. Dem Ägypter fehlte das zur Stimmung so wichtige Beiwerk der Dichter. Der grüne Wald voll von Vogelsang und scheuem Wild, die wechselnde Berglandschaft, die brausende See, waren ihm fremd, abgesehen von dem reizvollen Wechsel der Jahreszeiten, und alle liebevolle Betrachtung der zahmen Flora und Fauna im Garten und auf dem Feld, im romantischsten Fall an den schilfbedeckten Ufertümpeln, entschädigt nicht dafür. [...] *zahmer Charakter der Poesie* [...] *hübsche Kleinkunst* (S. 9).

2. Liebesdichtung II

Eine zweite Gruppe von Liebesliedern ist auf der Rückseite des pChester Beatty I erhalten, dessen Vorderseite die oben besprochene *Geschichte von Horus und Seth* enthält. Für die Literaturhinweise kann auf die Angaben zum ersten Teil der Liebeslieder verwiesen werden.

Insgesamt sind es drei verschiedene Sammlungen, die sich wie folgt verteilen:

1. Ein Zyklus von sieben Strophen, jeweils mit „Strophe Nr. x (*ḥw.t mḥ-x*)“ gezählt, daher zusammengehörig, auf dem *verso*; der Zyklus wird mit „C, 1-5“ bezeichnet,

2. eine Sequenz von drei Gedichten, die nicht numeriert sind, aber doch inhaltlich zusammengehören, ebenfalls auf dem *verso*, als „G, 1-3“ bezeichnet, und

3. eine Sammlung von sieben Gedichten unter einem gemeinsamen Titel, die sich auf der zweiten Hälfte der col. 16 und der ganzen col. 17 des *recto* befinden.

Vor der weiteren Betrachtung sehen wir uns die 1. und 2. Strophe des Zyklus C auf dem *verso* an (Übersetzung BURKARD).

Lied 1:

Die eine Schwester, nicht gibt es ihresgleichen,
mit schönerem Antlitz als alle Frauen.
Siehe, sie ist wie Sothis, wenn sie aufgeht,
am Anfang eines schönen Jahres.

Die prächtig Strahlende, mit schimmernder Haut,
mit schönen Augen, wenn sie blickt.
Mit süßen Lippen beim Sprechen,
nicht gibt es ihr Sprechen im Übermaß.
Mit hohem Nacken, mit schimmernder Brust,
echter Lapislazuli ist ihr Haar.
Ihr Arm übertrifft das Gold,
ihre Finger sind wie Lotusblüten.
Mit vollen Hüften, mit schmaler Taille,
ihre Schenkel tragen ihre Schönheit.
Mit schönem Gang, wenn sie den Boden betritt,
sie zog mein Herz fort mit ihrer Umarmung.
Sie läßt den Nacken eines jeden Mannes
verdreht sein, wenn er sie sieht.
Freudig ist jeder, der sie umarmt,
er ist wie der Erste der Liebhaber.
Sie wird angesehen, wenn sie nach draußen geht,
wie Jene, die Einzige (C1, 1-8)!

Lied 2:

Mein Bruder betört mein Herz mit seiner Stimme,
er läßt Krankheit mich ergreifen.
Er ist Nachbar des Hauses meiner Mutter,
und ich kann nicht zu ihm gehen.
Gut ist die Mutter, wenn sie mir so befiehlt:
„Laß ab davon, ihn zu sehen!“
Siehe, mein Herz ist unwillig, wenn er erinnert wird,
die Liebe zu ihm hat mich ergriffen.
Siehe, er ist töricht,
ich aber, ich bin wie er!
Er kennt nicht meine Sehnsüchte, ihn zu umarmen,
so daß er sich an meine Mutter wenden würde.
Bruder, oh, ich bin dir anbefohlen,
durch das ‚Gold der Frauen’ (= Hathor).
Komm zu mir, damit ich deine Schönheit sehe,
damit mein Vater und meine Mutter sich freuen.
Es jubeln über dich alle Menschen insgesamt
sie jubeln über dich, mein Bruder (C1, 8-2, 4)!

Wir können bereits diesen beiden Strophen mehrere Beobachtungen entnehmen:

1. Sie alternieren, d.h. zuerst spricht der Jüngling, dann das Mädchen. Das setzt sich durch die ganze Sammlung fort.

2. Alle Lieder beginnen und enden mit einem Zahlenwortspiel um die jeweilige Strophennummer: die erste Strophe beginnt und endet mit *wꜥ.t*, die zweite beginnt und endet mit *sn*; die dritte Strophe beginnt: *ḫmt jb=j* „mein Herz dachte...“, das Ende bildet *jmj-ḫt*; zu Beginn der vierten Strophe steht *jfd* „springen, hüpfen“, mit demselben Wort endet die Strophe etc.

3. Charakteristisch ist die „Bruder-Schwester“-Anrede. Es gab Zeiten in der Ägyptologie, da man in diesem Zusammenhang an eine Geschwisterehe dachte; das hat mit der Situation der Liebeslieder nichts zu tun. Es ist die besondere Sprache der Liebe, die in Metaphern redet; Alfred HERMANN zeigt an Beispielen aus der klassischen Antike, daß diese Erscheinung ganz normal ist.

Ferner haben wir in der ersten Strophe ein sog. „Beschreibungslied“ vor uns. Im Gegensatz zu anderen Liedern, in denen die Körperteile der Frau verglichen werden („Der Mund der Schwester ist eine Lotosknospe, ihre Brüste sind Liebesfrüchte, ihre Arme sind als Klammern anzusehen, ihre Stirn ist die Falle aus Nadelholz“ etc.) erfolgt hier die Beschreibung direkt durch adjektivische Attribute oder attributive Relativsätze.

Ein solches, erstmals von den Ägyptern verwendetes „Beschreibungslied“ ist später öfter anzutreffen: bei den Griechen in hellenistisch-römischer Zeit, in der christlichen Spätantike bis hin zum Mittelalter. Andererseits hat es in Ägypten in der sog. „kultischen Beschreibungshymne“ seinen Vorläufer: Man zerlegt eine Gottesgestalt in ihre einzelnen Glieder, um anschließend aus der Aneinanderfügung die Einheit vorzuführen.

In diesem Falle wird auch ein Zusammenhang von Dichtung und Kunst deutlich: Das erotische Beschreibungslied spricht offenbar ein Schönheitsideal aus, dem die bildende Kunst, vor allem die Kleinkunst, gern Ausdruck gibt.

Hier ist auch auf eine interessante Untersuchung zu verweisen, die in einer Münchner Magisterarbeit vorliegt:

🕮 Sabine ALBERS, Untersuchungen zur Lautsymbolik in altägyptischen Texten, Magisterarbeit München 2000 (unveröffentlicht)

hat die sieben Liebeslieder des Zyklus C auf lautsymbolische Phänomene untersucht. Zu diesem in der Ägyptologie (noch) recht fremden Terrain einige kurze Erläuterungen, die der Arbeit von ALBERS entnommen sind:

Man unterscheidet üblicherweise vier Formen von Lautsymbolik: 1. körperliche („aua!“), 2. imitative („miau“), 3. synästhetische (definiert als akustische Symbolisierung nichtakustischer Phänomene, etwa daß Diminutive in den meisten Sprachen durch hohe, vordere Vokale gebildet werden: „-lich“), 4. konventionelle Lautsymbolik. In letzterer werden bestimmte Phänomene bzw. Lautfolgen einer Sprache mit feststehenden Bedeutungen assoziiert. Hierzu ein schönes Beispiel für die Lautfolge „gr" im Deutschen, natürlich von Goethe und aus der „Klassischen Walpurgisnacht" in Faust II:

> Nicht Greisen! Greifen! – Niemand hört es gern,
> Daß man ihn Greis nennt. Jedem Worte klingt
> Der Ursprung nach, wo es sich her bedingt:
> Grau, grämlich, griesgram, greulich, Gräber, grimmig,
> Etymologisch gleicherweise stimmig,
> Verstimmen uns (zitiert nach ALBERS, S. 7).

Bei der Vokallosigkeit der ägyptischen Sprache ist ein solches Vorhaben kein ganz einfaches Unterfangen, aber auch mit Hilfe der Konsonanten lassen sich beachtliche und überzeugende Ergebnisse erzielen. Es ist hier nicht der Ort, das recht komplizierte Analyseverfahren ausführlich zu erläutern, die Arbeit kann von Interessierten eingesehen werden. Daher nur kurz: Mit Hilfe der in der Linguistik seit längerem angewandten Methode der „split-level-analysis" wurde nach Gesetzmäßigkeiten zwischen der phonetischen und der semantischen Dimension dieser Texte gesucht. Für die phonetische Dimension wurde die Artikulationsstelle der Konsonanten, also vorne an den Lippen vs. hinten im Gaumen, für die semantische Dimension die Maat- vs. Isfet-Haltigkeit der einzelnen Lieder zugrundegelegt, also ein innerkulturelles Phänomen.

Die Ergebnisse waren zum einen methodisch überzeugend, zum anderen durchaus interessant. In aller Kürze: Die Artikulationsstelle der Konsonanten fällt von Lied 1 bis Lied 7 kontinuierlich von vorne nach hinten ab. Ein Zusatzergebnis ist, daß insbesondere in den Liedern mit männlichem Sprecher (1, 3, 5, 7) dieses Absinken zu beobachten ist, während sich in den Liedern mit einer Sprecherin ein annähernder Gleichstand feststellen läßt.

Auch bei der Untersuchung der semantischen Dimension ist das Ergebnis eindeutig: Von Lied 1 bis Lied 7 ist eine kontinuierliche Abnahme der „Maathaltigkeit" bei zunehmender „Isfethaltigkeit" zu beobachten. Das läßt, wie ALBERS mit aller gebotenen Vorsicht feststellt, auf lautsymbolische Prozesse in den Liedern schließen. Wie sie abschließend zu Recht betont, ist das erst ein Anfang, der weitergehende Untersuchungen nahelegt. Das ist inzwischen geschehen, im Rahmen ihrer Dissertation (München 2006) hat sie eine Reihe weiterer Texte (den *Lebensmüden*, die *Prophezeiungen des Neferti*, die *Admonitions*, den großen Atonhymnus und weitere) untersucht und mit Dichtungen in deutscher Sprache, ausnahmslos aus der Feder von Goethe, verglichen. Danach hat es den Anschein, daß lautsymbolische Prozesse ein allgemeinsprachliches Phänomen sind.

Eine andere Gattung der Liebesdichtung ist das sog. „Tagelied"; es geht darum, daß das Mädchen versucht, den Geliebten am Morgen bei sich zurückzuhalten. Das folgende Beispiel stammt vom *recto* 16, 9-11. Es handelt sich um ein Lied, das der Dichter an den Jüngling richtet, er fordert diesen auf, die Liebe am nächsten Tag fortzusetzen.

Die Überschrift zu dieser Gedichtsammlung lautet (Übersetzung THISSEN):

> Anfang der angenehmen Sprüche, gefunden in einer Textsammlung(?), die der Schreiber Nacht-Sobek von der Nekropole angefertigt (= abgeschrieben) hat.
> Du wirst sie (die Lieder) zum Hause der Schwester bringen
> und wenn Du Dich zu ihrer Türe gesellst,
> wird ihr Quartier verwandelt,
> und ihre Wirtin (Hausherrin) bringt sie (sich?) um.
> Statte sie aus mit Gesang und Tanz,
> Wein und Starkbier in ihrem Schatten.
> So verwirrst Du ihre (Wirtin?, Mädchen?) List
> und belohnst sie für ihre Nacht.
> So wird sie zu Dir sagen: „Nimm mich in Deine Arme!"
> (Tu es) am nächsten Tag ebenso!

Hier ist im Einzelnen (noch) ziemlich viel unklar.

Das letzte Beispiel ist eine sog. „Türklage", auch *Paraklausithyron* genannt: Es ist eine Klage des Liebhabers an der verschlossenen Türe der Geliebten, in der klassischen Antike wohlbekannt und erstmals in Ägypten belegt. Ein kurzes Beispiel ist *recto* 17, 6-7 (Übersetzung HERMANN, Liebesdichtung, S. 132):

> Was die Schwester gegen mich tat,
> soll ich es ihretwegen verschweigen?
> Sie ließ mich an der Tür ihres Hauses stehen, als sie sich hineinbegab.
> Sie sagte nicht zu mir: „Kehr ein, Schöner".
> Sie war harthörig heute Nacht.

Sofort anschließend folgt ein weiteres Beispiel, mit dem die Sammlung abschließt (*recto* 17, 7-13, Übersetzung nach LICHTHEIM):

> Ich ging an ihrem Hause vorbei in der Dunkelheit,
> ich klopfte, mir wurde nicht geöffnet.
> Eine gute Nacht für unseren Türhüter,
> Riegel, ich werde (Dich) öffnen,
> Tür, Du bist mein Geschick!
> Was Dich betrifft, Du bist mein eigener wirkungsmächtiger Geist!

Man wird drinnen unseren Ochsen schlachten,
Tür, zeig' nicht Deine Macht!
Man schlachtet ein Langhornrind für den Riegel,
ein Kurzhornrind für das Schloß.
Eine fette Gans für die Türbalken,
das Fett für den Schlüssel.
Auserlesene Stücke unseres Ochsen
sind für den Knaben (Gesellen) des Tischlers,
daß er uns einen Riegel aus Schilfrohr,
eine Tür aus Flechtwerk mache.
Kommt der ‚Bruder' zu irgendeiner Zeit,
findet er ihr Haus offen,
findet er ein Bett, bezogen mit feinem Linnen
und ein schönes Mädchen dazu.
Das Mädchen sagt zu mir: „Dieses Haus
gehört dem Sohn des Bürgermeisters".

Die Anrede an die Türe und die Teile erinnert an Spruch 125 des Totenbuchs, wo der Tote die Teile der Tür und ihre Namen kennen muß. Diesen Türteilen verspricht der Liebhaber Opfergaben, womit die Herkunft der Thematik deutlich wird. Aber die Vorstellungen sind hier völlig säkularisiert, was sich vor allem daran zeigt, daß dem Handwerksgesellen die besten Stücke des Ochsen für die Änderung des Türverschlusses gegeben werden sollen.

Das Ziel wird am Schluß unmißverständlich formuliert: ein Mädchen in einem stets zugänglichen Haus mitsamt fein überzogenem Bett zu haben. Dazu hofft der Liebhaber noch, von dem Mädchen als „Sohn des Bürgermeisters" angeredet zu werden, also ein Abkömmling der hohen Beamtenaristokratie zu sein, eine topische Figur der Liebesdichtung, wie HERMANN nachweisen konnte.

Wir haben sowohl bei unserer früheren wie auch der jetzigen Betrachtung der Liebesdichtung festgestellt, daß abwechselnd Mädchen und Jungen (Frauen und Männer) sprechen. Es ist einleuchtend, daß die Liebesdichtung damit auch Gegenstand der Gender-Forschung war und ist. Eine wichtige Frage war, wer die Schreiber der Texte sind, und die Antwort lautete: überwiegend Männer; die gelegentliche Verwechslung der Suffixe der 1.sg. spricht dafür. Aber hier muß man schon genau hinsehen, denn wie

🕮 Deborah SWEENEY, Women's correspondence from Deir el-Medineh, in: Gian M. ZACCONE – TOMASO R. DI NETRO (Hrsgg.), VI congressi Internationale di Egittologia, Vol. II, Turin 1993, 523-529

festgestellt hat, gibt es auch eine ganze Reihe von Frauen, die schreiben konnten. Sie hat in einem weiteren Beitrag:

🕮 Deborah SWEENEY, Gender and Language in the Ramesside Love Songs, in: BES 16, 2002, 27-50

untersucht, wie sich weibliche und männliche Sprecher anhand der Texte unterscheiden lassen. Das geht vom Gebrauch der Suffixe bis zu den Verbalformen. Eines der relevanten (und akzeptablen) Ergebnisse besteht in der Feststellung, daß beide Geschlechter Spaß am Sex haben. Aber SWEENEY stellt auch fest, daß die weiblichen Stimmen unklar, nicht eindeutig präsentiert werden: Einerseits formulieren die jungen Frauen Wünsche, bei denen sie mehr Imperative als die jungen Männer benutzen; andererseits sind diese Wünsche mehr versuchsweise formuliert als diejenigen der jungen Männer. Die weibliche Ausdrucksweise ist mehr auf die Interaktion mit ihren Geliebten ausgerichtet als die männliche; die Frauen formulieren ihre Versprechungen in initialen prospektiven Formen als Wünsche, als Verlangen, anstelle des Futurs III als Ausdruck der Sicherheit. Beide Geschlechter benutzen diese initialen prospektiven Formen im Umgang mit Dritten, möglicherweise – so SWEENEY – zeigen sie damit ihre Unsicherheit im Hinblick auf ihre Zukunft.

Die Schlussfolgerung SWEENEYs lautet (Übersetzung THISSEN):

> Als Pessimist könnte man daraus den Schluß ziehen, daß diese Darstellung mehr im Interesse der Männer als in demjenigen der Frauen liegt, oder man kann argumentieren, daß junge Frauen – trotz einiger ihnen auferlegter Zurückhaltung im Benehmen – so dargestellt werden, daß sie eine gewisse Selbständigkeit genossen (S. 48).

III. Harfnerlieder

Seit der Amarnazeit werden den Harfen- (auch: Lauten-)spielern, die schon lange zur Grabdekoration gehören, Texte beigefügt, die man „Harfnerlieder" nennt und „in denen eine neue, skeptische Einstellung zum Jenseits und zur Wirksamkeit einer rein materiellen Vorsorge dafür zum Durchbruch kommt" (HORNUNG, Gesänge vom Nil, 200). Sie haben „ihre typische Aufführungssituation, ihren ‚Sitz im Leben' in der geselligen oder intimen Festfeier des ‚Schönen Tages'. Diese Gattung ist Ausdrucksform einer ganz spezifischen Lebensweisheit" (ASSMANN, Stein und Zeit, 215).

Editionen:

🕮 Ernest A. Wallis BUDGE, Facsimiles of Egyptian Hieratic Papyri in the British Museum, Second Series, London 1923, pl. XLV-XLVI.

🕮 Michael V. FOX, The Song of the Songs and the Ancient Egyptian Love-Songs, Madison (Wisc.) 1985, 378-380.

Übersetzungen:

🕮 Siegfried SCHOTT, Altägyptische Liebeslieder, Zürich 1950, 54-55.

🕮 Miriam LICHTHEIM, in: Ancient Egyptian Literature I, The Old and Middle Kingdoms, Berkeley 1973, 196-197.

🕮 Jan ASSMANN, Das Lied des Antef, in: TUAT II, 6, Gütersloh 1991, 905-906.

🕮 Vincent A. TOBIN, in: William K. SIMPSON (Hrsg.), The Literature of Ancient Egypt. An Anthology of Stories, Instructions, Stelae, Autobiographies, and Poetry, Cairo 2003, 332-333.

Einzelbeiträge:

🕮 Miriam LICHTHEIM, The Songs of the Harpers, in: JNES 4, 1945, 178-212.

🕮 Jan ASSMANN, in: LÄ II, 1977, 972-982 s.v. Harfnerlieder.

🕮 Jan ASSMANN, Fest des Augenblicks, Verheißung der Dauer. Die Kontroverse der ägyptischen Harfnerlieder, in: Jan ASSMANN – Erika FEUCHT – Reinhard GRIESHAMMER (Hrsgg.), Fragen an die altägyptische Literatur, Studien zum Gedenken an Eberhard Otto, Wiesbaden 1977, 55-84.

🕮 Michael V. FOX, A Study of Antef, in: Orientalia 46, 1977, 393-423.

🕮 Jan ASSMANN, Die Harfnerlieder, in: Stein und Zeit. Mensch und Gesellschaft im alten Ägypten. München 1991, 215-217.

Das sog. „Lied des Antef" ist der älteste Zeuge des Harfnerliedes; fragmentarisch ist derselbe Text auch auf einem Relief erhalten, das aus dem Grab des *Pꜣ*-

jtn-m-ḥb in Saqqara stammt und sich jetzt in Leiden befindet. Dieses Grab stammt aus der Amarnazeit.

Die folgende (hier teilweise modifizierte) Übersetzung aus pHarris 500, 6, 2-7, 3 stammt von Jan ASSMANN:

> Das Lied, das im Grabe des seligen Königs Antef steht vor dem Sänger zur Harfe.
> Ein Glücklicher ist er, dieser gute Fürst; das gute Geschick ist eingetreten,
> denn glücklich war sein Geschick, und glücklich sein Ende.
> Eine Generation vergeht,
> eine andere bleibt seit der Zeit der Vorfahren.
> Die Götter, die vordem entstanden,
> ruhen in ihren Pyramiden; die Edlen und Verklärten gleicherweise
> liegen begraben in ihren Pyramiden.
> Die da Bauten aufführten – ihre Stätte ist nicht mehr:
> Was ist mit ihnen geschehen?
> Ich habe die Worte des Imhotep und des Hordedef gehört,
> deren Sprüche in aller Munde sind:
> Wo sind ihre Stätten? Ihre Mauern sind zerfallen,
> ihre Stätte gibt es nicht, als wären sie nie gewesen.
> Keiner kommt von dort, daß er erzähle, wie es um sie steht,
> daß er sage, was sie brauchen, daß er unser Herz beruhige,
> bis auch wir dahin kommen, wohin sie gegangen sind.
> Du aber erfreue dein Herz und denke nicht daran!
> Gut ist es für dich, deinem Herzen zu folgen, solange du bist.
> Gib Myrrhen auf dein Haupt, kleide dich in feinstes Linnen,
> salbe dich mit echtem Öl des Gottesschatzes,
> vermehre deine Schönheit, laß dein Herz nicht müde werden,
> folge deinem Herzen in Gemeinschaft deiner Schönen,
> tu deine Arbeit auf Erden ohne dein Herz zu kränken,
> bis daß jener Tag der Totenklage zu dir kommt.
> Der Herzensmüde (= Osiris) hört ihre Schreie nicht,
> und ihre Klagen holen das Herz eines Mannes nicht aus der Unterwelt zurück.
> *Refrain:*
> Feiere den schönen Tag, werde dessen nicht müde!
> Siehe, niemandem ist gegeben, seine Habe mit sich zu nehmen.
> Siehe, keiner, der ging, ist wiedergekommen.

Natürlich hat die Nennung des Königsnamens „Antef“ zu Spekulationen über die Datierung des Liedes geführt, da dieser Name in der 11., 13. und 17. Dynastie belegt ist. Diesen Spekulationen kann vielleicht bald Daniel POLZ ein

Ende bereiten, für den sich im Zuge seiner Ausgrabungen in Dra' abu el-Naga Anhaltspunkte dafür verdichtet haben, daß eigentlich nur einer der Intef-Könige der 17. Dynastie gemeint sein kann; denn Liedinhalt und äußere Umstände, soweit sie am archäologischen Befund zu rekonstruieren sind, sprechen recht deutlich für diese Zeit. Vgl. hierzu den Beitrag

🕮 Daniel POLZ, „Ihre Mauern sind verfallen ..., ihre Stätte ist nicht mehr." Der Aufwand für den Toten im Theben der Zweiten Zwischenzeit, in: Grab und Totenkult im Alten Ägypten (Festschrift Assmann), hrsg. von Heike GUKSCH, Eva HOFMANN und Martin BOMMAS, München 2003, 75-87, bes. 84-86, und

🕮 Daniel POLZ, Der Beginn des Neuen Reiches. Zur Vorgeschichte einer Zeitenwende, Berlin 2007 (SDAIK 31).

Allerdings muß hier ein weiteres Faktum berücksichtigt werden: Während Harfner schon seit alter Zeit Teil der Grabdekoration sind, werden ihnen erst nach der Amarnazeit bis zur 20. Dynastie auch Liedtexte beigefügt. ASSMANN meinte zwar, daß derjenige, der den Text für ein Werk der Amarnazeit halte, den Bezug auf Antef am Anfang erklären müsse. Aber das wäre kein besonderes Problem, es ist ja ein bekanntes Phänomen, daß ein Hinweis auf einen früheren König dem Zweck dienen kann, das Gewicht eines Textes zu erhöhen. Das ließ sich etwa an den Lebenslehren des Mittleren Reichs beobachten. Die *communis opinio* folgt jedenfalls bis jetzt der Datierung von FOX, für den das Lied des Antef eine Antwort auf Amarna ist. Hier sollen nicht alle Einzelheiten vorgetragen werden, die ASSMANN in seinem Artikel in dem Sammelband „Stein und Zeit" unter Überschriften wie „Memento mori", „Das Fest als Heterotop" erörtert hat. Hier mag der Hinweis genügen, daß in der Folgezeit von Amarna eine

> skeptische Einstellung zum Jenseits und zur Wirksamkeit einer rein materiellen Vorsorge dafür zum Durchbruch kommt. Daraus folgt die Aufforderung zum Lebensgenuß im Diesseits, die diese Lieder mit den Liebesliedern verbindet, während die negative Schau des Jenseits auch eine neue Form der Totenklage in dieser Zeit kennzeichnet. Die Botschaft lautet jetzt: Es kann keine zuverlässige Kunde vom Jenseits geben, denn niemand kommt von dort zurück; daher liegt hier und jetzt, im ‚Fest des Augenblicks' das einzig erreichbare Glück (HORNUNG, Gesänge vom Nil, 200).

Wenn sich also tatsächlich die Zeit der Intef-Könige der 17. Dynastie als die plausibelste Epoche herausstellen sollte, muß immer berücksichtigt werden, daß das nicht gleichbedeutend mit der Entstehungszeit dieses Harfnerliedes sein muß, sondern ggf. lediglich die Verhältnisse in dieser Zeit reflektiert.

IV. Lebenslehren

Zu allgemeinen Vorbemerkungen zu den Lebenslehren verweisen wir auch auf die Einführung I, dort S. 75ff. (2. Auflage 2007).

Im Neuen Reich sind neue Lebenslehren, wenn uns nicht der Zufall des Erhaltenen ein in Wahrheit unzutreffendes Bild bietet, erst ab der Ramessidenzeit erhalten und möglicherweise auch erst dann verfaßt worden. Aus der 18. Dynastie sind nur Kopien von bereits aus dem Mittleren Reich stammenden Lehren erhalten, s. auch dazu bei den einzelnen Texten in Band I dieser Einführung. Auch die absolute Zahl von Lehren ist im Neuen Reich geringer, sieht man einmal von den „Kleineren Texten" aus dem Umfeld von Deir el Medine ab; von diesen wird weiter unten zu reden sein. An „großen" Lehren sind nur die des Ani und des Amenemope erhalten. Ob das die tatsächlichen Gegebenheiten widerspiegelt oder ob wir mit substantiellen Verlusten an diesbezüglichen Texten im Neuen Reich zu rechnen haben, läßt sich nicht mit Sicherheit feststellen.

1. Die Lehre des Ani

Edition:

🕮 Joachim F. QUACK, Die Lehren des Ani. Ein neuägyptischer Weisheitstext in seinem kulturellen Umfeld, Fribourg – Göttingen 1994 (OBO 141).

Übersetzungen:

🕮 Miriam LICHTHEIM, The Instruction of Any, in: Ancient Egyptian Literature II, The New Kingdom, Berkeley 1976, 135-146.

🕮 Hellmut BRUNNER, Altägyptische Weisheit. Lehren für das Leben, Zürich – München 1988, Nr. 10, 196-214 (Übersetzung), 462-469 (Anmerkungen).

🕮 Aksel VOLTEN, Studien zum Weisheitsbuch des Ani, Kopenhagen 1937.

Im folgenden stützen wir uns vor allem auf die umfangreiche Arbeit von QUACK.

Zunächst zur Überlieferung: Der Text der *Lehre des Ani* ist gut bezeugt; erhalten sind fünf Papyri, eine Schreibtafel und neun Ostraka, die zeitlich von der 19. Dynastie bis in die Spätzeit reichen. Der wichtigste Textzeuge ist pCairo CG 58042 (früher: pBoulaq 4), der in die spätere 21. Dynastie zu datieren ist. Er wurde zusammen mit anderen Texten, unter ihnen der demotische Setna-Roman (pCairo 30646), in einem koptischen Grab gefunden und von MARIETTE für das Kairener Museum erworben. pDeir el-Medineh 1 wurde im Oberbau eines Grabes im genannten Ort gefunden; er wird von QUACK der späteren 19. Dynastie zugewiesen. pLouvre E 30144 gehört vermutlich in die mittlere 20. Dynastie; pBM 10685 (= pChester Beatty V) enthält einen Auszug aus der Lehre, ist in die späte 19. Dynastie zu datieren und vor allem deswegen erwähnenswert, weil er außerdem den kompletten Text des *Nilhymnus* enthält. Neben diesen größeren und wichtigeren Quellen sind uns noch kleinere mit geringeren Textauszügen erhalten: ein Papyrus aus Saqqara, eine Holztafel in Berlin (Berlin P. 8934) und die erwähnten Ostraka.

QUACK hat sich im Rahmen seiner Bearbeitung sehr intensiv mit dem beschäftigt, was in der Klassischen Philologie als „Textkritik" bezeichnet wird, kommt aber zu dem Ergebnis, daß dieses Verfahren hier nicht weiterhilft; ein Stemma der Textzeugen lasse sich nicht aufstellen, die Hauptzeugen divergieren zu stark. Die Überlieferung sei demnach „offen" (S. 15), d.h. es gebe Varianten, die man alle für sich jeweils sinnvoll übersetzen kann. Es habe also „volkssprachliche Texte" (S. 19) gegeben, die keine kanonisierte einheitliche Form hatten, sondern „frei handhabbar" gewesen seien und von Schreibern und Auftraggebern jeweils angepasst werden konnten. Dieses Ergebnis führte zu dem pluralischen Titel „Die Lehren des Ani", den QUACK seiner Arbeit gegeben hat. Gegen diese Bezeichnung und die dazu führende Auffassung hat in einer Rezension zu dieser Untersuchung

🕮 Hans-Werner FISCHER-ELFERT, Persönliche Frömmigkeit und Bürokratie. Zu einer neuen Edition der Lehre des Ani, in: WdO 28, 1997, 18-30

Einspruch erhoben. Er weist darauf hin, daß bei diesem Verfahren die Textgeschichte, d.h. die spätere Traditionsgeschichte überbewertet, die originäre Komposition durch einen Schreiber = Autor namens Ani dagegen ausgeblendet wird. Das wäre dann auch in anderen Fällen relevant, wir müßten beispielsweise auch von den „Lehren des Ptahhotep" sprechen:

> Es wird bei jeder Lehre eine wie auch immer geartete ‚Urfassung' gegeben haben, die dann infolge der für altägyptische literarische Werke so typischen ‚Offenen Überlieferung' bzw. fehlendem copyright mehr oder minder rasch textuellen Veränderungen unterzogen werden durfte und auch unterzogen worden ist [...] Die Texte sind nicht Produkt von Autorenkollektiven oder Schreibbüros, sondern einzelner Personen im Sinne von *auctores*, die nur das Pech hatten, mit ihren Texten keine Urheberrechte anmelden zu können" (S. 20).

Man kann also getrost bei der „*Lehre* des Ani" bleiben.

Beachtenswert ist ein Abschnitt, in dem sich QUACK mit den „Textfehlern" befasst, also graphischen, Hör- und Gedächtnisfehlern. Diese Problematik war nach den frühen Untersuchungen von VOLTEN, BRUNNER und VAN DE WALLE 1977 von Günter BURKARD wieder aufgenommen und weiter geführt worden. Hier knüpft QUACK modifizierend an: Hörfehler sind nach seiner Meinung schwer nachzuweisen.[5] Eine Wiederholung (von einzelnen Passagen) müsse durchaus kein Fehler, sondern könne ein stilistisches Mittel sein. Eine ausführliche Beschreibung der Grammatik und Orthographie der Manuskripte der *Lehre des Ani* führt ihn zu einer Datierung in die frühe 19. Dynastie. Der Text besteht, der Eigenart von Lebenslehren angemessen, aus einer Reihe von Einzelmaximen, die „mit Hilfe von Assoziationsketten aneinandergereiht sind" (QUACK, S. 65).

Die Lehre ist – wie üblich – vom Vater an den Sohn gerichtet; hier zunächst einige Textproben (Übersetzung nach QUACK und BRUNNER; die Numerierung richtet sich nach der Einteilung von QUACK):

> Anfang der Erziehungslehre, die der Schreiber Ani vom Tempel der Nefertari gemacht hat:
> [Siehe, ich sage dir diese] nützlichen Ratschläge, die in deinem Herzen bedeutsam sein sollen. Befolge sie, damit es dir gut geht und alles Übel fern von dir ist (B 15, 1)[6].
>
> Sei bedacht, wenn man redet! Gib keine voreiligen Antworten in der Beratung, damit alles, was du sagst, gut gerät (B 15, 6-7).
>
> Hüte dich vor Falschaussage gegenüber einem Beamten (Fürsten), wenn du Meldung erstattest. Verbirg, was er in seinem Hause sagt. Führe es als Tauber aus, ohne zu hören. Höre auf das, was ich dir sage, damit du es nützlich findest. Mißachtest du es, wirst du zunichte (B 15, 9-12).
>
> Nimm dir eine Frau, solange du jung bist, sie soll dir deinen Sohn erzeugen und Kinder bekommen, solange du noch jung bist. Lehre sie, als Frau zu handeln. Glücklich der Mann, der viele Kinder hat, er wird entsprechend seiner Kinderschar geachtet (B 16, 1-3).

---

[5] (Anm. BURKARD): Ich bin nach wie vor der Meinung, daß sie nicht nur schwer nachweisbar, sondern prinzipiell eher unwahrscheinlich sind. Die meisten Varianten, sofern sie nicht redaktionell bedingt, d.h. aufgrund eines bewußten Eingriffs in den Text entstanden, lassen sich im Ursprung als Lesefehler erklären, sie können nur durch falsches Lesen entstanden sein. Auch die sog. Gedächtnisfehler sind häufig primär Lesefehler.

[6] B ist die Sigle für pKairo CG 58042.

Feiere ein Fest für deinen Gott, wiederhole es zu seiner Jahreszeit; Gott zürnt, wenn es verpasst wird. Laß Zeugen zugegen sein, wenn du opferst, beim ersten Mal, wenn du es tust (B 16, 3-4)!

Betritt nicht das Haus eines anderen, bevor er dich auffordert und begrüßt. Schau nicht auf das Schlechte in seinem Haus. Blicke mit deinen Augen, während du schweigst. Erzähle es keinem anderen draußen, damit es dir nicht zum großen todeswürdigen Verbrechen wird, wenn es gehört wird (B 16, 9-13).

Der folgende Abschnitt war in seiner Deutung in der Vergangenheit besonders umstritten, daher divergieren die verschiedenen Übersetzungen. Es geht um die „fremde" Frau. Mit dieser Thematik hat sich nunmehr kürzlich

🕮 Hans-Werner FISCHER-ELFERT, „Die Frau von Außerhalb" – eine wandernde Hübschlerin? (Lehre des Ani B 16, 13-17), in: Abseits von Maat. Fallstudien zu Außenseitern im Alten Ägypten, Würzburg 2005, 165-213

ausführlich befaßt. Seine Analyse der Ani-Passage und weiterer Quellen führt ihn zu folgender zusammenfassender Bemerkung:

> Fassen wir kurz zusammen: Mag der Aufwand auch erheblich gewesen sein, aus der „Frau-von-außerhalb" in der ramessidischen Lehre des Ani eine auf Prostitution angewiesene und von ihrem Ex-Ehemann „entfernte" = „verstoßene" Vagantin zu machen, ist an der Existenz dieser „Lebensweise" mancher Frauen im vorptolemäischen Ägypten wohl grundsätzlich nicht zu zweifeln. Andernfalls wäre das pharaonische Ägypten denn schon eine kulturgeschichtliche Ausnahme ersten Ranges. Nur wird über Prostitution in den bislang vorliegenden schriftlichen Quellen äußerst selten gesprochen. Auch diese Facette von Außenseiterdasein unterlag offenbar einer gewissen Scheu seitens der über sie schreibenden – und belehrenden – Männer.

Die folgende Übersetzung vor allem nach FISCHER-ELFERT (S. 166):

Hüte dich vor der Frau von außerhalb,
die in ihrer Stadt unbekannt ist!
Gaffe sie nicht an/Zwinkere ihr nicht zu, wenn sie *vorbeigeht,
erkenne sie nicht gewaltsam!
Ein tiefes Wasser, das man nicht einkreisen kann,
ist die Frau, die <von> ihrem Ehemann (ent)fern(t worden) ist.
„Ich bin zärtlich/glatt(?)", sagt sie dir täglich,
wenn sie ohne Zeugen ist
und sie *ihre Falle aufgestellt hat.
Ein großes verdammenswertes Vergehen ist das, wenn es ruchbar wird,

obwohl du (die Tragweite dessen, was du getan hast,) doch nicht erkennst(?).
Ein Mensch wird aus jeglichem Vergehen gerettet,
außer aus diesem einen speziellen (B 16, 13-17).

Die nächste Passage folgt wieder den Übersetzungen von QUACK und BRUNNER:

Spende Wasser für deinen Vater und deine Mutter, die im Nekropolental ruhen.
Richtig ist eine Libation, die den Göttern dargeboten wird.
Kurz gesagt: Sie nehmen sie an.
Laß in der Öffentlichkeit nicht unbekannt sein, daß du es tust,
dann wird es dir dein Sohn ebenso machen (B 17, 4-6).

Übernimm dich nicht beim Biertrinken!
Unerfreulich ist die üble Rede, die aus deinem Munde gekommen ist,
ohne daß dir bewusst bist, sie gesagt zu haben.
Du bist gefallen, deine Glieder sind gebrochen,
Kein anderer gibt dir die Hand.
Deine Zechkumpane stehen da und sagen:
„Fort von diesem Säufer!"
Man wird kommen, dich zu suchen, um mit dir zu beraten,
und man wird dich auf der Erde liegend finden,
als ob du ein kleines Kind wärest (B 17, 6-11).

BRUNNER hat in der Einleitung zu seiner Übersetzung darauf hingewiesen, daß sich diese Lehre von den früheren dadurch unterscheidet, daß das „Dienstliche" zurücktritt. Es wird zwar das Benehmen gegenüber dem Vorgesetzten behandelt, aber die persönliche Sphäre tritt in den Vordergrund: Heirat, Familie, Erziehung der Kinder, Verhältnis zur Ehefrau etc. Eine besondere Stellung nehmen auch der Tod und die Vorbereitung auf ihn durch den Bau eines Grabes ein, verbunden mit dem folgenden zeitlosen Hinweis:

Es ist gut, dich zu rüsten.
Wenn dann ein Bote kommt, dich zu holen, soll er dich bereit finden.
Sage: „Ja, hier kommt einer mit, der sich vorbereitet hat".
Sage nicht: „Ich bin zu jung, als daß du mich holst".
Du kennst deinen Tod ja nicht!
Wenn der Tod kommt, raubt er das Kind aus den Armen seiner Mutter,
ebenso wie den, der ein hohes Alter erreicht hat (B 17, 17-18, 4).

Ein weiterer Abschnitt ist der Ruhigstellung des spukenden Totengeistes gewidmet.

Hier kann natürlich nicht die ganze Lehre vorgestellt werden, es sollen aber noch zwei Zitate angeführt werden. Wir haben im bisherigen Verlauf des öfteren vom Verhältnis zwischen Mann und Frau gehört. Aus der *Lehre des Ani* hören wir, daß eine Frau nach der Stellung ihres Mannes bewertet wurde:

> Frage eine Frau: „Was ist ihr Mann?"
> Frage einen Mann nach seinem Amt (B 19, 14-15).

Während die Darstellungen von Ehepaaren der Maat entsprechend immer Harmonie suggerieren, entspringt die folgende Ermahnung der *Lehre des Ani* der Wirklichkeit:

> Du sollst nicht deine Frau in ihrem Hause beaufsichtigen,
> wenn du weißt, daß sie tüchtig ist.
> Sag nicht: „Wo ist denn das? Bring es her!",
> wenn sie es an die richtige Stelle getan hat.
> Laß dein Auge sie beobachten und schweige,
> dann wirst du ihre Geschicklichkeit kennenlernen.
> Welche Freude, wenn sie dann deine Hand empfängt!
> Aber viele hier wissen das nicht.
> Wenn ein Mann dem Streit in seinem Hause ein Ende setzt,
> dann wird er feststellen, daß der Zank nicht wieder anfängt.
> Jeder, der eine Familie gründen will,
> muß sein hitziges Temperament zügeln.
> So geh also nicht hinter der Frau her
> und vermeide, daß sie dich deswegen tadelt (B 22, 3-7).

Was die *Lehre des Ani* von allen anderen Lehren, früheren wie späteren, unterscheidet, ist ein Zwiegespräch zwischen Vater und Sohn am Ende des Textes. Bekanntlich sind die Lehren vom Vater für den Sohn und darüber hinaus für die Jugend (sc. der Elite) gedacht, mit der Absicht, daß der junge Mann seinen Platz in der Gesellschaft einnehme. Hier erhebt plötzlich der Sohn Anis, der Schreiber Chonsuhotep, Einwände gegen die Lehre seines Vaters; zweimal argumentiert er gegen des Vaters Einsichten, zweimal antwortet ihm der Vater, er hat also das letzte Wort. Sehen wir uns den Ablauf der Diskussion an, die nur schwer abzukürzen ist:

> Der Schreiber Chonsuhotep antwortete seinem Vater, dem Schreiber Ani:
> Ach, wäre ich doch ebenso, indem ich wissend wie du wäre!
> Dann würde ich nach deinen Lehren handeln,
> und man würde den Sohn auf die Stelle des Vaters setzen.
> Aber jedermann benimmt sich nach seiner Veranlagung (*r jwn=f*)!
> ...

> Der Sinn ist erfreut über die Menge deiner Tugend;
> man erweist dir Aufmerksamkeit.
> Ein Knabe aber macht keine Erziehungslehre,
> nur auf der Zunge liegt die Buchrolle (B 22, 13-17).

Der Sohn wendet also ein, daß die Lehre für ihn zu schwer und zu lang ist; jeder Mensch sei von seinem Charakter bestimmt; außerdem sei das Kind noch nicht in der Lage, die Lehre nachzuvollziehen, sie liege noch undurchdacht auf seiner (des Kindes) Zunge.

Die Antwort des Vaters lautet:

> Der Schreiber Ani antwortete seinem Sohn, dem Schreiber Chonsuhotep:
> Vertraue nicht auf diese verfehlten Gedanken,
> hüte Dich davor, gegen dich zu handeln!
> Deine Klagen, sie scheinen mir verdreht,
> ich werde dich über sie unterrichten.
> ...
> Der Wildstier, der (früher) auf der Weide tötete,
> weiß nicht mehr, sich zum Kampf zu stellen.
> Er hat seinen Charakter (*bjꜣ.t*) bezwungen und seine Erziehung gefestigt.
> ...
> Der grimmige Löwe hat von seiner Wut gelassen,
> Er hat den klagenden Esel nachgeahmt.
> ...
> Der Hund gehorcht aufs Wort, er folgt seinem Herrn.
> Die Äffin trägt die Situla, obwohl ihre Mutter sie nicht trug.
> Die Gans ist aus dem kühlen Norden zurückgekommen,
> obwohl man sie verfolgt, um sie im Netz zu fangen.
> Man lehrt die Nubier die ägyptische Sprache,
> Syrer und alle Fremdvölker ebenso.
> Sage (dir): ich kann jede Tätigkeit ausüben,
> höre zu, du kannst, was sie tun (B 22, 17-23, 7).

Hier stehen zwei unterschiedliche Konzepte gegenüber, die sich in den beiden Schlüsselwörtern *jwn*, vom Sohn gebraucht, und *bjꜣ.t*, vom Vater benutzt, zeigen. Dazu hat sich

🕮 Françoise LACOMBE-UNAL, Les notions d'acquis et d'inné dans le dialogue de l'Enseignement d'Ani, in: BIFAO 100, 2000, 371-381

geäußert, indem sie den Gebrauch der beiden Wörter in verschiedenen Text(sort)en untersucht. *jwn* bedeutet zuerst „Farbe", dann auch „Natur", „Anlage“; Farben sind Wesensträger des Menschen (vgl. BRUNNER-TRAUT, LÄ II, 1977, 117-128 s.v. Farben). Chonsuhotep weist also mit seinem Argument auf die dem Menschen eigene Natur hin, seine „Wesensanlage“.

Dem steht mit *bjꜣ.t* ein Wort gegenüber, das manchmal schwer von *jwn* zu unterscheiden ist, hier aber vom Vater als Kontrapunkt zu *jwn* verwendet wird. *bjꜣ.t* bezeichnet nach LACOMBE-UNAL die Elemente in *jwn*, die entwickelt, erzogen, weitergebildet werden können. Die Ausführungen LACOMBE-UNALs berühren sich mit einem Beitrag von

🕮 Gertie ENGLUND, The Border and the Yonder Side, in: Emily TEETER – JOHN A. LARSON (Hrsgg.), Gold of Praise: Studies on Ancient Egypt in Honor of E. F. Wente, Chicago 1999 (SAOC 58), 101-109.

ENGLUND geht es um Grenzen und ihre Überschreitung; sie meint dabei nicht politische Grenzen, sondern solche zwischen der sichtbaren und unsichtbaren Welt, und sie meint die Art ihrer Überschreitung. Dazu zitiert sie einige Texte, u.a. auch diese Diskussion in der Lehre des Ani, in der, wie sie zu Recht betont, der Sohn Chonsuhotep erstaunliche Einsichten in die eigene *Psyche* vermittelt. Er will seiner Natur folgen, während der Vater darauf beharrt, daß die Natur, das „Anderssein“ eines Menschen, gesellschaftskonform beeinflußt werden kann, und zwar durch Zähmung bzw. Erziehung. Zur Illustration seiner Behauptung bedient sich der Vater der zitierten Aufzählung von gezähmten Tieren und kultivierten Fremdvölkern. ENGLUND weist darauf hin, daß es sich bei den Bildern des Stieres, des Löwen und der Syrer und Nubier als äußerer Feinde *par excellence* um Symbole aus der königlichen Ikonographie handelt – chaotische Mächte, die der König bezwingen muß.

Es ist auffällig, daß die Nubier und Syrer *nach* der Aufzählung der Tiere genannt werden, was uns wieder zu LOPRIENOs *Topos und Mimesis* führt, der diese genannten Ausländer als „Nicht-Menschen“ klassifiziert (S. 28). Dem hatte bereits BUCHBERGER (Rez. S. 22) widersprochen, und auch QUACK lehnt diese Auffassung u.a. mit dem Hinweis auf die völlig andere Stilisierung der Verse ab (die Tiernamen stehen immer am Anfang). Allerdings gesteht er eine „tendenziell pejorative Wertung der Ausländer“ (S. 190) zu.

Der Sohn gibt dem Vater eine überraschende Antwort:

> Der Schreiber Chonsuhotep antwortete seinem Vater, dem Schreiber Ani:
> Spiel nicht deine Kraft so aus, ich erleide Unrecht in Deinen Plänen.
> Kommt es nicht vor, daß ein Mann seine Hand sinken lässt,

> um statt dessen eine Antwort zu hören?
> Der Mensch ist der Gefährte Gottes;
> seine Art ist es, einen Mann mit seiner Aussage zu hören.
> ...
> Kennt einer seine Lehre?
> Die eine entsteht mit hervorragendem Verstand, während die große Masse töricht ist.
> Alles, was Du sagst, ist vortrefflich, aber es ist durch das *Daimonion* (*3ḫ*) entschieden.
> Sag zu dem Gott, der dir Weisheit gab: „Setz *sie* (Plural!) auf deinen Weg (B 23, 7-11)!"

Es wird deutlich, daß der Sohn von den Argumenten des Vaters nicht überzeugt ist. Jeder Mensch ist vom anderen verschieden, daher kann er auch die auf ihn passende Lehre nicht kennen; er kann nur beten und – wie es der letzte Vers sagt – seine Kinder auf den Weg setzen. Nach

🕮 Günter VITTMANN, Altägyptische Wegmetaphorik, Wien 1999, 64

ist mit dem „Gott" Thot gemeint; es geht um den „Weg des Lebens".

Das Erstaunliche an der Antwort des Sohnes besteht darin, daß Gott für den richtigen Weg eines Menschen zuständig ist. Hier hat sich eine Wandlung vollzogen, wenn wir an die Lehre des Cheti zurückdenken: dort heißt es am Ende (HELCK, Abschnitt XXXf):

> Danke Gott für deinen Vater und deine Mutter, die dich auf den Weg des Lebens gesetzt haben, und dir dies vor Augen gestellt haben und noch deinen Kindeskindern.

Auch hier läßt sich der Vater Ani nicht überzeugen:

> Wende dich ab von diesem Geschwätz, das fern davon ist gehört zu werden.
> Den krummen Ast, der auf dem Felde liegen geblieben ist,
> den Licht und Dunkel angegriffen haben, den holt sich wohl noch ein Handwerker,
> biegt ihn gerade und macht einen Würdestab daraus.
> ...
> Du Herz, das nicht erkennen kann, bist du nun bereit,
> dich unterweisen zu lassen, oder bist du misslungen (B 23, 11-15)?

Der Vater nimmt also die Argumente des Sohnes nicht zur Kenntnis und verweist statt dessen darauf, daß auch ein krummes Holz noch zu etwas nütze sein kann, wenn es von einem kundigen Handwerker gerade gebogen wird.

Den Abschluß des Textes bildet ein kurzer Dialog zwischen Sohn und Vater, der das letzte Wort behält:

Schau, sagte er (*der Sohn*), du sein Ebenbild,
du Weiser mit starker Hand: das Kind, das im Schoß der Mutter ist,
sein Wunsch ist es, gesäugt zu werden.
Schau, sagte er (*der Vater*), es hat ja seinen Mund gefunden,
um zu sagen: „Gib mir Brot (B 23, 15-17)!"

Die zunächst zu klärende Frage bezieht sich auf die Bedeutung des Possessivs „sein" vor „Ebenbild": BRUNNER hatte das Suffix =*f* auf „Gott" bezogen, das weist QUACK aus gutem Grund zurück, da die letzte Erwähnung Gottes zu weit zurückliegt, um hier nochmals mit einem Suffix aufgenommen werden zu können. QUACK schließt sich daher der von VOLTEN (S. 176) geäußerten Meinung an, daß es sich hier vielmehr um den eben erwähnten Handwerker handelt. Ging die Aussage des Sohnes zunächst dahin, wie wir sahen, daß die Naturanlage bestimmend sei, so verweist er jetzt darauf,

> daß die Belehrung einem kleinen Kind geistig nicht angemessen sei. Er verstärkt den Punkt noch, indem er vom Baby spricht, das nur Interesse an seiner Muttermilch hat (QUACK, S. 193).

Auch diesen Einwand läßt der Vater nicht gelten, sondern weist darauf hin, daß sich das Kind weiterentwickelt und dann nicht mehr gesäugt wird, sondern nach Brot verlangt.

2. Die Lehre des Amenemope

Edition:

🕮 Ernest A.W. BUDGE, Facsimiles of Egyptian Hieratic Papyri in the British Museum, Second Series, London 1923, Taf. 1-14.

Umschrift und Übersetzung:

🕮 Hans O. LANGE, Das Weisheitsbuch des Amenemope aus dem Papyrus 10474 des British Museum, Kopenhagen 1925.

Übersetzungen:

🕮 Hellmut BRUNNER, Die Lehre des Amenemope, in: Walter BEYERLIN (Hrsg.), Religionsgeschichtliches Textbuch zum Alten Testament, Göttingen 1975, 75-88.

🕮 Miriam LICHTHEIM, The Instruction of Amenemope, in: Ancient Egyptian Literature II, The New Kingdom, Berkeley 1976, 146-163.

🕮 Hellmut BRUNNER, Altägyptische Weisheit. Lehren für das Leben, München – Zürich 1988, Nr. 14, 234-256 (Übersetzung), 474-483 (Anmerkungen).

🕮 Irene SHIRUN-GRUMACH, Die Lehre des Amenemope, in: TUAT III, 2, Gütersloh 1991, 222-250.

🕮 Pascal VERNUS, Sagesses de l'Égypte pharaonique, Paris 2001, 299-346.

🕮 William K. SIMPSON, in: William K. SIMPSON (Hrsg.), The Literature of Ancient Egypt. An Anthology of Stories, Instructions, Stelae, Autobiographies, and Poetry, Cairo 2003, 223-243.

Daneben liegen weitere Übersetzungen in schwedischer, tschechischer, spanischer und niederländischer Sprache vor.

Einzelbeiträge (Auswahl):

🕮 Irene GRUMACH, Untersuchungen zur Lebenslehre des Amenope, München 1972 (MÄS 23) (einschließlich einer Übersetzung).

🕮 Irene SHIRUN-GRUMACH, in: LÄ III, 1980, 971-974 s.v. Lehre des Amenemope.

🕮 James R. BLACK, The Instruction of Amenemope: A Critical Edition and Commentary. Prolegomenon and Prologue, Diss. Univ. of Wisconsin-Madison 2002 (im Internet: www.jvlnet.com/~jrblack/diss.html).

Diese mit ca. 700 Seiten überdimensionierte Arbeit behandelt nur den Prolog! Denn da der Verfasser die Lehre des Amenemope im historischen und religiösen Kontext zeigen will, beginnt er mit der Darstellung der ägyptischen Vorgeschichte. Von Nutzen ist die ausführliche Bibliographie.

Eine 2005 abgeschlossene Dissertation von Vincent Pierre-Michel LAISNEY war bei Abschluß dieses Manuskripts noch nicht erschienen.

Die Zahl der Einzelbeiträge ist zu groß, um sie alle aufzuzählen. Die *Bibliographie Altägypten 1822-1946* von Christine BEINLICH-SEEBER zählt bereits 39 Titel zu Amenemope auf, danach ist natürlich eine Reihe weiterer erschienen; das geht zumal auf die textliche Nähe der Lehre zum alttestamentlichen Proverbien-Buch zurück, von der noch die Rede sein wird. Die jüngsten ägyptologischen Artikel sind:

🕮 Hans GOEDICKE, The Teaching of Amenemope, Chapter XX (Amenemope 20, 20-21, 20), in: RdE 46, 1995, 99-106.

🕮 Erik IVERSEN, Amenemope. Some Suggestions, in: ZÄS 123, 1996, 41-45.

🕮 Hans-Werner FISCHER-ELFERT, „Lache nicht über einen Blinden und verspotte nicht einen Zwerg!" Über den Umgang mit Behinderten im Alten Ägypten, in: Max LIEDTKE (Hrsg.), Behinderung als pädagogische und politische Herausforderung. Historische und systematische Aspekte, Bad Heilbrunn 1996, 93-116.

Die Hauptquelle der Lehre des Amenemope ist der pBM 10474, der 1888 von BUDGE in Theben erworben wurde. Die Datierung des Textes war umstritten, sie reichte von der 22. bis zur 26. Dynastie. Nach der jüngsten Untersuchung von

🕮 Ursula VERHOEVEN, Untersuchungen zur spräthieratischen Buchschrift, Leuven 2001 (OLA 99), 290-303

kann die Niederschrift nunmehr in die Regierungszeit Psammetichs I. (664-610) gesetzt werden. Die Lehre selbst ist natürlich früher entstanden. Das belegt ein fragmentarischer Papyrus (pMM Stockholm 18416) aus der 21./22. Dynastie, den

🕮 Bengt J. PETERSON, A New Fragment of the Wisdom of Amenemope, in: JEA 52, 1966, 120-128

veröffentlicht hat. Außerdem existieren weitere Textzeugen in Gestalt von vier Schreibtafeln in Turin, Paris und Moskau sowie das Ostrakon Kairo 1840. Letzteres ist der bisher älteste Beleg und mit

🕮 Georges POSENER, La piété personnelle avant l'âge amarnien, in: RdE 27, 1975, 195-210, hier bes. S. 195, Anm. 3 und 4

in die 20. Dynastie zu datieren.

Der 3,60 m lange pBM 10474 enthält auf seinen 27 Kolumnen den kompletten Text. Dieser beginnt mit einem Prolog, in dem Amenemope sich und sein Anliegen vorstellt; dann folgt in dreißig Kapiteln (durch *ḥw.t* + Zahl gekennzeichnet) die eigentliche Lehre, die aus jeweils einzeiligen Versen besteht, d.h. stichisch geschrieben ist, sich also auch formal deutlich als Versdichtung zu erkennen gibt. Der Aufbau besteht, vereinfacht gesagt, jeweils aus einer Ermahnung und darauf folgenden, diese Mahnworte begründenden Aussagen.

Ein kurzes Wort ist noch zum Namen des Verfassers zu sagen: Wie den Literaturangaben zu entnehmen ist, wird er normalerweise Amenemope (*Jmn-m-jp.t*) gelesen bzw. geschrieben. Eine Ausnahme bildet die Untersuchung von Irene (SHIRUN-)GRUMACH, die in ihrer genannten, 1972 erschienenen Dissertation Amenope (aber auch *Jmn-m-jp.t*) schreibt. Diese auf einen Vorschlag GARDINERs zurückgehende Lesart hat sich nicht durchgesetzt, es bleibt also bei Amenemope. SHIRUN-GRUMACH kehrte in ihrer ebenfalls schon erwähnten Übersetzung in TUAT auch wieder zu dieser üblichen Lesung zurück. Sie verweist dort (S. 222, Anm. 4) allerdings nochmals darauf, daß in der Ramessidenzeit das *m*, d.h. die Präposition im Eigennamen, „schon verschliffen" gewesen sei.

Zum Inhalt:

> Der Text wurzelt in gut altägyptischer Tradition (Pflichten des Beamten, Regeln für den Umgang, Zurückhaltung im Streit). Zugleich ist er aber der gewöhnlich „Persönliche Frömmigkeit" genannten verinnerlichten Haltung der Ramessidenzeit verbunden. Er ist einem Beamten der niederen Tempelhierarchie in den Mund gelegt und verneint das Streben nach beruflichem Fortkommen ebenso wie überschwengliche Teilnahme am Kult; empfohlen wird privates Gebet und Vertrauen in die Gottheit für den Frommen oder ‚rechten Schweiger' (SHIRUN-GRUMACH, TUAT, 23).

SHIRUN-GRUMACH hat auch – zunächst in ihrer Dissertation, später modifiziert in der Übersetzung in TUAT – eine Gliederung der Lehre in größere Gruppen herausgearbeitet:

Kap. 1-3	handelt	vom „Heißen",
Kap. 5-7		vom „rechten Schweiger" (in Verbindung mit Habgier und Ackergrenze),
Kap. 8-10		von „Herz und Zunge" (der richtigen Rede),
Kap. 12-14		von den Pflichten des Beamten (Unabhängigkeit und Milde),
Kap. 15-17		von den Pflichten des Beamten (Maß und Gewicht),
Kap. 19-20		vom Gericht,
Kap. 21-22		von der Zurückhaltung,
Kap. 23-24		von der Diskretion,
Kap. 26-27		von der Achtung vor dem Großen,
Kap. 28-29		von der Fürsorge für die Armen.

Die Kapitel 4, 11, 18 und 25 sind Übergänge „zwischen größeren Gruppen". Den Kapiteln voran geht ein Prolog („Titelformular"), in dem der Zweck der Lehre beschrieben wird und in dem der Verfasser sich und den Adressaten, seinen Sohn, vorstellt.

Prolog (Übersetzung und Strophengliederung nach SHIRUN-GRUMACH):

Anfang der Lehre für das Leben,
der Unterweisungen für das Heilsein,
aller Vorschriften, unter die Beamten zu treten,
der Regeln für die Hofleute,

um eine Antwort zurückzugeben dem, der sie sagt,
um Bericht zu erstatten dem, der einen schickt,
um ihn recht zu leiten auf den Wegen des Lebens,
um ihn heil sein zu lassen auf Erden,

um zu machen, daß sein Herz in seinen Schrein eintritt
(als) eines, das ihn wegsteuert vom Bösen,
um ihn zu retten aus dem Munde der Leute
(als) einen, der geehrt wird im Munde der Menschen.

Gemacht von dem Vorsteher der Böden, erfahren in seinem Amte,
Schreiber der Feldfrucht von Ägypten,
dem Vorsteher des Korns, der die Feldfrucht regelt,
der die Ernte anweist für seinen Herrn,

der die neu aufgetauchten Inseln zuweist
im großen Namen seiner Majestät,
der die Steine auf den Grenzen des Fruchtlandes [auf]stellt,
der den König mit seinen Steuerlisten beschützt,
der den Kataster von Ägypten macht,

dem Schreiber, der die Gottesopfer für alle Götter einsetzt,
der den Leuten Pachtland gibt,
dem Vorsteher des Korns, der die Nahrung [...]
der Magazine mit Korn herbeibringt,

dem rechten Schweiger in This im abydenischen Gau,
dem Rechten an Stimme in Achmim;
dem Herrn einer Pyramide im Westen von Senut,
dem Herrn eines Grabes in Abydos,
Amenemope, dem Sohn des Kanekht,
dem Rechten an Stimme im abydenischen Gau.

<Für> seinen Sohn / das jüngste seiner Kinder,
kleiner als seine Angehörigen,
den Eingeweihten des Min-Kamutef,
der Wasser spendet für Wennofer,

der Horus einsetzt auf der Stelle seines Vaters,
wenn er herumzieht in seinem herrlichen Schrein,
[.........]
den Examinator der Gottesmutter,
der die schwarzen Rinder von der Treppe des Min erkennt,
der den Min in seinem Schrein beschützt,

Horemmaakheru ist sein richtiger Name,
das Kind seines Edlen aus Achmim,

Sohn der Sistrumspielerin des Schu und der Tefnut
und der Hauptmusikantin des Horus, Tawosret.

Er sagt: Erstes Kapitel (col. 1, 1-3, 8).

Die Übersetzung spiegelt einen wichtigen äußerlichen Gesichtspunkt wider, von dem schon kurz die Rede war: Der Text ist nicht nur in Kapitel eingeteilt, sondern auch in einzelne Zeilen, die jeweils einem Vers entsprechen. Die Metrik lassen wir außer acht; allerdings sei auf den Beitrag von

🕮 Irene SHIRUN-GRUMACH, Bemerkungen zu Rhythmus, Form und Inhalt in der Weisheit, in: Erik Hornung – Othmar Keel (Hrsgg.), Studien zu altägyptischen Lebenslehren, Fribourg – Göttingen 1979 (OBO 28), 317-352

verwiesen. SHIRUN-GRUMACH versucht in diesem Beitrag unter anderem, die Metrik-Regeln von FECHT so zu modifizieren, daß sie mit dem Auftreten des *parallelismus membrorum* und den Erfordernissen der stichischen Schreibung – d.h. der eindeutigen Versgliederung in der *Lehre des Amenemope* – in Einklang zu bringen sind. Dieses Verfahren hat allerdings keine Akzeptanz gefunden.

Der Verfasser des Textes ist nach seinen Titeln ein Angehöriger der niederen Tempelhierarchie, und für diese „kleinen" Leute ist die Lehre auch bestimmt. Aber sie hat, wie die Kommentatoren einstimmig meinen, darüber hinaus „auch für Menschen anderer Schichten Bedeutung" (BRUNNER, Altägyptische Weisheit, 237). Der Text ist voll von bildlichen Ausdrücken und Metaphern, auf die wir hier nicht im Einzelnen eingehen können. Aus der großen Anzahl an Kapiteln haben wir nur einige, der *communis opinio* zufolge besonders bedeutende, Kapitel herausgegriffen; es sind vor allem die Kapitel 4, 18 und 25.

Im Kapitel 4 wird der „Heiße" dem „rechten Schweiger" gegenübergestellt: (Übersetzung nach SHIRUN-GRUMACH):

Der Heiße im Haus des Gottes,
er ist wie ein Baum, der im Tempelgarten (*ḫntj-š*) wächst.
Einen kurzen Augenblick sprossen seine Triebe,
sein Ende wird in dem Beet(?) gefunden.
Er wird überschwemmt / er ist weit von seinem Platz,
die Flamme ist sein Begräbnis.

Der rechte Schweiger, der sich abseits hält,
er ist wie ein Baum, der im sonnenbestrahlten Feld wächst.
Er grünt und verdoppelt seine Früchte,
Er steht im Angesicht seines Herrn.

Seine Früchte sind süß, sein Schatten ist angenehm,
und sein Ende findet er als Statue (col. 5, 20-6, 12).

Dieses 4. Kapitel unterscheidet sich von den übrigen dadurch, daß es nicht aus Ermahnungen „Tu ...“ bzw. „Tu nicht ...“ besteht, sondern aus zwei Beschreibungen. Folglich ist es auch mehr beachtet bzw. kommentiert worden. Zwei jüngere Beiträge stammen von

🕮 George POSENER, Le chapitre IV d’Aménémopé, in: ZÄS 99, 1973, 129-135, und von

🕮 Shlomit ISRAELI, Chapter Four of the Wisdom Book of *Amenemope*, in: Studies in Egyptology Presented to Miriam Lichtheim, ed. by Sarah ISRAELIT-GROLL, Jerusalem 1990, 464-484.

Im Kapitel 18 wird das Bild vom Allherrn als Pilot entworfen (Übersetzung nach SHIRUN-GRUMACH):

Lege dich nicht nieder, indem du das Morgen fürchtest:
„Wenn es tagt, wie ist (dann) das Morgen?“
Der Mensch weiß nicht, wie das Morgen ist.

Der Gott ist (immer) in seinem Erfolg,
der Mensch aber ist in seinem Versagen.
Eines sind die Worte, die die Menschen sprechen,
ein anderes ist das, was der Gott tut.

Sage nicht: „<Ich> habe keine Sünde“,
und strebe nicht nach Aufruhr.
Die Sünde / sie gehört dem Gott,
sie ist mit seinem Finger besiegelt.

Es gibt keinen Erfolg bei dem Gott,
und es gibt kein Versagen vor ihm.
Wer sich streckt, um den Erfolg zu suchen:
in einem kurzen Augenblick schädigt er ihn.

Mache dich gewichtig in deinem Herzen / festige dein Herz,
steuere nicht mit deiner Zunge.
die Zunge des Menschen / das ist (zwar) das Steuerruder des Schiffes,
der Allherr (aber) ist sein Pilot (col. 19, 11-20, 6).

Zu dem hier und auch sonst belegten Bild von Herz, Zunge und Steuerruder vgl.

🕮 Siegfried HERRMANN, Steuerruder, Waage, Herz und Zunge in ägyptischen Bildreden, in: ZÄS 79, 1954, 106-115.

Kapitel 25 beschreibt die Abhängigkeit des Menschen vom Gott als Töpfer besonders deutlich (Übersetzung nach SHIRUN-GRUMACH):

> Lache nicht über einen Blinden / verspotte nicht einen Zwerg;
> erschwere nicht das Fortkommen eines Lahmen.
> Verspotte nicht einen Mann, der in der Hand Gottes ist,
> und sei nicht aufgebracht gegen ihn, wenn er gefehlt hat.
> Der Mensch ist Lehm und Stroh,
> und Gott ist sein Töpfer.
>
> Er zerstört und er erbaut täglich,
> er macht tausend Geringe nach seinem Belieben,
> er macht tausend Leute zu Aufsehern,
> wenn er in seiner Stunde des Lebens ist.
> Wie freut sich, wer den Westen erreicht,
> wenn er bewahrt ist in der Hand Gottes (col. 24, 9-20).

Die beiden Kapitel 18 und 25 illustrieren einen ganz entscheidenden Unterschied zu den früheren Lehren: Der sog. „Tun-Ergehen"-Zusammenhang, d.h. die Tatsache, daß es dem Menschen gut geht, wenn er der Maat gemäß verfährt, und schlecht, wenn er das nicht tut, ist hier aufgehoben.

> Gottes Wille ist frei, er verfährt nach einer für den Menschen undurchsichtigen Gnadenwahl und bindet sich selbst nicht an die den Menschen gegebene und aufgegebene Weltordnung – sein Wille steht darüber (BRUNNER, Altägyptische Weisheit, 236.)

Auch zu einigen weiteren Kapiteln bzw. Passagen sei noch Stellung genommen. Die eben genannte Freiheit des göttlichen Willens wird auch an anderen Stellen der Lehre betont. Die beiden folgenden Zeilen stehen zunächst in Kapitel 21 und werden anschließend wörtlich in Kapitel 22 wiederholt:

> Wahrlich, Du kennst nicht die Pläne des Gottes,
> und so solltest du nicht weinen wegen des Morgen (col. 22, 5-6 und 23, 8-9).

Zum freien Willen Gottes ist noch immer lesenswert

🕮 Hellmut BRUNNER, Der freie Wille Gottes in der ägyptischen Weisheit, in: Les sagesses du Proche-Orient Ancien, Paris 1963, 103-120.

Mit den ersten Zeilen des 25. Kapitels (col. 24, 9-12) hat sich FISCHER-ELFERT in dem oben erwähnten Beitrag, „Lache nicht über einen Blinden und verspotte nicht einen Zwerg!" ausführlich befasst. Wir haben in dieser Aufzählung den Blinden, den verwachsenen Zwerg, den Lahmen und den Besessenen – letzteres ist der Z. 11 genannte „Mann, der in der Hand Gottes ist".

> Diese vier Exempel physischer wie geistiger Behinderung stehen stellvertretend für sämtliche im alten Ägypten existent gewesenen menschlichen Anomalien. Vielleicht waren sie statistisch die häufigsten (FISCHER-ELFERT, S. 93).

FISCHER-ELFERT fährt anschließend fort:

> Die Ursache für derartige Leiden entzieht sich nach Meinung *Amenemopes* menschlicher Einsicht und Erkenntnisfähigkeit, da sie im freien Willen Gottes, seiner Spontaneität bei Schöpfung und Zerstörung, wurzelt. Ein Urteil in Form einer Verhöhnung eines Teils seiner Geschöpfe steht daher niemandem zu. So wie er den Menschen unterschiedliche soziale Stellungen zuweist, und hierauf zielen die Bezeichnungen „Geringe" und „Aufsichtspersonal", genauso stattet er sie auch mit unterschiedlichen körperlichen und geistigen Eigenschaften und Potenzen aus. Wir dürfen also die Blinden, Zwerge und Lahmen nicht per Analogieschluß mit den „Geringen" gleichsetzen, denn sie haben zumindest bis zu einem gewissen Grad die Chance, in die Elite aufgenommen zu werden.

Zu diesem Gebot, die Behinderten nicht zu verspotten, verweist FISCHER-ELFERT auf die *Satirische Streitschrift* des pAnastasi. Beide Texte sind in der späten Ramessidenzeit entstanden, pAnastasi etwas früher als die *Lehre des Amenemope*. FISCHER-ELFERT zieht daraus den Schluß:

> Wenn wir nun die beiden aus dem Schulunterricht stammenden Texte des *Amenemope* und des Hori zusammen betrachten, dann will es scheinen, als ob gerade die Ramessidenzeit geprägt war durch Spott und Hohn auf Kosten körperlich und geistig Behinderter. Dies mag Zufall der uns vorliegenden Überlieferung sein, kann aber vielleicht in weiterem Rahmen gesehen ein Nebenprodukt oder besser Auswuchs der spezifisch ramessidischen Lachkultur darstellen. Es ist ja die Epoche, in der erstmals in größerer Zahl textliche und bildliche Quellen fließen, die satirischer, ironisierender, travestierender und parodierender Natur und Zielrichtung sind (S. 96).

Das mag durchaus der Fall sein, obwohl man – allgemein menschlich gesehen – davon ausgehen muß, daß Behinderte zu allen Zeiten Gegenstand von Spott und Hohn waren (und sind).

Kapitel 13 behandelt die „moralische Integrität des Menschen auf dem ‚Weg des Lebens'" und ist von

🕮 Hartwig ALTENMÜLLER, Bemerkungen zum Kapitel 13 der Lehre des Amenemope (Am. 15, 19-16, 14), in: Manfred GÖRG (Hrsg.), Fontes atque Pontes. Eine Festgabe für Hellmut Brunner, Wiesbaden 1983 (ÄAT 5), 1-17

behandelt worden (Übersetzung ALTENMÜLLER):

> Erniedrige nicht einen Menschen (mittels) der Binse auf der Buchrolle.
> Das ist ein Abscheu für den Gott.
> Sei kein Zeuge mit falschen Worten
> und schiebe nicht einen anderen mit deiner Zunge beiseite.
> Mache keine Abrechnung für einen Besitzlosen
> und verfälsche nicht deine Binse.
> Wenn du (aber) einen großen Rückstand findest bei einem Armen,
> teile ihn in drei Teile.
> Erlasse zwei, laß einen stehen.
> Du findest es wie den Weg des Lebens:
> Wenn du schläfst, wirst du die Nacht in Ruhe verbracht haben am (kommenden) Morgen.
> Du findest es wie eine schöne Verheißung.
> Besser ist, als Geliebter der Menschen gelobt zu werden,
> als Reichtum im Vorratshaus.
> Besser sind Brote mit zufriedenem Herzen
> als Reichtum mit Kummer (col. 15, 20-16, 14).

In Zusammenhang mit diesem Kapitel können wir nur kurz auf einige Textprobleme eingehen. Die vier letzten Verse erscheinen beinahe wortgetreu am Ende des 6. Kapitels (col. 9, 5-8). Dort geht es um Ackerbau und Besitz vor allem an Getreide. Das hat zu einer Diskussion über die Möglichkeit einer redaktionellen Überarbeitung des Textes geführt, die wir hier außer acht lassen. Klar ist jedenfalls, daß diese Verse sich hier nicht so gut in den Zusammenhang fügen wie in Kap. 6, daher sind sie „als sekundäre Zutat eines späteren Bearbeiters der Lehre des Amenemope [...] zu streichen" (ALTENMÜLLER, S. 9). Bedeutsamer ist die Tatsache, daß der zweite Vers dieses Kapitels die leicht modifizierte Übernahme der Sentenz: „Das ist ein Abscheu für den Ka" aus der *Lehre des Ptahhotep*, v. 160 darstellt und hier nochmals in Kap. 10 (col. 13, 16) belegt ist. ALTENMÜLLER bemerkt dazu:

> In beiden Lehrwerken wird in allgemeiner Form vor falscher Aussage und übler Nachrede gewarnt und zum Einhalten der Wahrheit ermahnt (S. 16).

Der von ALTENMÜLLER durchgeführte Vergleich beider Lehren zeigt die Änderung in Lebenseinstellung und Menschenbild bei *Amenemope* auf:

> Richtet die ältere Lehre des Ptahhotep ihre Anweisungen für die Lebensführung des Menschen an der Maat-gemäßen Eigenverantwortung des Einzelnen aus, so orientiert sich Amenemope am Ende des Neuen Reiches an Gottes Gebot und Gottes Willen, waren für Ptahhotep falsche Behauptungen und böse Reden ‚ein Abscheu für den Ka', so sind diese aus der Sicht des Amenemope ‚ein Abscheu für den Gott'. Damit vermag das umgearbeitete Zitat aus der Lehre des Ptahhotep das gewandelte Menschenbild des Amenemope zu dokumentieren und gleichzeitig das Spannungsverhältnis von Tradition und Innovation bei Amenemope aufzuzeigen" (ALTENMÜLLER, S. 17).

Zum zeitlos aktuellen Generationenkonflikt zitieren wir noch die folgenden Verse (Übersetzung nach SHIRUN-GRUMACH und BRUNNER):

> Gib deine Hand einem Alten, wenn er satt ist vom Bier,
> ehre ihn inmitten seiner Kinder (col. 25, 8-9).
>
> Schmähe nicht einen, der älter ist als du,
> denn er hat Re vor dir gesehen.
> Vermeide, daß man dich vor der Sonne bei ihrem Aufgang anklagt
> mit den Worten: „Ein Junger hat einen Alten geschmäht".
> Das ist sehr schlimm vor Re:
> ein Junger, der einen Alten schmäht (col. 25, 17-26, 1).

Wir kommen nun zu einem Punkt, der eine ganze Lawine an Literatur ausgelöst hat: die Beziehungen der *Lehre des Amenemope* zur biblischen Literatur, speziell zum sog. „Proverbien-Buch" („Buch der Sprichwörter"). Es handelt sich besonders um Prov 22, 17-23, 14; dieser Absatz ist überschrieben: „Neige dein Ohr und höre die Worte von Weisen und nimm zu Herzen meine Lehre".

Am Beginn dieser Lawine steht

🕮 Adolf ERMAN, Eine ägyptische Quelle der „Sprüche Salomos", in: SPAW 1924, 86-93 u. Taf. VI-VIII.

Er zeigte die Parallelen zwischen den beiden Texten auf und bestimmte die Richtung der Übernahme: das hebräische Buch übernahm vom ägyptischen. In der Folgezeit wurde für eine gemeinsame semitische Quelle des ägyptischen und des hebräischen Textes plädiert. 1957 und 1959 lösten zwei Beiträge von Étienne DRIOTON Unruhe aus, da er als ausgewiesener Ägyptologe nunmehr eine gemeinsame semitische Quelle beider Texte konstruieren zu können glaubte. Die von ihm ausgelöste Diskussion wurde nachgezeichnet von

🕮 Jean-George HEINTZ, La sagesse égyptienne d'Aménémopé et le livre biblique des Proverbes, vus par l'égyptologue Étienne Drioton, in: Ktema 14, 1989, 19-29.

Dabei spielte natürlich die – mit diversen Fehlern durchsetzte – späte Haupthandschrift der *Lehre des Amenemope* eine wichtige Rolle. Die Frage der Abhängigkeit wurde endgültig geklärt von

🕮 Ronald J. WILLIAMS, The alleged Semitic Original of the *Wisdom of Amenemope*, in: JEA 47, 1961, 100-106.

WILLIAMS stellte klar, daß das *Buch der Sprichwörter* von der *Lehre des Amenemope* abhängig ist. Die Parallelen zwischen der *Lehre des Amenemope*, den Proverbien und darüber hinaus weiteren alttestamentlichen Texten sind von BRUNNER in der o.g. Übersetzung im Religionsgeschichtlichen Textbuch zum Alten Testament jeweils in den Anmerkungen aufgeführt und zeigen, daß

> in jedem Falle [...] mit weiteren Einflüssen, gerade von bedeutenderen Stellen, auf andere Abschnitte der biblischen Weisheit zu rechnen [ist] (SHIRUN-GRUMACH, TUAT, 224).

Einen Vergleich des ägyptischen und des hebräischen Textes auf lexikalischer Ebene hat

🕮 Antonio LOPRIENO, Amenemope ed i proverbii: un problema di comparazione lessicale, in: Vicino Oriente III, 1980, 47-76

unternommen, der allerdings noch der These SHIRUN-GRUMACHs von der „Alten Lehre" (dazu gleich) folgt; wir begnügen uns daher mit dem Verweis auf diesen Beitrag.

Speziell zur *Lehre des Amenemope* und Prov 22, 17-24, 22 sind zu nennen:

🕮 Diethard RÖMHELD, Wege der Weisheit. Die Lehren Amenemopes und Proverbien 22,17-24,22, Beihefte ZAW 184, Berlin 1989.

🕮 Harold C. WASHINGTON, Wealth and Poverty in the Instruction of Amenemope and the Hebrew Proverbs, Atlanta, Ga. 1994.

Für den größeren Zusammenhang zwischen Weisheit in der Bibel und ägyptischer „Weisheits"-Literatur ist auf

🕮 Nili SHUPAK, Where can Wisdom be found? The Sage's Language in the Bible and in Ancient Egyptian Literature, Fribourg – Göttingen 1993 (OBO 130)

zu verweisen, deren Index zur *Lehre des Amenemope* (S. 491-493) zahlreiche Stellen aufweist, u.a. zum oben zitierten Kapitel 4.

Zur postulierten Abhängigkeit der Proverbien von der Lehre des Amenemope leistet die Dissertation RÖMHELDs den substantiellen Beitrag.

Zunächst ist festzustellen, daß die genannten Kapitel 22, 17-24, 11 dem *Buch der Sprüche* erst zwischen 500 u. 200 v.Chr. hinzugefügt worden sind. Dabei hat der Kompilator die ihm passenden Verse aus der *Lehre des Amenemope* herausgesucht. Dazu zwei Beispiele (Übers. RÖMHELD, BRUNNER):

Amenemope III, 9-10, 13-14	Prov 22, 17-18
	Worte von Weisen:
Gib deine Ohren, höre, was <ich> sage, gib dein Herz, es zu verstehen.	Neige mir dein Ohr zu und höre auf meine Worte, nimm dir meine Lehren zu Herzen!
Gib, daß es im Kasten deines Leibes ruhe, dann wird es eine Schwelle in deinem Herzen sein.	Schön ist es, wenn du sie in deinem Innern bewahrst, sie mögen fest wie ein Zeltpflock auf deinen Lippen haften.

Zum 2. Beispiel vgl. auch IVERSEN, in: ZÄS 123, 1996, 44-45:

Amenemope XIV, 5-10; 14,17-18	Prov 23, 6-8
Begehre nicht nach dem Eigentum eines Abhängigen (≈ Armen) und hungere nicht nach seinem Brot. Die Habe eines Abhängigen bleibt in der Kehle stecken und macht die Gurgel erbrechen.	Iß nicht das Brot eines Mißgünstigen und begehre nicht seine Leckereien, denn wie etwas Grässliches (wörtlich: „Schauder“ /„Sturm“/„Haar“?) in der Kehle, so ist es.
Wenn er sie durch Meineide erwirbt, *dann ist sein Herz durch seinen Leib verführt worden.* Der Mundvoll des Abhängigen, du verschluckst ihn, speist ihn aus, du bist dein Gutes los.	([8a] Deinen Bissen, den du gegessen hast, wirst du wieder erbrechen müssen.) „Iß und trink!“ spricht er zu dir – aber sein Herz ist nicht mit dir. Deinen Bissen, den du gegessen hast, wirst du wieder erbrechen müssen, und du hast deine lieblichen Worte vergeudet.

SHIRUN-GRUMACH hatte versucht, die Entstehung beider Texte mit Hilfe einer älteren Vorlage, die sie „Alte Lehre“ nannte, zu erklären. Dieser Versuch muß nach RÖMHELD als gescheitert angesehen werden:

> Der Proverbienlehrer hatte letztlich Amenemope selbst zur Vorlage. Ob der ägyptische Text ihm im Original oder einer kanaanäisch-hebräischen Übersetzung bzw. Adaption vorlag, ist nicht auszuma-

chen, hat aber für die hier zu verhandelnden Fragen nur untergeordnete Bedeutung (RÖMHELD, S. 113).

Bemerkenswert ist noch eine weitere Feststellung RÖMHELDs:

> Dennoch sucht man vergebens nach jeglichem Echo der persönlichen Frömmigkeit in der Weisheitstheologie der biblischen Lehre. Das in Prov 22, 27ff. vorausgesetzte Weltbild und die Rolle JHWH's darin ignoriert die religionsgeschichtlichen Entwicklungen Ägyptens und führt die entlehnten Stoffe zur (in Ägypten älteren) klassischen Weisheit und ihrem dem Menschen uneingeschränkt offenstehenden Weltbild zurück (S. 183).

Das bedeutet: Der oben erwähnte Tun-Ergehen-Zusammenhang, der in der *Lehre des Amenemope* aufgehoben ist, bleibt im *Buch der Sprichwörter* voll gültig.

> Offensichtlich ist die persönliche Frömmigkeit Ägyptens dem (kanaanäisch-)israelitischen Weisen so fremd geblieben, daß er sich ihrer Botschaft verweigerte, obgleich er ansonsten die Lehre Amenemopes für so wichtig hielt, daß er sie für seine eigenen Zwecke exzerpierte. Aus ägyptologischer Sicht muß dieser Befund recht paradox anmuten: *Die biblische Lehre ist von Amenemope abhängig und damit natürlich historisch jünger als ihre Vorlage, im Rahmen einer ägyptischen Weisheitsgeschichte jedoch erscheint sie als älter!*" (S. 183, Kursive RÖMHELD).

Die Untersuchung von SHIRUN-GRUMACH in MÄS 23 hatte auch den Eindruck erweckt, als sei die *Lehre des Ani* eine wichtige Quelle für die *Lehre des Amenemope* gewesen.

🕮 Joachim F. QUACK, Die Lehren des Ani. Ein neuägyptischer Weisheitstext in seinem kulturellen Umfeld, Fribourg – Göttingen 1995 (OBO 141), 201-203

hat diese Frage näher untersucht und ist wesentlich zurückhaltender in seinem Urteil. Einen Fall möglicher Abhängigkeit handelt er ausführlicher ab, s. die Tabelle auf der folgenden Seite.

Es geht dabei um die „Beschreibung der Verlagerung des Flusses als Bild für die Wandelbarkeit des Lebens" (S. 202). Wörtliche Übereinstimmungen sind gering, gemeinsam ist der Bezug auf die Warnung vor der Gier. Hier könnte – nach QUACK – Amenemope sich an der *Lehre des Ani* orientiert haben, hat aber doch frei umgestaltet.

> Angesichts der ziemlich verschiedenen Grundtendenzen der beiden Lehren ist eine neuschöpferische Aufnahme die naheliegendere Verarbeitung, während eine direkte Übernahme des Textes schwierig ist (Quack, S. 203).

Schließlich sei noch auf die ausführliche Behandlung des Kap. 5 bei

🕮 Pascal VERNUS, Essai sur la conscience de l'Histoire dans l'Égypte pharaonique, Paris 1995, 24-31

hingewiesen, in der es um die Frage der Übersetzung der Z. 6 (*pḥ nn mj jẖ*) bei Amenemope geht: statt „Wie wird das enden?“ argumentiert VERNUS für: „Wie aber dort hingelangen?“

Ani B 21, 6-10	Amenemope VI, 14 – VII, 10 (Kap. 5)
Sei nicht gierig, um deinen Leib zu füllen, Während dein Ende unbekannt ist. Wie etwas Vergängliches/Nicht-Seiendes ist dein Vermögen. Ein anderer könnte dir Gutes erweisen müssen. Der Fluß des Wassers vom Vorjahr ist fortgezogen, Er ist dies Jahr in einem anderen Flußbett. Große Sümpfe wurden zu trockenen Plätzen, Die Ufer wurden zur Tiefe. Ein Mensch bringt es zu nichts. Ein Plan, er wird im Leben durcheinandergebracht.	Unterschlage den Anteil des Tempels nicht, Sei nicht gierig, dann wirst du Überfluß finden. Verdränge keinen Diener des Gottes, Um einem anderen Gutes zu tun. Sag nicht: ‚Heute ist wie morgen‘, Denn wie wird das enden? Morgen ist gekommen, Heute vergeht. Der Strom wurde zur Uferbank. Die Krokodile sind bloßgelegt, die Nilpferde auf dem Trockenen. Die Fische sind zusammengedrängt(?). Die Wölfe sind gesättigt, die Vögel feiern. Die Fischernetze sind voll gefüllt(?). Alle Schweiger des Tempels, Sie sagen: ‚Groß ist die Gunst des Re!‘ Halte dich an den Schweiger, dann findest du das Leben, Und dein Leib wird auf Erden gedeihen.

BRUNNER stellt in der Einleitung zu seiner Übersetzung in der „Altägyptischen Weisheit“ fest:

> Das Menschenbild des Amenemope unterscheidet sich sehr deutlich von dem der Biographien, aber auch der Lehren aus älterer Zeit (S. 236).

In dieser allgemeinen Form behält der Satz seine Gültigkeit. Der mögliche Zusammenhang zwischen Lebenslehre und Biographie war längere Zeit Gegenstand der Diskussion. Man hat die Lebenslehre sogar aus der Biographie herleiten wollen. Mit dieser Vermutung bzw. These hat sich kürzlich

🕮 Karl JANSEN-WINKELN, Lebenslehre und Biographie, in: ZÄS 131, 2004, 59-72

beschäftigt und die beiden Textsorten analysiert. Er kommt zu dem Ergebnis, daß die Entstehung der Lehren in den Prozeß der Entstehung der Literatur zu Beginn des Mittleren Reiches gehört. Einen Einfluß der Biographien weist er als „recht unwahrscheinlich" zurück (S. 72).

3. Kleinere Lehren

Unter dieser Bezeichnung werden im folgenden einige kürzere lehrhafte Texte vorgestellt, die abgesehen von diesem rein äußerlichen Gesichtspunkt noch eine weitere Gemeinsamkeit besitzen: Die Belege stammen alle aus Deir el Medine, die Texte sind offensichtlich im Kreis der dortigen Schreiberpersönlichkeiten entstanden und blieben in ihrer Verbreitung auch auf Deir el Medine und seine Bewohner beschränkt. Darauf wird bei der Erörterung der einzelnen Lehren noch gelegentlich einzugehen sein.

3a. Die Lehre des Amunnacht

Editionen und Übersetzungen:

🕮 Susanne BICKEL et Bernard MATHIEU, L'écrivain Amennakht et son *enseignement*, in: BIFAO 93, 1993, 31-51.

🕮 Andreas DORN, Die Lehre Amunnachts, in: ZÄS 131, 2004, 38-55.

Übersetzungen:

🕮 Hellmut BRUNNER, Altägyptische Weisheit. Lehren für das Leben, Zürich – München 1988, 231-233 (Übersetzung), 473-474 (Anmerkungen).

🕮 William K. SIMPSON, in: William K. SIMPSON (Hrsg.), The Literature of Ancient Egypt. An Anthology of Stories, Instructions, Stelae, Autobiographies, and Poetry, Cairo 2003, 221-222.

G. POSENER signalisierte zuerst im Jahre 1955 die Existenz einer kleineren literarischen Komposition, genauer gesagt ihres Anfangs: „Lehre des Amunnacht", auf einem Ostrakon, das ihm von B. GRDSELOFF gezeigt worden war:

🕮 Georges POSENER, L'exorde de l'instruction éducative d'Amennakhte, in: RdE 10, 1955, 61-72.

Dieser Text galt lange Zeit als verschollen; Anfang der 90er Jahre fanden BICKEL und MATHIEU ihn in einer Privatsammlung wieder und nahmen das zum Anlaß, alle aus der Feder dieses Schreibers Amunnacht stammenden Texte zu publizieren.

Die *Lehre des Amunnacht* war zu diesem Zeitpunkt auf sieben Ostraka erhalten, die untereinander ganz wenige Varianten aufwiesen; das sprach schon nach Ansicht von BICKEL und MATHIEU für eine Verbreitung in unmittelbarer (zeitlicher) Nähe des Autors. Amunnacht ist gut bekannt: Er war Schreiber in verschiedenen Funktionen in Deir el Medine, u.a. „Schreiber des Lebenshauses“, und seine Amtszeit läßt sich vom Jahr 16 Ramses' III. bis zum Jahr 6 oder 7 Ramses' VI., d.h. mehr als 30 Jahre lang belegen.

Man schreibt ihm noch die Verfasserschaft an weiteren fünf, möglicherweise sechs literarischen Werken zu, die ebenfalls auf Ostraka erhalten sind:

Heimweh nach Theben,
ein satirisches Gedicht,
einen Hymnus auf Ramses IV.,
einen Hymnus auf Ramses IV. oder V.,
einen Hymnus auf Ptah(?),
einen Hymnus auf die Ankunft des Königs(?).

Das sind alles Texte, die dem *corpus* der *Late Egyptian Miscellanies* zuzurechnen sind.

Inzwischen hat sich der Textbestand der Lehre durch einen weiteren Ostrakonfund bedeutend erweitert: Im Rahmen der Grabungen im Tal der Könige, die durch Basler Ägyptologen (Projekt MISR: „Mission Siptah-Ramses X.“) durchgeführt werden, legte man in einem ins Tal hinabführenden Wadi in der Nähe des Grabes Ramses' X. auch eine Arbeitersiedlung frei. Diese Siedlung ist gesichert in die Zeit Ramses' IV. zu datieren, also in die Zeit, in der auch unser Amunnacht belegt ist. Unter den zahlreichen Ostrakonfunden befindet sich auch das oKV 18/3.614+627, das einen recht großen Teil des Textes enthält, deutlich mehr, als bislang erhalten war. Insgesamt sind jetzt knapp 80 Verse bekannt.

Dieser bedeutende Fund hatte neben der Erweiterung des Textbestandes auch andere wichtige Konsequenzen: Zum einen wurde es möglich, weitere bislang nicht zuweisbare Ostraka diesem Text zuzuordnen, zum anderen haben sich Vermutungen etwa von BICKEL und MATHIEU oder von POSENER, die in anderen Handschriften die Fortsetzung des seinerzeit bekannten Textbestandes vermutet hatten, nicht bestätigt. POSENER wollte etwa den pChester Beatty IV vso. diesem Text zurechnen. Die folgenden Anmerkungen stützen sich somit vor allem auf die Neuedition DORNs, die Verseinteilung und auch die Übersetzung folgen ihm im Großen und Ganzen.

Die Lehre ist mit Gliederungspunkten versehen, also ein deutliches Zeichen von Poesie (nach MATHIEU „heptametrisch"). Wir lassen die Metrik hier aber außer acht und konzentrieren uns auf den Text, von dem einige Beispiele vorgestellt seien; die vollständige Übersetzung ist bequem bei DORN nachzulesen.

> Beginn der Erziehungslehre,
> Sprüche für den Weg des Lebens,
> die gemacht hat der Schreiber *Jmn-nḫt* für seinen Gehilfen *Ḥr-Mn*.
> Er sagt:
> Du bist ein Mann, der Worte hören soll,
> um Gutes von Schlechtem zu unterscheiden.
> Sei aufmerksam, höre meine Worte,
> und übergehe nicht, was ich dir sage.
> Es ist sehr angenehm, als Mann befunden zu werden,
> der fähig ist zu jeder Arbeit.
> Dein Herz soll werden wie ein großer Damm,
> gegen den die Flut anbranden kann.
> Nimm meine Rede an in all ihren Teilen,
> weigere Dich nicht, sie zu beachten.
> Blicke mit deinen beiden Augen auf jeden Beruf,
> auf alles, was schriftlich abgefaßt wurde.
> Dann wirst du die Tatsache erkennen,
> daß die Worte vortrefflich sind, die ich dir gesagt habe (v. 1-18).
>
> Wende Dich nicht ab von den Worten und Sprüchen der alten Schriften.
> Eine lange/heftige Erwiderung ist nicht am Platz.
> Halte dein Herz ruhig trotz seiner Ungeduld,
> sprich nur, wenn du dazu aufgerufen bist.
> Werde Schreiber und gehe im Lebenshaus umher,
> werde wie eine Bücherkiste (v. 19-24).
>
> Ich will deinen Platz einnehmen, mein Vater, bei deinen *smd.t*,
> wie ein Esel bei seiner Herde.
> Ich bin das Schiff, du bist das Ruder,
> und ich gehe auf dem Weg von jemandem, der auf dich hört.
> Nicht entziehe ich mich deinen Ratschlägen,
> ich bin auf dem Wasser von demjenigen, der dich nennt.
> Mein Herz war gütig und schwach,
> jetzt aber ist es [eingedrungen] in deine Lehre (v. 25-32).
>
> Ich habe die Ratschläge berücksichtigt in der Zeit deines Lebens,

als du meinen Rücken schlugst,
denn angenehmer ist Prügel in der Schule.
Siehe, nützlicher ist es, sie (die Schule) zu vollenden,
als das Riechen der Lotosblüten in der Sommerzeit,
und als Salböl im Grabe (v. 33-38).

Dieser (der Schreiber) ist im Schiff,
während er (der Dummkopf) beim Seil ist,
das über seinem Kopf ist und er zugleich beim Wasser ist,
so daß er eins ist mit den Krokodilen und den Nilpferden (v. 53-56).

Es ist gut zu erkennen, daß wie im Ani, so auch in dieser Lehre Lehrer und Schüler (hier nicht Vater und Sohn!) sprechen, allerdings ist hier von Widerspruch des Schülers nicht die Rede, vielmehr äußert er sich außerordentlich dankbar für die Erziehung, einschließlich der eingesteckten Prügel!

Nach Ansicht von BICKEL und MATHIEU ist der anfangs genannte *Ḥr-Mn* im übrigen der Sohn eines Schreibers namens Hori, der seinerseits ein Kollege des Amunnacht war. Dieser Hori wiederum hat nach dem Tode des Amunnacht für einen von dessen Söhnen eine „Erziehungslehre" geschrieben; diese ist auf dem oGardiner 2 erhalten (s. dazu weiter unten).

Schon BICKEL und MATHIEU hatten wie erwähnt aufgrund der Tatsache, daß diese Lehre ausschließlich auf Ostraka und in einem zeitlich recht eng begrenzten Raum belegt ist, die Vermutung geäußert, daß der Text nur im engeren Umfeld des Schreibers Amunnacht Verbreitung gefunden hatte. Dies wird nun von DORN nachdrücklich bestätigt. Für 11 von 18 Textzeugen ist der Herkunftsort Theben-West gesichert, neun davon stammen aus Deir el Medine, zwei aus dem Tal der Könige. Auch die übrigen Ostraka stammen mit sehr hoher Wahrscheinlichkeit aus Theben-West. Der Fundort Tal der Könige zeigt im übrigen, daß wir es hier mit einer eins-zu-eins Lehrer-Schüler-Situation zu tun haben: Im Tal hat ja mit Sicherheit keine Schreiberschule existiert, der Lehrer und sein Schüler hielten sich dort zur Arbeit auf und nebenher wurde der Schüler unterrichtet.

Beim genaueren Betrachten des Textes fällt ein weiteres Phänomen ins Auge: Nicht wenige Textstellen lassen Bezüge zu anderen Texten erkennen. Diese Intertextualität beschränkt sich im Großen und Ganzen auf Texte, die im gleichen sozio-kulturellen Umfeld beheimatet sind, die Mehrzahl der Parallelen ist also in den *Late-Egyptian Miscellanies* zu finden. DORN hat sie dankenswerterweise zusammengestellt (S. 52-54).

Vor allem eine Stelle fällt allerdings deutlich aus dem Rahmen: Es ist v. 27: *jnk p3 jmw mntk p3 ḥmw* „ich bin das Schiff und du bist das Ruder". Sicher zu Recht hat man hierin schon längst eine Anspielung auf den *Beredten Bauern* gesehen, wo es (B 198) heißt: *ntk ḥmw n t3 r-ḏr=f* „du bist das Ruder des ganzen Landes". Dieses Phänomen, d.h. Anspielungen auf Texte auch des MR, ist auch in diesen „kleinen" Lehren immer wieder zu belegen.

Wir möchten hier eine weitere mögliche Anspielung zur Diskussion stellen: V. 36-38 lauten:

Siehe, nützlicher ist es, sie (die Schule) zu vollenden,
als das Riechen der Lotosblüten in der Sommerzeit,
und als Salböl im Grabe.

Ägyptisch sieht das folgendermaßen aus:

ptr 3ḫ mnq sw
r ḫnm sšn m tr n šmw
r qmj.t m js

Man vergleiche hierzu (formal, nicht inhaltlich!) das erste Lied des Mannes aus dem *Lebensmüden*, eine Passage kann als Beispiel genügen:

mk b3ḥ rn=j
mk r stj 3pd.w
r bw3.t nt trj ẖr msj.wt
Siehe, mein Name ist anrüchig,
siehe, mehr als der Gestank von Geflügel,[7]
mehr als ein Sumpfdickicht voll von Wasservögeln.

Eine weitere dieser „kleinen" Lehren ist die als nächste zu besprechende:

3b. Die Lehre des Menena

Edition:

🕮 Jaroslav ČERNÝ – Alan H. GARDINER, Hieratic Ostraca I, Oxford 1957, pl. 78-79.

---

[7] Bzw., folgt man einer anderen Auffassung:
mk b3ḥ rn=j m-ˁ=k
r stj 3pd.w ...
Siehe, mein Name ist anrüchig vor dir,
mehr als der Gestank von Geflügel ...

Übersetzung:

🕮 Waltraud GUGLIELMI, Eine „Lehre" für einen reiselustigen Sohn (Ostrakon Oriental Institute 12074), in: WdO 14, 1983, 147-166.

Einzelbeiträge:

🕮 Christian STURTEWAGEN, Gianni TRABACCHIN, Franca M. VACANTE, A Few Additions to oChicago 12074, in: Discussions in Egyptology 1, 1985, 47-50.

🕮 Hans-Werner FISCHER-ELFERT, Literature as a Mirror of Private Affairs. The Case of *Mnn3* (i) and his Son *Mrj-Sḫm.t* (iii), in: Andreas DORN, Tobias HOFMANN (eds.), Living and Writing in Deir el-Medine. Socio-historical Embodiment of Deir el-Medine Texts, Basel 2006 (Aegyptiaca Helvetica 19), 87-92.

Dieses Ostrakon weist äußerlich eine Reihe von Besonderheiten auf, durch die es sich von der Masse dieser Textquellen abhebt: Mit 27 Textzeilen ist es sehr umfangreich; die Besonderheit dabei ist, daß es nicht nur auf der Vorder- und Rückseite, sondern auch auf dem Rand beschriftet wurde, ein Verfahren, das nur sehr selten belegt ist. Es ist in Briefform abgefasst und punktiert.

Übersetzung (nach GUGLIELMI):

Der Zeichner Menena sagt zu seinem Sohn und Gehilfen, dem Schreiber *P3j-jrj*:[8]
Vorhergesagt wurde dir der Sturm, bevor er gekommen war,[9]
mein Schiffer elend im Landen.
Ich habe alle möglichen Worte vorgelegt [sic]
vor dich, siehe – du hast nicht gehört.
Ich habe (dich) über jeglichen Weg unterrichtet,
auf dem das Krokodil im Gestrüpp (lauert).

Aber du bist gegangen, ohne daß du Sandalen hattest,
kein Dornenstich wird dich zurückbringen.
Ich habe dich mit allem versorgt, was Leute (sich) wünschen.
Nicht habe ich zugelassen, daß du sagtest: „Ach hätte ich doch!", nächtens,
indem du lagst und dich wälztest.

Du hast die Wanderlust der Schwalbe

---

[8] Der Sohn heißt auch *Mrj-Sḫm.t*, er ist als Übeltäter bekannt, vermutlich unter Ramses III. oder IV.

[9] Zitat aus dem „Schiffbrüchigen" ohne Einleitung, in „modernisierter" Form.

und ihrer Jungen.
Du hast das Delta in einer großen Umdrehung erreicht,
du hast dich mit den Asiaten vermischt,
du hast Brot mit deinem Blut (vermischt) gegessen.
Du hast keinen Verstand im Leib,
Verdrehter, Herumtreiber des Meeres!
Ich berichte über dich, daß ich dich rette:
Du bist gekommen und eingetreten in deine Stadt,
du hast Wasser für deinen Stein geholt.
Ich habe in meinem Herzen gesagt: „Er kennt nicht (mehr) die Worte,
die ich früher gesagt habe".
Ich will (sie) nochmals wiederholen:

Das folgende ist nicht ganz klar; Fortsetzung auf Verso, Zeile 2:

„Wenn ein Sohn auf den Vater hört,
ist es eine großartige Lehre für die Ewigkeit", sagt man.[10]
Aber sieh, du hast nicht auf eine Unterweisung gehört,
die ich dir früher gesagt habe.
Du hast dich abgewendet und bist ohne mein Wissen weggegangen,
du bist ins Schilfmeer eingedrungen,
du bist frei weg losgezogen,
um die Meerestiefe zu rauben,
du bist auf dem Wasser deiner Fahrt.
Wer wird zum *Kalasiris* sagen:
„Geh fort von Wasser und Wellen!"?
Siehe, du bist in die Unterwelt und die Tiefe eingetaucht,
<ich> kenne nicht die Weise, dich zu retten. ...
Du bist in der Weise dessen, der sagt:
„Du kannst (mich) töten,
man hat meine Esel gestohlen,
man hat die Klagen aus meinem Munde geraubt".[11]
Du bist gerupft, deine Sachen sind weggenommen,
du bist hilflos vor mir,

---

[10] Wohl ein auf Ptahhotep zurückgehendes „geflügeltes Wort", eine sinngemäß angeführte Stelle, die wohl in der Umgangssprache in Gebrauch war, vgl. pPrisse 556f.: „Wie gut ist es, wenn ein Sohn auf seinen Vater hört; wie freut sich der, zu dem solches gesagt wird"; auch 534: „Trefflich ist das Hören für einen Sohn, der hört".

[11] Zitat aus der *Bauerngeschichte*, ausnahmsweise eingeleitet; zur seltenen Kenntlichmachung s. Hellmut BRUNNER, Studien zu altägyptischen Lebenslehren, 108; Ulrich LUFT, in: ZÄS 99, 1973, 108. Das Zitat weicht etwas ab, aber Inhalt u. dreiteiliges syntaktisches Gefüge sind beibehalten.

andere Hilflosigkeiten haben sich vergrößert, nach (Deinem) Handeln
ohne mein Wissen.

Siehe, dreh' dich um, um meine Worte zu überprüfen,
du wirst meine Ratschläge wirkungsvoll finden.[12]
Gib dein Herz hin zum Hören der Lehre,
um alle meine Ratschläge auszuführen.
Ich lasse dich alles vergessen,
Du wirst wie eine *wnb*-Blume (werden).

Der Schlußsatz lautet:

„Bewahre meinen Brief auf, daß er dir ein Zeugnis sei!"

Die Einordnung des Textes ist schwierig. GUGLIELMI bemerkt dazu:

> Was seinen Inhalt angeht, so bildet es in vielerlei Hinsicht ein singuläres Werk. Es beschreibt m.W. als einziger Text in Ägypten eine Blutsbrüderschaft zwischen einem Ägypter und *ꜥ3mw*-Asiaten. Zugleich ist es auch der einzige Brief, der aus mehreren klassischen Literaturwerken zitiert. So enthält er nicht nur das einzige Zitat, das aus der Geschichte vom Beredten Bauern überliefert ist,[13] sondern auch eines der bislang entdeckten Zitate aus dem ‚Schiffbrüchigen' und eine Reminiszenz an Ptahhoteps ‚Lob des Hörens' (S. 147).
> Falls es sich um einen literarischen Brief handelt, einer Interpretation, der ich zuneige, ist auch der Gedanke an eine ironische Verwendung der Zitate nicht auszuschließen [...] Wie man den Brief auch interpretiert, die Verwendung der Zitate weist auf jeden Fall auf eine Verbindung zur Didaktik hin, denn sowohl das Schiffbrüchigen-Zitat unmittelbar am Briefbeginn wie das aus dem „Beredten Bauern" bedeuten ein spielerisches Urteil. Es basiert wiederum auf dem schillernden Spiel des Verstehens, das zwischen Vater und Sohn (oder Leser) hin- und herläuft (S. 151).

Zu den beiden Lehren bemerkt

🕮 John BAINES, Classicism and Modernism in the Literature of the New Kingdom, in AEL, 167 (Übersetzung THISSEN):

> Der Gebrauch der Vergangenheit und das Gefühl, in eine literarische Tradition zu gehören, kann in zwei vermutlichen Produkten der Gemeinschaft in Deir el Medine beobachtet werden.
> Das erste Produkt ist die „Lehre des Amunnacht", der fast sicher mit dem Schreiber der Nekropole in der Mitte der 20. Dyn. identifiziert werden kann. Dieser Text, der durch 5[sic!] Kopien auf Ostraka bekannt ist, scheint ein bescheidenes Werk zu sein, das für den unmit-

---

12 Zu diesem Satz vgl. die Lehre des Amunnacht.

13 Das ist durch die Lehre des Amunnacht inzwischen widerlegt, s. weiter oben.

> telbaren lokalen Gebrauch bestimmt war. Als solches steht es in Kontrast zu den zentripetalen Klassikern des Mittleren Reiches und zu anderen literarischen Werken, von denen fast alle zur allgemeinen Hoch-Kultur-Tradition gehören. Es ist, als ob das Neuägyptische Möglichkeiten kleineren Maßstabs für literarische Kompositionen eröffnete; aber für andere Gemeinschaften würde eine geringe Chance bestehen, einen solchen Text zu finden.
> Das zweite Produkt ist die „Lehre des Menena für seinen Sohn", durch ein einziges, elaboriertes Ostrakon der 20. Dyn. bekannt. Auch dies scheint eine lokale Komposition, da Leute genannt werden, die auch sonst aus Deir el Medine bekannt sind. Vom Genre her weist der Text Verbindung mit dem Material der „Miscellanies" auf, aber das eindrucksvollste Merkmal ist die Präsenz zweier wahrscheinlicher Zitate, eines leicht verschleiert und eines als Zitat eingeführt, aus dem „Schiffbrüchigen" und dem „Beredten Bauern".
> Diese beiden Texte sind ansonsten von NR-Manuskripten nicht bekannt und können als aus dem Strom der Tradition verschwunden gedacht werden. Die Anwesenheit solcher Anspielungen in einer Gemeinschaft, die keinen weiteren Beweis für die Kenntnis dieser Texte hervorgebracht hat, unterstreicht die Schwierigkeit, ein Modell für das Ausmaß der literarischen Tradition zu erstellen. Diese Texte wurden offenbar nicht im Rahmen der Schreiberausbildung benutzt, wie man aus zahllosen Kopien weniger Klassiker weiß, sondern sie waren vielleicht unter den gebildeten Mitgliedern der Gemeinschaft bekannt: dahinter mag die Absicht gesteckt haben, daß Anspielungen ganz offensichtlich waren, den meisten lokalen Zuhörern dürfte jedoch der background unklar geblieben sein.

Zum gleichen Schluß kommt auch

🕮 Hans-Werner FISCHER-ELFERT, Representations of the Past in New Kingdom Literature, in: „Never Had the Like Occurred". Egypt's Views of the Past, ed. John TAIT, London 2004, 119-137.

Dieser Beitrag war schon einleitend genannt worden. Ergänzend zu den Bemerkungen von BAINES ist hier die Überlegung FISCHER-ELFERTs zu erwähnen, daß (Übersetzung BURKARD)

> die Notwendigkeit für die Abfassung einer didaktischen Abhandlung möglicherweise deshalb provoziert wurde, weil die Adressaten die Prinzipien und sozialen Normen der Zeit vernachlässigten. Das mag auch die Erklärung dafür sein, daß sehr persönliche Texte wie die des Amunnacht und des Menena nicht Eingang in den „literarischen *mainstream*" zukünftiger Generationen fanden (S. 123).

3c. „The Prohibitions“

Editionen:

🕮 Jaroslav ČERNÝ – ALAN H. GARDINER, Hieratic Ostraca I, Oxford 1957, pl. I.

🕮 Fredrik HAGEN, The Prohibitions: A New Kingdom Didactic Text, in: JEA 91, 2005, 125-164.

Übersetzungen:

🕮 Alan H. GARDINER, A New Moralizing Text, in: WZKM 54, 1957, 43-45.

🕮 Hellmut BRUNNER, Altägyptische Weisheit. Lehren für das Leben, Zürich – München 1988, 215-217 (Übersetzung), 469-470 (Anmerkungen).

Diese Lehre wurde bislang üblicherweise unter dem ihr von GARDINER verliehenen Titel „A New Moralizing Text“ zitiert. GARDINER hatte sich bei seiner Bearbeitung lediglich auf das oPetrie 11 stützen können, das insgesamt 17 mehr oder weniger vollständig erhaltene Zeilen enthält. Kürzlich hat Fredrik HAGEN eine komplette Neuedition unter Einbezug aller bekannten Belege unter dem Titel „The Prohibitions“ vorgelegt (s.o.). Er konnte darin die Zahl der Ostraka – der Text ist ausschließlich auf Ostraka belegt – auf fünf erhöhen und den Textbestand auf nunmehr 40 (ebenfalls großenteils unvollständige) Zeilen erweitern, die er aus formalen Gründen in die fünf Abschnitte A-E gliederte. Wir übernehmen hier den von ihm gewählten Titel „The Prohibitions“.

Der Text besteht aus kurzen, meist nur eine Zeile füllenden Maximen, die – wie bereits GARDINER zu Recht feststellte – an die spätere *Lehre des Anchscheschonqi* oder diejenige des pLouvre 2414 erinnern. Wohl alle Anweisungen sind Verbote und werden mit dem negativen Imperativ (*jmj=k*) eingeleitet: „Tu nicht ... !“. Vier der fünf Belege sind stichisch geschrieben, in dieser Zeit (s.u.) eine sehr seltene Ausnahme (s. HAGEN, S. 153).

Ein weiteres Ostrakon (oBM EA 5631) enthält den Beginn einer Lehre mit der im Neuen Reich für die *Lehre des Ani* und die des *Amunnacht* belegten Einleitung „Anfang der Erziehungslehre ...“ (*[ḥȝ.tj-]ꜥ m sbȝj.t mtr.t*) und einer ersten Anweisung, die ebenfalls mit *jmj=k* eingeleitet wird. Möglicherweise handelt es sich also um den Beginn unserer Lehre.

Einige Textproben (Übersetzung in Anlehnung an und Einteilung von HAGEN):

(A9) Bereite dich nicht am heutigen Tag auf das Morgen vor, ehe es gekommen ist, denn das Gestern ist nicht wie das Heute in der Hand (wörtl. „auf den Armen“) Gottes.
(A10) Verhöhne nicht einen alten Mann oder eine alte Frau, wenn sie gebrechlich werden, damit sie nicht über dich [spotten?] am Beginn deines (eigenen) Alters.
(A11) Sättige dich nicht allein, wenn deine Mutter eine Besitzlose ist; siehe, es wird gehört werden [von allen(?)].
(A12) Mache nicht gerade, was krumm ist, aber tue, was gewünscht wird(?). Jedermann wird seinem Charakter entsprechend wie ein Glied von ihm geleitet.
(A13) Prahle nicht mit deiner Kraft, wenn du ein junger Mann bist; der morgige Tag wird dir als Speichel auf deiner Lippe gefunden werden.
(A14) Nimm keinen großen Bissen vom Königsbesitz, hüte dich davor, dich(?) zu verschlucken [...].
(A15) Laufe nicht einfach im Königspalast l.h.g. herum, an der Türe [...].

(C1) Verweichliche nicht deinen Körper, wenn du jung bist; Lebenskraft entsteht durch seine (= deine) beiden Hände, Nahrung durch die beiden Füße.
(C2) Prahle nicht mit Besitz, der dir nicht gehört; beim nächsten Mal kommt es zum Stehlen und Übertreten von Geboten.
(C3) Bausche kein Vergehen auf, das sich als unbedeutend entpuppt; man hat schon einen Mast wie einen Fuß liegen gesehen.
(C4) Bausche kein kleines Vergehen auf, daß es nicht groß werde; es ist der Schiffebauer, der es wie einen Mast aufstellt.
(C5) Plane nicht für morgen, bevor es gekommen ist; es ist Heute, bis der morgige Tag kommt.
(C6) Ignoriere nicht deine Nachbarn in den Tagen ihrer Not, sie werden um dich sein im [Augenblick deiner Not (?)].
(C7) Feiere kein Fest ohne deine Nachbarn, sie werden trauernd um dich sein am Tage des Begräbnisses.
(C8) Prahle nicht mit Getreide am Tage des Pflügens; man wird [es] auf der Ten[ne] sehen.
(C9) Sei nicht dickköpfig im Kampf mit deinen Nachbarn, deine Helfer [werden fallen(?) ...]

Alle Ostraka stammen aus der Ramessidenzeit und aus Deir el Medine. Die genaue Entstehungszeit ist mit HAGEN schwer zu ermitteln, doch ist sein Ansatz in die 19. Dynastie insgesamt plausibel. Die nunmehr feststehende Mehrfachüberlieferung des Textes zeigt zudem, daß es sich hier in der Tat um eine Komposition eigenen Rechts handelt und nicht nur um eine zufällige Sammlung von Verboten. Bei genauerem Hinsehen zeigt sich auch, daß durchaus thematische Gruppierungen zu erkennen sind, etwa in C3 und C4 die Bilder von der Schifffahrt. Wie die oben behandelten Lehren des *Amunnacht* und des *Menena* und einige der im folgenden zu besprechenden kleineren lehrhaften Texte sind *The Prohibitions* sicher im Umfeld von Deir el Medine entstanden und wohl auf diese Region beschränkt geblieben.

3d. Kleinere lehrhafte Texte

Die im folgenden vorzustellenden Texte sind jeweils nur in einer einzigen Quelle belegt und meist unvollständig. In Anbetracht ihrer Kürze werden jeweils komplette Übersetzungen gegeben.

1. Verwünschung eines „Heißmauls"

Dieser kurze Text ist auf dem oLeipzig 8 erhalten.

Edition:

🕮 Jaroslav ČERNÝ – ALAN H. GARDINER, Hieratic Ostraca I, Oxford 1957, pl. VII, 5.

Transkription und Übersetzung:

🕮 Hans-Werner FISCHER-ELFERT, Literarische Ostraka der Ramessidenzeit in Übersetzung (KÄT [9]), Wiesbaden 1986, 8-12.

(Übersetzung von FISCHER-ELFERT):

(1) Auf, geh du zum Osten, du Heißmaul (*šm-r3*)!
(2) Nicht sollst du zurückgeholt werden, sondern angehören dem küh len Schatten
(3) in der Zeit des Winters.
(4) Du sollst angehören dem heißen Winkel
(5) in der Zeit des Sommers.
(6) Nicht sollst du zurückgeholt werden, nicht sollst du zurückgeholt werden,
(7) Heißmaul, nicht sollst du zurückgeholt werden.
Der Schreiber ist es, Amenemhet, der sich nach dem Amuntempel sehnt(?)

Es geht um den „Heißen", der in der *Lehre des Amenemope t3-r3* heißt, und der hier zum Osten gewünscht wird.

Damit ist der ihm gebührende Lebensraum gemeint. In der *prj.t*-Jahreszeit soll ihm die ohnehin spärliche Sonnenwärme vorenthalten werden, in der heißen *šmw*-Zeit soll er, der Sonne ausgesetzt, in einem glühenden Winkel schmoren (FISCHER-ELFERT, S. 9).

2. Die Lehre des oGardiner 2

Dieser Text ist auf dem oGardiner 2, nunmehr oAshmolean 0002, erhalten.

Edition:

🕮 Jaroslav ČERNÝ – ALAN H. GARDINER, Hieratic Ostraca I, Oxford 1957, pl. VI, 1

Transkription und Übersetzung:

🕮 Hans-Werner FISCHER-ELFERT, Literarische Ostraka der Ramessidenzeit in Übersetzung (KÄT [9]), Wiesbaden 1986, 1-4.

Übersetzung:

🕮 Susanne BICKEL et Bernard MATHIEU, L'écrivain Amennakht et son *enseignement*, in: BIFAO 93, 1993, 49-51.

(Übersetzung von FISCHER-ELFERT):

(1) Anfang in der Erziehungslehre,
(2) die der Schreiber Hori verfaßt hat, der zu [...] sagt:
(3) Setze dein Herz an die Schriften, gar sehr, sehr,
(4) (an) das erfolgreiche Amt für den, der es ausübt.
(5) Als dein Vater unter den Gottesworten war,
(6) wurde er begrüßt auf dem Weg.
(7) Er war in guter Verfassung infolgedessen, es waren Jahre wie Sand,
(8) indem er ausgestattet war zu seiner Zeit auf der Erde,
(9) bis er zum Westen gelangte.
(10) Werde Schreiber, daß du so werdest wie er,
(11) damit dir Reichtümer zahlreich vorhanden sind zu deiner [Zeit(?)]
(12) Dein [Schritt(?)] sei [...].
(13) Dein Name werde so wie sein Name.
(14) Mögest du einnehmen [den Platz(?)] deines Vaters, ohne [...],
(15) damit es dir gut gehe auf der Erde (= zu Lebzeiten).

FISCHER-ELFERT beschreibt den Inhalt des Textes wie folgt:

Der Lehrer Hori ermahnt seinen (ungenannten) Gehilfen oder Schüler, den Vater als Vorbild nachzuahmen und seine Stelle bei den ‚Gotteswortenʼ einzunehmen, was zum Standardrepertoire der Weisheitsliteratur zählt (S.11).

Hinsichtlich Thematik und Phraseologie verweist FISCHER-ELFERT auf die *Late-Egyptian Miscellanies*.

Von BICKEL und MATHIEU stammt die weiter oben bereits erwähnte Vermutung, der Schreiber Hori könne der Vater des Horimin sein, den Amunnacht in seiner Lehre anspricht. Sie vermuten ferner, daß Hori in der vorliegenden Lehre den Sohn des Amunnacht anspricht, m.a.W.: hier haben zwei Schreiber jeweils eine Lehre für den Sohn ihres Kollegen geschrieben – eine interessante Variante der traditionellen Vater-Sohn-Lehre.

3. Danksagung und Dialog zwischen Schüler und Lehrer

Dieser Text ist insofern von besonderem Interesse, als hier offenbar ein Wechselgespräch zwischen Vater und Sohn vorliegt. Damit erinnert er an den letzten Teil der *Lehre des Ani* und den dortigen Dialog zwischen Vater und Sohn. Im Unterschied zum *Ani* sind die einzelnen Redeabschnitte hier allerdings erheblich kürzer.

Editionen:

🕮 Georges POSENER, Catalogue des ostraca hiératiques littéraires de Deir el Médineh, Le Caire 1951 (DFIFAO 18), p. 30, pl. 50, 50a.

🕮 Hans-Werner FISCHER-ELFERT, Lesefunde im literarischen Steinbruch von Deir el-Medineh, (KÄT 12), Wiesbaden 1997, 10-16.

Der vollständige Text lautet in der Übersetzung und Verseinteilung FISCHER-ELFERTs:

1) [... (Belehrung (o.ä.))]
2) [(*Sohn:*) ... (?)]
3) als/seit [... ich hörte(?)] deine Lehre.
4) Deine Worte sind [perfekt (o.ä.)].
5) Süßer sind sie als Honig,
6) [seit (o.ä.)] ich in sie eingedrungen bin,
7) ohne daß meine Ohren (schon) *geöffnet gewesen wären,
8) als ich [noch ein Kind] war.
9) <Ich> gab mich ihnen gänzlich hin, als ich [erkannte]:
10) ‚Wie gut ist der dran, [der auf sie hört (o.ä.) ...]
11) [...]
12) [...]
13) [und du] mir andere (Sprüche) zitiertest [...]
14) (*Vater:*) [Was] soll das, du Sohn (?) ... (?) [...]?
15) Er soll [sagen(?)]: ‚Das Denkmal eines Mannes (von Rang) ist [sein] Charakter'.

16) Du kannst nicht das Wesen deines Vaters einholen
17) [durch Hin-] und Hergehen*, durch Ungeschicklichkeit,
18) wenn du ver[pflichtet bist (o.ä.)] <zu> irgendwelchen Arbeiten.
19) (*Sohn:*) Ich bin geworden [zu einem (?)] ‚Mein Herz ist nicht in meinem Leibe'.
20) Ich denke über die Sprüche nach, die du verfaßt hast.

FISCHER-ELFERT bemerkt (S. 16) abschließend zu diesem Text, daß im Gegensatz zur *Lehre des Ani*, wo der Sohn seine Entgegnung „mit äußerst ungewohnter Verve" vortrage, der anonyme Eleve des vorliegenden Textes „in geradezu preußischer Lobhudelei" die Belehrung durch den Vater verinnerliche.

4. Der Streit zwischen Kopf und Leib.

Dieser Text ist eine Fabel, eine in Ägypten bislang kaum belegte Textgattung. Da aber jede Fabel auch belehren will, wurde sie hier bei den „kleineren lehrhaften Texten" aufgenommen.

Edition:

🕮 Jesus LOPEZ, Ostraca ieratici N. 57450-57568. Tabelle lignee N. 58001-58007, Catalogo del Museo Egizio di Torino, Seria seconda: Collezioni, Vol. III, fasc. 4, Milano 1984, 50-51. tav. 184. 184a.

Übersetzungen:

🕮 Emma BRUNNER-TRAUT, Altägyptische Märchen, München 1963 (Erstauflage), Nr. 18.

🕮 Frank KAMMERZELL, Vom Streit zwischen Leib und Kopf, in: TUAT III, 5, Gütersloh 1995, 951-954.

Der Textträger ist hier eine hölzerne Schreibtafel, Tabella Torino N. 58004, deren Herkunft unbekannt und die nur noch zur Hälfte erhalten ist. Die Zeichnung bei LOPEZ (S. 50) gibt den heutigen Zustand und die Maße mit 35 cm Breite und 9,5 cm Höhe wieder, d.h. die vollständige Tafel war doppelt so hoch und kam den durchschnittlichen Papyrusmaßen nahe. Es sind acht hieratisch und mit schwarzer Tinte geschriebene Zeilen sichtbar, die durch – teilweise willkürlich gesetzte – Gliederungspunkte unterteilt sind. Der Text wird an das Ende der 20. Dynastie datiert und gehört offenbar in den Bereich der Schreiberausbildung, in dem solche Tafeln benutzt wurden.

Diese Fabel, die in vielen Fassungen in der Weltliteratur verbreitet ist, folgt hier in einer Übersetzung des erhaltenen Textes, die bisweilen von BRUNNER-TRAUT und KAMMERZELL abweicht; KAMMERZELLs Übersetzung des femininen ägyptischen Wortes *ẖ.t* „Leib" mit „Leibin" haben wir nicht übernommen.

(1) Richterliche Entscheidung zwischen Leib und Kopf bis zur Lösung, die man traf, und die Verkündung ihres Status – wer nämlich das ... Oberhaupt von ihnen sei – vor dem Gerichtshof der Dreißig, mit der Folge, daß man den
(2) Unrechthabenden entlarvte. Sein [*wessen?*] Auge weinte (solange), bis man die Ordnung (Maat) des Gottes wiederherstellte, (denn) sein Abscheu sind Fälle unrechten Verhaltens. Der Leib sagte, der Kopf sei
(3) <sein> Zweit(rangig)er. Seine Stimme [kreischte?] schrill: „Was mich betrifft – ich bin die Säule des ganzen Gebäudes, bin der, der die Stützen leitet, und der, der die Stützen anschirrt; sämtliche Glieder stü[tzen sich]
(4) frohgemut auf mich. Sind die Glieder frohgemut, sind sie auch vernünftig. Der Nacken sitzt fest unter dem Kopf, mein Auge blickt in die Ferne, [die Na]se
(5) atmet und zieht Luft ein, das Ohr ist geöffnet und hört, der Mund ist sprechfähig und findet seine Antwort, <meine> Arme sind tüchtig und arbeiten.
(6) (Jetzt) kommt jemand, der anmaßend und dessen Herz hochmütig ist, weil er die Vornehmen für Geringe ansieht. Ich bin erfüllt von Ord[nung (Maat)], obwohl [die Misere]
(7) durch ihn [auf mir lastet]. Zerstückelt oder zerschlagt mich nicht, denn nur zusammen wirken alle Glieder! Ich bin <ihr Fürst> und das Oberhaupt ihre<r> Geschwisterschaft, [...]
(8) gänz[lich unrecht hat der, der zu ihm gesagt hat: ‚Kopf' (mit dem) Mund(??). Es ist nicht seine Verfehlung. Man soll mich das Oberhaupt nennen, (denn) ich bin es, die am Leben erhält [...]

Der gravierendste Unterschied zwischen den Übersetzungen BRUNNER-TRAUTs und KAMMERZELLs besteht in Z. 3: BRUNNER-TRAUT läßt ab dort den Kopf sprechen, obwohl hinter dem folgenden *r3* das Suffix =*s*, also „ihr Mund" (bezogen auf *ẖ.t*) steht. Wir sind mit KAMMERZELL der Meinung, daß der erhaltene Text zum Plädoyer des Leibes gehört (und haben deshalb in der deutschen Übersetzung die femininen Bezüge auf *ẖ.t* durch in <> gesetzte maskuline ersetzt). Auch Z. 8 ist unklarer als die anderen; beide Übersetzer haben Probleme mit dem exakten Text. Dennoch dürfte die Tendenz klar sein:

> Der Körper steht als Symbol für ein Gemeinwesen [...] (Volk, Staat [...]), die einzelnen Glieder und ihre Funktionen für Individuen, Gruppen oder bestimmte Institutionen und ihre Rollen in der Gesellschaft. Der realweltliche Widerstreit zwischen Partikularinteressen und ‚Gemeinwohl' wird metaphorisch repräsentiert durch die Ausein-

> andersetzung in der fiktionalen Welt des Literaturwerks (KAMMERZELL, S. 951).

BRUNNER-TRAUT weist darauf hin, daß nicht erst Livius durch den Konsul Menenius Agrippa die Fabel erzählen läßt, sondern zuvor auch der griechische Fabeldichter Äsop das Thema in eine seiner Fabeln kleidet. Zum Vergleich seien im folgenden daher Übersetzungen des griechischen und des lateinischen Textes vorgestellt.

1. Äsop fab. 132 (Adolf HAUSRATH - Herbert HUNGER, Corpus fabulorum Aesopicarum, Leipzig 1970, Übersetzung THISSEN)

> Magen und Füße stritten sich über ihre Stärke. Jedesmal, wenn die Füße behaupteten, sie verfügten über soviel mehr an Stärke, daß sie sogar den Magen trügen, gab jener zur Antwort: „Aber, ihr da, wenn ich keine Nahrung zu mir nähme, könntet ihr nichts tragen!"

2. Livius II 32, 8-12 (Übersetzung THISSEN):

> Somit beschloss man also, daß der Unterhändler Menenius Agrippa zur Plebs geschickt werde, ein redegewandter Mann, der noch dazu beim Volk beliebt war, weil er aus ihm stammte. Man sagt, daß dieser, nachdem er ins Lager geschickt worden war, nichts anderes als folgende Worte auf jene alte und drastische Weise erzählt habe:
> In einer Zeit, in der im Menschen nicht wie heute alle Glieder einträchtig gewesen seien, sondern die einzelnen Glieder jeweils ihren eigenen Plan und ihre eigene Stimme hatten, hätten sich die übrigen Teile entrüstet, daß alles durch ihre Sorge, Mühe und Dienst für den Magen zusammengesucht werde, der Magen aber in der Mitte ruhe und nur die ihm gegebene Lust genieße. Darauf hätten sie sich verschworen, daß die Hand die Speise nicht zum Mund führen, und weder der Mund das Gegebene annehmen, noch die Zähne es zerkauen sollten. Während sie den Magen durch Hunger bändigen wollten, sei es durch diesen Zorn zur äußersten Entkräftung der einzelnen Glieder selbst und des ganzen Körpers zusammen mit dem Magen gekommen. Daher sei es deutlich geworden, daß auch der Dienst des Magens nicht träge sei und nicht mehr ernährt werde, als er ernähre, indem er das durch die verdaute Speise angereicherte Blut in alle Teile des Körpers zurückgebe, durch das wir leben und stark sind, gleich verteilt in die Adern.
> Indem er davon ausgehend eine Parallele zog, wie ähnlich der innere Aufstand des Körpers dem Zorn der Plebs auf die Patres sei, habe er die Gesinnung der Menschen umgestimmt.

Ägypten liefert die früheste Version dieser Fabel, und so folgert BRUNNER-TRAUT:

> Es darf für mehr als wahrscheinlich gelten, daß die in nicht mehr übersehbarer Zahl von Fassungen über die Erde laufenden Rangstreitdichtungen unseres Themas sich von Ägypten herleiten.

Allerdings relativiert sie dann diesen Anspruch u.E. mit dem Satz:

> Wie sie auch eingekleidet sind und welche Moral man ihnen immer anhängt, all diese Fabeln tendieren darauf, daß die einzelnen Glieder voneinander abhängig seien. Aber in der ägyptischen Dichtung ist nicht die Abhängigkeit der Glieder voneinander und deren Hinordnung auf ein gemeinsames Zentrum erkannt, vielmehr setzt der Rangstreit eine hierarchische Ordnung voraus (8. Auflage 1989, S. 316).

Gerade dieser Satz macht dann die Herleitung aller anderen Versionen von Ägypten unnötig, da der Vergleich einer Gesellschaft mit einem Körper sozusagen „in der Luft" liegt.

V. Die satirische Streitschrift des Papyrus Anastasi I

Der im folgenden zu besprechende Text ist zumindest nach dem jetzigen Stand ein Unikat: Man billigt ihm in großer Einmütigkeit das Epitheton „satirisch“ zu, das der *Lehre des Cheti* zwischenzeitlich abgesprochen wird.

Edition:

🕮 Select Papyri in the Hieratic Character from the Collection of the British Museum, London 1842, pl. XXXV–LXII (Durchzeichnung).

Transkription und Übersetzung:

🕮 Alan H. GARDINER, Egyptian Hieratic Texts Transcribed, Translated and Annotated. Series 1: Literary Texts of the New Kingdom, part 1: The Papyrus Anastasi I and the Papyrus Koller, Leipzig 1911, 1*-34* und 2-81.

Transkription:

🕮 Hans-Werner FISCHER-ELFERT, Die satirische Streitschrift des Papyrus Anastasi I. Textzusammenstellung, Wiesbaden 1983 (KÄT 7).

Hier sind sämtliche damals bekannten Quellen (Papyri und Ostraka) wiedergegeben.

Übersetzung und Kommentar:

🕮 Hans-Werner FISCHER-ELFERT, Die satirische Streitschrift des Papyrus Anastasi I, Wiesbaden 1986 (ÄA 44).

Übersetzung:

🕮 Edward F. WENTE, Letters from Ancient Egypt, ed. Edmund S. MELTZER, Atlanta 1990, 98-110 Nr. 129 (Society of Biblical Literature, Writings of the Ancient World Vol. 1).

Diese Übersetzungen machen es überflüssig, auf die ältere Übersetzung ERMANs von 1923 zurückzugreifen.

Die Überlieferung des Textes weist eine Besonderheit auf: Die wichtigste und vollständigste Handschrift, pAnastasi I, stammt aus der Region Memphis, alle weiteren Textzeugen: 4 fragmentarische Papyri und 75 Ostraka kommen aus der Gegend um Theben, die Ostraka erwartungsgemäß aus Deir el Medine. An diesem Bild hat sich seit der Arbeit am Text nichts geändert: Alle im Laufe der Jahre auftauchenden Ostraka stammen aus Theben, und so folgert denn auch FISCHER-ELFERT:

> Meiner Meinung nach sind die memphitischen Schularchive schlicht noch unentdeckt (ÄA 44, S. 1).

Noch etwas kommt hinzu: Der Text ist ursprünglich nicht in Memphis oder Theben, sondern in der Hauptstadt Ramses’ II. entstanden, also in Pi-Ramesse (heute: Qantir); auch dort müssen Schularchive existiert haben.

Chronologisch gehört also der pAnastasi I vor die *Lehre des Amenemope*.

Die Haupthandschrift pAnastasi I ist zur Zeit Sethos' II. (1200-1194) niedergeschrieben worden. Die thebanischen Textzeugen zeigen

> von 2,7 an beachtliche Einfügungen, die auf eine kreative Auseinandersetzung mit dem Text schließen lassen. [Sie] gehören demnach der ‚produktiven Phase' (Assmann, Re und Amun, 7ff.) der Überlieferung an. Leider wird mit fortschreitendem Textverlauf die Überlieferung immer dürftiger, über lange Passagen ist sie nach wie vor auf P. Anastasi I beschränkt (W. GUGLIELMI, Rez. Fischer-Elfert, in: WdO 20/21, 1989/90, 252-3).

Ein von Alessandro ROCCATI vor einigen Jahren identifiziertes Fragment weist aber darauf hin, daß mindestens noch ein weiteres Thema behandelt wurde.

Damit ist das Stichwort gefallen, das uns zum Inhalt führt: pAnastasi I gehört zur Textsorte „Brief", den ein Schreiber namens Hori schreibt, der sich auch als „Pferdeknecht" Pharaos bezeichnet, Sohn eines Wennefer aus Abydos und einer Tausret aus Bubastis. Genauer gesagt handelt es sich um einen Antwortbrief auf einen vorangegangenen Brief, der allerdings wohl nur fiktiv ist.

Die Frage des Adressaten ist etwas verwickelter: im pAnastasi I wird viermal ein gewisser *M-pw* als Adressat genannt. FISCHER-ELFERT hatte diesen Namen als Kurzform (*Hypokoristikon*) des bekannten Namen *Jmn-m-jp.t* = Amenemope nachgewiesen (in: GM 43, 1981, 23ff.). Das paßt nun sehr gut zur thebanischen Tradition, die als Empfänger einen Amenemope, Sohn des Mose nennt. Somit wäre dieser „offizielle", aber doch sehr verbreitete Brief an ein Individuum gerichtet. Mittlerweile hat sich aber herausgestellt (VAN WALSEM, in: GM 83, 1984, 141), daß *M-pw* nicht nur die Kurzform zu *Jmn-m-jp.t* ist, sondern auch ein „real existierender" Personenname, den man mit „Du da!" (ERMAN, Literatur, 269) wiedergeben kann.

> Indem Hori nun absichtlich die Adresse des Briefes namentlich unvollständig läßt und lediglich das unbestimmte Appellativ *M-pw* im späteren Textverlauf verwendet, signalisiert er, daß sein Brief sich nicht an eine Einzelperson richtet, dieser somit kein Privatbrief ist, sondern daß er vielmehr einen weit größeren Adressatenkreis im Auge hat. Jeder, der seinen Brief einmal lesen sollte, soll sich durch *M-pw* angesprochen fühlen (FISCHER-ELFERT, ÄA 44, S. 284).

Das erklärt die Vielfalt an Themen, die angesprochen werden. Das Epitheton „satirisch", mit dem der Text, wie oben bereits erwähnt, charakterisiert wird, erklärt FISCHER-ELFERT so:

„Satirische Streitschrift" wird der Text des P. Anastasi deswegen genannt, weil Hori auf all die ihm vorgeworfenen Anschuldigungen mit feiner Ironie und Satire reagiert (FISCHER-ELFERT, „Lache nicht über einen Blinden", s. dazu unten, S. 94).

Die folgende Übersicht ist der Übersetzung FISCHER-ELFERTs entnommen:

I. Eröffnung des Briefes mit der Selbstvorstellung des Absenders Hori.
II. Adresse und Eulogie des Empfängers.
III. Allerlei fromme Wünsche für die diesseitige und jenseitige Existenz des Adressaten.
IV. Hori schildert den Erhalt eines reichlich verworrenen Schreibens seines ungenannten Kollegen.
V. Zustandekommen des Schreibens nach Horis Rekonstruktion.
VI. Hori bereitet seine Entgegnung vor.
VII. Warnung vor Spott gegenüber behinderten Mitmenschen.
VIII. Die vermeintliche literarische Bildung des Kollegen.
IX. Horis offizielle Bestallung als Schreiber und Soldat.
X. Aufforderung zum gelehrten Wettstreit.
XI. Hori wird erneut der Amtsanmaßung bezichtigt.
XII. Hori fühlt sich genötigt, den Lehrer in Sachen Mathematik zu spielen.
XIII. Die Berechnung einer Ziegelrampe.
XIV. Der Transport eines Obelisken.
XV. Die Errichtung einer Kolossalstatue.
XVI. Entsendung zu einer Razzia nach Palästina und die Verproviantierung einer Heeresdivision.
XVII. Erste Fragen zur syrisch-palästinischen Landeskunde.
XVIII. Die syrischen Küstenstädte.
XIX. Weitere Fragen zur palästinischen Landeskunde.
XIXa. Das Land TaXsi und die ostjordanische Region.
XIXb. Die Abenteuer des Maher beim Durchqueren einer Schlucht.
XIXc. Charakteristik der in der Schlucht lauernden Schasu.
XIXd. Das Liebesabenteuer im Weingarten von Joppe.
XIXe. Der beschwerliche Heimweg nach Ägypten.
XIXf. Die Reparatur des Streitwagens in einer Waffenschmiede.
XXa. Die Brunnen- und Festungsstationen des Horusweges.
XXb. Ende des Briefes und Resumee Horis.

Im folgenden sei ein Einblick in den Inhalt der einzelnen Kapitel gegeben, einschließlich einiger Textauszüge (Inhalt nach, alle Übersetzungen i.d.R. von FISCHER-ELFERT).

I. Eröffnung des Briefes mit der Selbstvorstellung des Senders Hori.

Eine lange Kette von *epitheta ornantia* bildet die Eröffnung des Textes. Hori preist seine Fähigkeiten als Schreiber, rühmt sich als Lehrer mit vorbildlichem Charakter gegenüber seinen Schülern und Gehilfen.

Aufgrund seiner dem weisheitlichen Ideal entsprechenden Selbstbeherrschung ist er ein von allen Menschen Geliebter, den man um Rat angeht und den man sich zum Freund wünscht.

Über die Eltern, deren Namen genannt werden (s.o.), ist sonst nichts bekannt.

II. Adresse und Eulogie des Empfängers.

Die Reihe der Epitheta, die Hori seinem Adressaten zulegt, ist nichts weiter als eine äußerst geraffte Paraphrase seiner eigenen *laudatio*. Topoi wie Verstandesstärke, vorbildlicher Charakter, Klugheit, Beliebtheit tauchen in Kurzform wieder auf. Es bleibt nichts, was den Adressaten von seinem Briefpartner unterschiede.

III. Allerlei fromme Wünsche für die diesseitige und jenseitige Existenz des Adressaten.

Dieser Teil besteht aus einer langen Reihe von Wünschen, die

🕮 Jan ASSMANN, Verkünden und Erklären – Grundformen hymnischer Rede im Alten Ägypten, in: Walter BURKERT – Fritz STOLZ (Hrsgg.), Hymnen der Alten Welt im Kulturvergleich, Fribourg – Göttingen 1994 (OBO 131), 33-58, bes. 46-48

als „besonders kunstvolle[s] Beispiel des Wünschens" bezeichnet hat.

Der erste Teil bezieht sich auf die „Zufriedenheit und hinreichende materielle Versorgung im Diesseits":

2, 7ff. (nach ASSMANN):

> Mögest du leben, heil und gesund sein, mein guter Bruder,
> mögest du versorgt sein und dauern ohne Wünsche,
> möge dein Bedarf an Leben und Versorgung erfüllt sein,
> mögen Freude und Jubel deinem Wege gesellt sein,
> möge deine „Höhle" überschwemmt sein von täglicher Fülle,
> indem dein Glück und deine Erfüllung bleiben und dauern,
> die Krankheitsdämonen sollen dich nicht anfallen in deiner Schicksalsstunde.

Der zweite Teil gehört zur Gattung der „Verklärungssprüche" (*s3ḫ.w*), darunter u.a. eine verschlüsselte Anspielung auf die 70 Balsamierungstage (in der thebanischen Fassung):

3, 2ff. (nach FISCHER-ELFERT, ASSMANN):

> Mögest du gesalbt werden mit *ḥtt*-Öl wie die Seligen,
> indem du balsamiert wirst in der *Balsamierungsstätte*, bis du deine festgesetzte Zeit vollendet hast,
> in einem Zwanzigstel von 1400 unter der Leitung des Anubis.
> [...]
> Mögest du gerechtfertigt werden in Busiris bei Osiris
> indem du dauerst in Abydos vor Schu-Onuris,
> mögest du übersetzen nach U-Poqe im Gottesgefolge,
> mögest du den Gotteshügel umwandeln im Gefolge des Sokar,
> mögest du dich mit der Mannschaft der Neschmet-Barke vereinen,
> ohne abgewiesen zu werden.

IV. Hori schildert den Erhalt eines reichlich verworrenen Schreibens seines ungenannten Kollegen.

Hori bestätigt den Empfang eines Briefes, den sein Kollege durch einen Boten hat überbringen lassen. Seine anfängliche Freude wird bei fortschreitender Lektüre jedoch rasch getrübt, da er feststellen muß, daß der Brief nicht im mindesten dem vorgegebenen Formular entspricht und ferner jegliche Gliederung vermissen läßt. Nicht einmal der genaue Inhalt läßt sich erkennen, da in völlig ungeordneter Weise vorgetragen.

V. Zustandekommen des Schreibens nach Horis Rekonstruktion.

Der ungenannte Kollege (*sn*; I, 2,7) ist nach Ansicht Horis unfähig, einen Brief selbständig und ohne fremde Hilfe aufzusetzen. Deshalb hat jener sich der Mitwirkung weiterer sieben Schreiber versichert, die ihm nach Zahlung eines Bakschisch zur Seite standen. Ein jeder von ihnen erhielt zwei Abschnitte (?) zur Bearbeitung.

VI. Hori bereitet seine Entgegnung vor.

Im Gegensatz zum Kollegen faßt Hori sein Antwortschreiben ganz allein ab, ohne fremde Helfer. Punkt für Punkt will er auf die ihm vorgetragenen 14 Themen eingehen. Er schließt mit einem wichtigen Hinweis (8, 7):

> Ich habe dir angefertigt eine Schrift gleichsam zur Erheiterung,
> die zu einem Amüsement (*sẖmḫ-jb*) werden sollte für jedermann.

VII. Warnung vor Spott gegenüber behinderten Mitmenschen.

Mit diesem Kapitel knüpfen wir an die Verse 9-12 des 25. Kapitels der *Lehre des Amenemope* an – zur Erinnerung:

> Verlache nicht einen Blinden und verhöhne nicht einen Zwerg.
> Erschwere nicht das Geschick eines Lahmen.

> Verspotte nicht einen Mann, der in der Hand Gottes ist,
> und sei nicht aufgebracht gegen ihn, wenn er einen Fehler gemacht hat.

Hori wendet sich an seinen Briefpartner mit den Worten (8, 7ff.):

> Wiederholt hast du zu mir gesagt: ‚der mit gebrochenem Arm, Kraftloser!'
> Aber du unterschätzt mich als Schreiber,
> wenn du sagst: ‚Er weiß nichts'.

Hier sei nochmals verwiesen auf die Behandlung dieses Kapitels durch

Hans-Werner FISCHER-ELFERT, „Lache nicht über einen Blinden und verspotte nicht einen Zwerg!". Über den Umgang mit Behinderten im Alten Ägypten, in: Max LIEDTKE (Hrsg.), Behinderung als pädagogische und politische Herausforderung. Historische und systematische Analyse, Bad Heilbrunn 1996, 93-116.

Aus den eben zitierten Versen läßt sich der Vorwurf herauslesen,

> jemand, der rein physisch nichts bewerkstelligen kann, sei auch geistig unfähig. Hori scheint damit ein zu seiner Zeit weit verbreitetes Vorurteil gegenüber Behinderten aufzugreifen. Denn aus den Anschuldigungen und den gleich darauf quasi als Gegenbeweis angeführten Personen mit körperlichen Defekten wird deutlich, daß er selbst behindert ist (S. 94-95).

Hori ist also selbst behindert und tritt dem Vorurteil gegenüber den Behinderten damit entgegen, daß er Leute nennt, die trotz ihrer Behinderung Karriere gemacht haben.

Textprobe (9, 4ff.):

> Komm, daß ich dir schildere das Wesen des Schreibers Ray,
> den man den ‚Grillspieß der Scheune' nennt.
> Nicht bewegte er sich, nicht rannte er seit seiner Geburt,
> und anstrengende Arbeit verabscheute er, die kannte er nicht.
> Dennoch ruht er im Westen mit wohlbehaltenem Leib.
> Möge ihn nicht einholen der Schrecken vor dem Guten Gott (= Osiris).

„Grillspieß der Scheune" ist sicherlich ein Spitzname, der, wie FISCHER-ELFERT zu Recht annimmt, auf eine Tätigkeit in heißen Räumen auf Grund seiner Bewegungsunfähigkeit zurückgeht. Jedoch ist sein Leib im Westen wieder unversehrt.

Textprobe (9, 6f.):

> Du bist törichter (*swg3* „geistig minderbemittelt") als Kasa, der Rinderzähler,
> dessen Aussehen ich dir beschreiben will, damit du nicht (mehr) spottest.

Hier bleibt es bei der bloßen Erwähnung von Name und Titel; die angekündigte Beschreibung fehlt.

Textprobe (10, 1f.):

> Ich nenne dir den Paheripedjet, der (jetzt) in Heliopolis wohnt,
> er ist ein Altgedienter der Staatsverwaltung.
> Kleiner ist er als eine Katze, größer ist er als eine Meerkatze.
> Solange er in seinem Hause ist, geht es ihm gut,
> wenn er seine Sachen bei sich hat.

FISCHER-ELFERT fügt hinzu:

> Man möchte fortfahren: ‚Sobald er aber sein Haus verlässt, stößt er auf Hindernisse wegen seiner geringen Körpergröße' (S. 96).

Paheripedjet scheint also von Zwergwuchs gewesen zu sein, wie auch das nächste Beispiel zeigt.

Textprobe (10, 2ff.):

> Du hast (doch sicher) den Namen des Kiki gehört, des „Stäubchens",
> den bemerkt man gar nicht, wenn er dahergeht auf dem Erdboden,
> mit zerzausten Haaren, fest umwickelten Kleidern(?).
> Siehst du ihn in der Dämmerung der Nacht,
> dann sagst du „Vogel" zu ihm, wenn er vorbeikommt.
> Setze ihn auf die Handwaage und stelle fest, was er wiegt.
> Er wird sich dir herausstellen als von 20 Deben (≈ 1820 g), ohne die Lumpen.
> Wenn du neben ihm ausatmest, während er vorbeikommt,
> dann fällt er darnieder in der Ferne wie ein Laubblatt.

Zu den einzelnen Personen, die hier beschrieben sind, sei auf den Kommentar FISCHER-ELFERTs zu seiner Übersetzung hingewiesen (S. 84ff.). Man muß diese Beschreibungen und den Hinweis, daß auch solche Personen es zu Ansehen und Wohlstand bringen können, auf dem Hintergrund sehen, daß wir aus der Ramessidenzeit erstmals Zeichnungen in Gestalt von Karikaturen, Parodien etc. besitzen, s. auch die Anmerkungen weiter oben zur *Lehre des Amenemope*. Es handelt sich um die „Rückseite der offiziellen Schriftkultur", wie

🕮 Jan ASSMANN, Literatur und Karneval im Alten Ägypten, in: Siegmar DÖPP (Hrsg.), Karnevaleske Phänomene in antiken und nachantiken Literaturen und Kulturen, Trier 1993, 31-57

dieses Phänomen genannt hat.

> Besonders in der Epoche des Neuen Reiches [...] werden Angehörige der unteren Schichten in Text und Bild bisweilen zu Karikaturen verzerrt, indem man sie in all ihrer Hässlichkeit und mangelnden Desodorierung darstellt und beschreibt. Und dies stets aus der Perspektive der ‚feinen Leute', also der Schreiber-Beamten, die größten Wert auf ihre physische Attraktivität, saubere Kleidung und ein gepflegtes, eben auch parfümiertes Aussehen legten (FISCHER-ELFERT, Umgang mit Behinderten, S. 97).

Umso bemerkenswerter ist Horis Einsatz für sie.

VIII. Die vermeintliche literarische Bildung des Kollegen.

Der Briefpartner hatte in seinem (fiktionalen) Brief an Hori offensichtlich auch ein Zitat benutzt, ohne die Quelle zu nennen. Hori hat erkannt, daß es aus der *Lehre des Djedefhor* stammt (10, 9ff.):

> Du bist dahergekommen, beladen mit großen Geheimnissen,
> und hast mir einen Satz des Djedefhor zitiert.
> Du weißt aber gar nicht, ob er positiv (*nfr*) oder negativ (*bjn*) (gemeint) ist.
> Welches Kapitel (*ḥw.t*) geht ihm voran, welches folgt ihm?
> Du bist doch der erfahrene Schreiber an der Spitze seiner Kollegen.
> Die Lehre aller Bücher ist eingraviert in dein Herz.
> Wie glänzend ist deine Zunge, wenn du sprichst,
> wenn ein Spruch (*ṯsw*) aus deinem Munde kommt von mehr als 3 Deben.

Abgesehen davon, daß Hori seinen Briefpartner als inkompetent in Sachen Literatur erweist, geht aus dem Text die Einteilung der Lehre in „Kapitel" hervor; *ṯsw* bezeichnet den Einleitungsvers, „der gleichsam das Erkennungssignal des mit ihm einsetzenden *ḥw.t*-Kapitels abgegeben hat" (FISCHER-ELFERT, Übersetzung, 96).

IX. Horis offizielle Bestallung als Schreiber und Soldat.

Entgegen der Annahme seines Briefpartners, wonach Hori „weder Schreiber noch Soldat" und nicht „in der Liste" registriert sei, verweist ihn dieser weiter an den Personalbearbeiter Heres, auf daß der ihm die einschlägigen Akten zugänglich mache. Denn, wie ein Sprichwort besagt, „erkundigt man sich über einen Mann bei seinem Chef".

X. Aufforderung zum gelehrten Wettstreit.

Hori nimmt die Herausforderung zum Wettkampf mit seinem Kollegen an. Der im weiteren Briefverlauf behandelte Wissensstoff wird hier in den Metaphern „hoher Berg“ und „wildes (Wald)gebirge“, die überwunden werden sollen, umrissen. Hori verbittet sich jede Hilfestellung, im Gegenteil, er ist sogar bereit, erst als zweiter „an den Start zu gehen“.

XI. Hori wird erneut der Amtsanmaßung bezichtigt.

Ein weiteres Mal wird Hori die Berechtigung abgesprochen, die „Palette zu tragen“, also die Amtsinsignie des Schreibers. Entgegen derartiger Verleumdungen verweist dieser auf den „Lehrer“, dem er zugeteilt war. Um nun endgültig herauszufinden, wer von beiden im Recht bzw. Unrecht ist, solle man beide Briefe dem Onuris als Orakelgott zur Entscheidung vorlegen.

XIIa. Hori fühlt sich genötigt, den Lehrer in Sachen Mathematik zu spielen.

Wegen der Selbstbezeichnung seines Kontrahenten als „Befehlsschreiber der *mnfj.t*-Truppen“, der zwecks Berechnung von Rationen sich aber an Hori wenden muß, fühlt letzterer sich dazu herausgefordert, die gestellte Aufgabe zu lösen.

XIIb. Die Berechnung einer Ziegelrampe.

Das erste der nun folgenden mathematischen Probleme hat den Bau einer Ziegelrampe von beträchtlichen Ausmaßen zum Gegenstand, deren Ziegelmenge ermittelt werden soll. Der Auftrag zu dieser Unternehmung stammt von höchster Stelle, nämlich vom König persönlich.

Um diese Einführung in die Literatur nicht mit mathematischen Details zu be- und überlasten, seien Interessierte auf die entsprechenden Erläuterungen FISCHER-ELFERTs (S. 124-132) verwiesen.

XIII. Der Transport eines Obelisken.

Durch ein weiteres königliches Schreiben, diesmal vom *jrj-pˁ.t*-Kronprinzen(?), ist der Kollege mit dem Abtransport eines gewaltigen Obelisken aus dem Steinbruch des Gebel Ahmar betraut. Es gilt hierbei die genaue Anzahl der zum „Ziehen“ des Kolosses erforderlichen Arbeiter zu ermitteln.

Auch zu dieser Berechnung vgl. FISCHER-ELFERT (S. 139-142).

XIV. Die Errichtung einer Kolossalstatue.

Um eine Kolossalstatue in ihre endgültige Position zu bringen, müssen gewaltige Sand- und Schuttmassen peu à peu abgetragen werden, die sich vor dem Denkmal befinden. Dazu bedarf es einer zu berechnenden Anzahl von Arbeitern, um diese Aktion in sechs Stunden durchführen zu können. Um die Arbeitsmoral stets auf einem optimalen *Level* halten zu können, sollte zur Erholung und Verköstigung der Truppe zwischendurch eine Mittagspause gewährt werden.

XV. Entsendung zu einer Razzia nach Palästina und die Verproviantierung einer Heeresdivision.

Zwecks Unterwerfung der Na'aruna genannten Rebellen wird Horis Partner nach Djahi (Syrien-Palästina) gesandt. Die Zusammensetzung des Heeres, an dessen Spitze er zu marschieren hat, ist zahlenmäßig und ethnisch genauestens spezifiziert. Anscheinend als Dank für die Befreiung von streunenden Banden(?) wird ihm als Führer der Truppe von einer unbekannnten Institution eine „Friedensgabe" entgegengebracht, bestehend aus den verschiedensten Viktualien. Bei der Verteilung des Proviants stellen sich allerdings die größten Schwierigkeiten ein, weshalb sich die Soldaten bei einem gewissen Pa-Mose beschweren wollen. Die Identität dieses Herrn bleibt im Dunkeln.

Dieses Kapitel bildet den Einstieg in die daran anknüpfenden, sich nahezu ausschließlich um Fragen der Topo- und Geographie Syrien-Palästinas drehenden Abschnitte XVI-XIX.

XVI. Erste Fragen zur syrisch-palästinischen Landeskunde.

Textprobe (18, 3ff.):

> Dein Brief ist zahlreich an Sticheleien, beladen mit großen Worten.
>
> [...]
> „Ich bin Schreiber und Maher", so hast du auch gesagt.
> Wenn etwas Wahres dran ist an dem, was du gesagt hast,
> dann komm' heraus, daß du überprüft werdest.
> Ein (Pferde)gespann wird dir angeschirrt,
> schnell wie ein Panther, dessen Ohr rot ist,
> das wie ein Sturmwind ist, sobald es losprescht.
> Mögest du die Zügel lösen und den Bogen ergreifen,
> so daß wir sehen können, was deine Hand auszurichten vermag.
> Ich werde dir das Wesen des Maher(daseins) darlegen,
> ich lasse dich sehen, was er zu tun hat.

Maher ist ein *terminus*, dessen genaue Bedeutung uns noch entgeht. Es handelt sich, allgemein gesprochen, um einen Angehörigen des Militärs.

🕮 James E. HOCH, Semitic Words in Egyptian Texts of the New Kingdom and Third Intermediate Period, Princeton 1994, 147-149

definiert auf Grund der Belege als Bedeutung des Wortes: „Military officer commanding troops and handling logistics", wobei er auf die im pAnastasi geforderten Fähigkeiten hinweist.

Zu den unerläßlichen Qualifikationen eines Maher-Soldaten, als welchen der Adressat sich in seinem Brief dargestellt hat, gehört eine intime Landeskenntnis des syrischen Raumes, das zur Zeit der Textkomposition (Anfang der Regierungszeit Ramses' II.) noch zu großen Teilen zum ägyptischen Territorium gehörte. Hori bestreitet, daß sein Kollege jene Region überhaupt jemals gesehen habe.

Zum Wesen des Maher-Berufes gehört die Ausstattung mit Pferd und Wagen, welcher bisweilen, in seine Einzelteile zerlegt, getragen werden muß. Die beschwerliche Tätigkeit eines solchen Streitwagenfahrers bringt es mit sich, daß dieser des Nachts in einen tiefen Schlaf versinkt, ohne zu bemerken, wie ihm unterdessen die gesamte Ausrüstung inklusive Gespann gestohlen wird. Sein persönlicher Adjutant desertiert zu den Schasu-Beduinen, die bei ihrer Flucht alle Spuren ihrer Anwesenheit verwischen.

XVII. Die syrischen Küstenstädte.

Angefangen bei Byblos im Norden bis nach Tyros im Süden werden sämtliche damals relevanten Handelsstädte entlang der syrischen Küste erwähnt, sowie der auf etwa halber Strecke ins Meer mündende Fluß Litani.

XVIII. Weitere Fragen zur palästinischen Landeskunde.

Neben Informationen zu Städten werden nun auch solche zu Bergen, Pässen und Straßen vom Adressaten verlangt. Der geographische Raum dieses Abschnittes ist der von Akko im Nordwesten über Hazor im Nordosten bis Sichem im Süden.

XIXa. Das Land Tahsi und die ostjordanische Region.

Weitere, dem Adressaten offensichtlich unbekannte Städte liegen im Lande Tahsi, das im Orontes-Becken nördlich und südlich von Qadesch zu lokalisieren ist. Als nächste kommen Orte östlich des Jordan zur Sprache (deren Lage unbekannt ist). Sodann finden berühmte Städte wie Rehob, Beth-Schean und Megiddo Erwähnung. Auch scheint es für einen Maher wichtig gewesen zu sein, über die Art (oder den Ort) der Jordanüberquerung Bescheid zu wissen.

Die Toponyme und mögliche Lokalisierung der aufgeführten Orte werden von FISCHER-ELFERT, S. 190-193 besprochen und auf S. 194-195 in mehreren Karten wiedergegeben.

XIXb. Die Abenteuer des Maher beim Durchqueren einer Schlucht.

Die in diesem Abschnitt beschriebene Szenerie ist wahrscheinlich in dem südlich von Megiddo ins Wadi es-Sitt mündenden Aruna-Pass anzusetzen. Auf einem von Geröll übersäten Pfad schleppt sich der Maher voran, während über ihm auf den Klippen einheimische Fürsten mit verschmitzten Gesichtern zusehen, wie der fremde Soldat vergeblich seinen Bogen mit der linken Hand zu spannen versucht. In kanaanäischer Sprache rufen sie ihm zu: „Du irrst wie ein Schaf umher, lieber Maher!“ Hierauf folgt ein kurzer Verweis auf eine wohl volkstümliche Anekdote über einen Fürsten des Landes Aser, der in einer Balsamstaude von einem Bären überrascht wurde. Vermutlich ist die Erinnerung an das Schicksal dieses unglücklichen Fürsten so zu interpretieren, daß es dem angeblichen Maher in der Schlucht genauso ergehen könnte wie jenem im Balsambusch.

XIXc. Charakteristik der in der Schlucht lauernden Schasu.

Textprobe (23, 7ff.):

> Der Engpaß ist gefährlich wegen der Schasu, die sich unter Büschen verbergen.
> Es gibt welche unter ihnen von 4 Ellen (Größe),
> (oder) von 5 Ellen <von> ihrer Nase bis zu den Füßen,
> mit grimmigen Gesichtern; sie sind nicht freundlich,
> auf Schmeicheleien hören sie nicht.
> Du bist allein, kein Helfer ist bei dir, kein Heer ist hinter dir.
> Du findest keinen Führer.

Neben den mit scheelen Blicken zuschauenden Fürsten sind es insbesondere die Schasu-Beduinen, die dem orientierungslosen Maher auflauern. Dieser hat alle Mühe, Pferd und Wagen heil über den äußerst schmalen Gebirgspfad, der noch dazu von hinderlichen Dornsträuchern überwuchert ist, zu balancieren. Erreicht er zuguterletzt dann doch noch ein Nachtlager, sind er und sein Gespann zerschunden und zu nichts mehr nutze.

XIXd. Das Liebesabenteuer im Weingarten von Joppe.

Textprobe (25, 2ff.)

> Du bist hineingegangen nach Joppe,
> du fandest die Wiesen blühend zu ihrer (Jahres)zeit,
> du machtest eine Durchbohrung wegen des Klagerufes(?).
> Du fandest das schöne Mädchen, das die Weingärten bewachte,
> sie veranlaßte, daß du dich zu ihr gesellst als Partner,
> und sie zeigte dir die Farbe ihres Schoßes.
> <Du> wurdest entdeckt und mußtest ein Geständnis ablegen.
> Man verurteilte <dich> mit der (Erstattung) des *Mohar*,
> so daß du dein Hemd von gutem dünnen (Leinen) verkaufen mußtest.

Sein Schäferstündchen hat also ein gerichtliches Nachspiel, aufgrund dessen er sein Diensthemd als Kompensationszahlung (das ist die Bedeutung des hier benutzten hebräischen Terminus *Mohar*) für die dem Mädchen geraubte Unschuld veräußern muß. Der entsprechende Rechtsbrauch begegnet in kodifizierter Form in Exodus 22, 15-16:

> Wenn jemand eine Jungfrau, die nicht verlobt war, verführt und sich mit ihr hinlegt, dann soll er sie kaufen und sie zur Frau nehmen. Wenn ihr Vater sich weigert, sie ihm zu geben, dann soll er bezahlen entsprechend dem Preis (*mohar*) für die Jungfrauen.

Zur Bedeutung dieses Passus bemerkt FISCHER-ELFERT:

> So läßt die Funktion dieses kurzen und dennoch so bedeutenden Abschnittes sich dahingehend bestimmen, daß hier in typisch kasuistischer Weise ein ‚Paragraph' damaliger palästinensischer Rechtsordnung und Rechtsprechung abgehandelt wird. Für einen zur militärischen Führungselite der Streitwagenleute gehörenden Maher werden gewisse Kenntnisse in diesem Bereich unbedingt vorausgesetzt worden sein (S. 221f.).

XIXe. Der beschwerliche Heimweg nach Ägypten.

Mit nicht mehr als einem „Stück Decke" bekleidet muß der Maher nun die kalten Nächte überstehen. Schließlich wird ihm auch noch der letzte Rest seiner Ausrüstung entwendet, sein ohnehin schon angeschlagenes Gespann rutscht auf glattem Boden aus. Seine Wasserschläuche gehen in dem Durcheinander verloren, so daß sein Bursche(?) sich um neue Lebensmittel kümmern muß. Welche Personen er allerdings um Hilfe bittet, wird nicht gesagt. Möglicherweise handelt es sich um vorbeiziehende Beduinen, die von seinem „Gerede" jedoch keine Notiz nehmen.

XIXf. Die Reparatur des Streitwagens in einer Waffenschmiede.

Nach Erreichen einer Werkstätte, die wahrscheinlich in der Ramsesstadt zu suchen ist, wird der Wagen generalüberholt. Eine Reihe von unbekannten Fachausdrücken verhindert leider noch das genaue Verständnis der geschilderten Tätigkeiten.

XXa. Die Brunnen- und Festungsstationen des Horusweges.

Weitere wissenswerte Orte sind die entlang des Horusweges zwischen der Ramsesstadt und Gaza gelegenen Brunnen und Festungen. Gefragt ist auch nach der Entfernung zwischen zwei Städten.

XXb. Ende des Briefes und Resümee Horis.

Hori bemängelt noch ein letztes Mal die „verleumderischen" und „verworrenen" Äußerungen seines Kollegen, die nicht einmal ein Dolmetscher deuten könnte. Er fordert ihn dazu auf, in Ruhe alle an ihn gerichteten Fragen zu überdenken, bevor er sich daran setzt, sie zu beantworten.

Hier seine Schlußworte (28, 4ff.):

> Ich mache kehrt, siehe, ich bin (am Ende) angelangt.
> Neige dich, verborgen sei dein *ḥꜣtj*-Herz, fest sei dein *jb*-Herz!
> Sei nicht verärgert, warte mit (deiner) Klage!
> Ich habe dir (nun) das Ende deines Briefes geschoren,
> habe dir beantwortet, was du gesagt hast.
> Dein Gerede ist versammelt auf meiner Zunge,
> fest oben auf meiner Lippe.
> Es ist verworren, wenn man es hört,
> es gibt keinen Fremdsprachigen (*ꜣʿʿ.w*), der es erklären könnte.
> Es ist wie die Unterhaltung eines Deltabewohners
> mit einem Mann aus Elephantine.
> Du aber bist der Schreiber des großen Doppeltores,
> der die Angelegenheiten der Länder berichtet,
> richtig (und) angenehm für den, der es sieht.
> Daß du nicht sagen sollst: „Du hast meinen Namen anrüchig gemacht“,
> ist zu Fremden und und Jedermann!
> Siehe, ich habe dir das Wesen des Maher(daseins) geschildert,
> ich habe für dich <Re>tenu durchzogen.
> Vorgeführt habe ich dir die Fremdländer in einem Stück,
> Städte gemäß ihrer Reihenfolge.
> Sei doch (so gut), betrachte sie in Ruhe,
> damit du für fähig befunden werdest, sie zu beschreiben,
> damit du bei uns seist als [... (?)]

Hier endet der pAnastasi.

Die memphitische Tradition des pAnastasi I bricht vermutlich kurz vor Ende des Textes ab, wohingegen die dem thebanischen Strang angehörende Handschrift pTurin CG 54011 noch ein gutes Stück länger gewesen zu sein scheint.

Wie sich gezeigt hat, ist der pAnastasi ein Sammelsurium, korrekter: eine Sammlung nicht nur diverser Themen, sondern auch diverser Textsorten, er ist voller Metaphern und idiomatischer Wendungen, und FISCHER-ELFERT benutzt zur Charakterisierung des Textes häufig die Wörter „Ironie“, „ironisch“ und „ironisierend“. All das zusammengenommen zeigt, daß pAnastasi I, wie BRUNNER in dem LÄ-Artikel bemerkt, „[...] ein literarischer, d.h. für die Öffentlichkeit bestimmter, vor allem wohl für die Schule geschriebener Brief [ist]“.

Dazu verweist FISCHER-ELFERT auf die oben zitierten Zeilen, denen zufolge Hori seinen Brief als Erheiterung *für jedermann* bestimmt hat. Den Inhalt des Briefes beschreibt FISCHER-ELFERT als Bildungskritik; er wendet sich gegen „unverstandenes Zitieren", „stupides Auswendiglernen und Dahersagen einschlägiger Listen", und seine Zielgruppe sind Schreiber und Militärs. Stattdessen fordert er

> Wissenserwerb in Zusammenhängen, nicht Fakten- und Datenklauberei, deren einzelne Elemente beziehungslos zueinander memoriert werden und zum Scheine großer Gelehrsamkeit mit einer gehörigen Portion Standesdünkel sogar den eigenen Zunftgenossen vorgetragen werden (S. 289).

FISCHER-ELFERT schließt mit folgender Definition:

> Der Brief des Hori ist eine in Briefform gekleidete öffentliche Anklage zur Zeit Rames' II. an die Adresse des Schreiber- und (des literaten) Offiziersstandes, mit dem Ziel, deren vermeintliches berufliches Wissen sowie dessen schulische Vermittlung bloßzustellen und einer eingehenden Kritik zu unterziehen (S. 290).

Hier sei noch ein Gedanke aufgegriffen, der von

🕮 Brigitte SCHAD, Die Entdeckung des Briefes als literarisches Ausdrucksmittel in der Ramessidenzeit, Hamburg 2006, S. 40-62

geäußert worden ist: Sie greift den Namen des anfangs genannten Adressaten des pAnastasi I auf: Amenemope und sieht in ihm den Verfasser der gleichnamigen Lehre. Damit postuliert sie als Konsequenz, daß die Datierung der *Lehre des Amenemope* früher als bisher angenommen anzusetzen sei, nämlich gleichzeitig zum pAnastasi I. Nach ihrer Ansicht stehen hier die Vertreter zweier Schulen einander gegenüber: Hori (pAnastasi) in der Ramsesstadt als Vertreter einer pragmatischen Schule, die im Hinblick auf die zeitgenössischen militärischen Auseinandersetzungen und den diplomatischen Verkehr mit dem Ausland den lernfähigen, aktiven Schreiber und Soldaten fordert. Dem steht mit der *Lehre des Amenemope* ein Vertreter der thebanischen Schule gegenüber, der in der klassischen Form der Unterweisung des Sohnes durch den Vater das Ideal eines passiven, mit seiner Position im Leben zufriedenen „Schweigers" propagiert, der sein Schicksal in Gottes Hand legt und keine Veränderung oder Auseinandersetzung mit Neuem – etwa intensivierten Kontakten zum Ausland – anstrebt.

VI. Late-Egyptian Miscellanies

Unter der Bezeichnung *Late-Egyptian Miscellanies* (*LEM*) wird eine Reihe von Texten zusammengefaßt, die auf nicht wenigen Papyri und zahlreichen Ostraka insbesondere aus der 19. und 20. Dynastie erhalten sind. Ihr gemeinsames Merkmal ist, daß sie ohne jeden Zweifel im „Schulunterricht" verwendet wurden, sei es in der *ʿ.t sbꜣ*, also einer Einrichtung, in bzw. an der gleichzeitig mehrere oder viele (Schreib-)Schüler unterrichtet wurden, oder im Rahmen einer speziellen Lehrer-Schüler-Beziehung. Inhaltlich sind diese in der Regel nicht sehr ausführlichen Texte außerordentlich heterogen, sie reichen von (Muster-)Briefen über „Berufssatiren", „Lob der Stadt"-Texten, „Soldaten-Charakteristiken" und ähnlichen bis hin zu eher lehrhaften, aufgrund ihrer Zielsetzung auch „Werde Schreiber"-Texte genannten Kompositionen. Die verschiedenen Themen sind oft mehrfach überliefert, teils mit geringen Variationen. Gemeinsam ist ihnen auch, daß sie häufig literarisch nicht sehr anspruchsvoll sind bzw., etwa die Briefe, überhaupt nicht dieser Kategorie zugerechnet werden können. Das wiederum führte dazu, daß sie in der Ägyptologie meist eher ein Mauerblümchen-Dasein führen und in neueren Anthologien (etwa der von SIMPSON herausgegebenen) gar nicht oder (wie im zweiten Band von LICHTHEIMs Übersetzungswerk) allenfalls sehr marginal berücksichtigt werden. Da sie aber nicht selten Themen und Stoffe behandeln, die auch in allgemein als literarisch anerkannten Texten zu finden sind (etwa in lehrhaften Texten), dazu Textgattungen enthalten, die für sie spezifisch sind (etwa *laus urbis*-Texte), und weil schließlich darin durchaus der eine oder andere kleine literarische Schatz zu finden ist, sollen sie im folgenden ausführlicher berücksichtigt werden als gemeinhin üblich. Als weiterer Grund hierfür mag angeführt werden, daß sie wegen dieser ihrer Zwischenstellung normalerweise Gefahr laufen, völlig unberücksichtigt zu bleiben, zumindest im Laufe eines Studiums.

Im folgenden sollen somit einige von uns – durchaus subjektiv – als zumindest im weitesten Sinn „literarisch" eingestufte Texte aus den *LEM* vorgestellt werden. Deren Menge erforderte auch aus inhaltlicher Sicht eine deutliche Beschränkung, die ebenfalls nur subjektiv sein konnte. Die wichtigsten Themen hoffen wir aber ausgewählt zu haben. Keine Berücksichtigung finden, wie in dieser Einführung grundsätzlich, Hymnen und ähnliche religiöse Texte. Mehrfach belegte Texte werden anhand jeweils einer Quelle vorgestellt, ansonsten wird auf die Publikationen GARDINERs und CAMINOS' (s.u.) verwiesen, in denen die Parallelen verzeichnet sind. Wo nicht besonders vermerkt, werden die Texte komplett in eigener Übersetzung wiedergegeben.

Abgesehen von wenigen Ausnahmen, die später hinzukamen, ist die grundlegende Publikation die von

🕮 Alan H. GARDINER, Late-Egyptian Miscellanies, Bruxelles 1937 (Bibliotheca Aegyptiaca VII).

Die nach wie vor unersetzte, ausführlich kommentierte Übersetzung des Gesamt-*corpus* stammt von

🕮 Ricardo A. CAMINOS, Late-Egyptian Miscellanies, London 1954 (Brown Egyptological Studies I).

CAMINOS folgt in der Anordnung der Publikation GARDINERs, deren Numerierung er übernimmt. Er führt grundsätzlich zu Beginn jedes einzelnen Textes ältere Übersetzungen auf; diese werden daher im folgenden nur im Bedarfsfall genannt.

Diejenigen Texte, die eine Gliederung durch Verspunkte aufweisen, wurden von

🕮 Nikolaus TACKE, Verspunkte als Gliederungsmittel in ramessidischen Schülerhandschriften, Heidelberg 2001 (SAGA 22)

erneut übersetzt und ausführlich kommentiert. Weitere (auf Ostraka erhaltene) Miscellanies veröffentlichten

🕮 Hans-Werner FISCHER-ELFERT, Lesefunde im literarischen Steinbruch von Deir el-Medineh, Wiesbaden 1997 (KÄT 12)

und

🕮 Christian LEITZ, Magical and Medical Papyri of the New Kingdom, London 1999 (HPBM VII), 88-92.

Einen nicht geringen Raum in den *LEM* nehmen Eulogien auf den König ein, neben Ramses II. steht dabei vor allem Merenptah im Mittelpunkt. Das ist schlicht auf die Tatsache zurückzuführen, daß das *gros* der Handschriften aus dem Ende der 19. Dynastie stammt. Auch bei diesen Texten ist in aller Regel die Form recht einfach; besonders häufig findet sich ein Doppelvers-Schema, gelegentlich sind auch *triplet* und *quatrain* zu beobachten. In den beiden folgenden Beispielen ist einmal Ramses II., einmal Merenptah der Adressat.

Praise of Ramesses II as a Warrior (*LEM* 13 = pAnastasi II, 2, 5-3, 6)

Edition:

🕮 Alan H. GARDINER, Late-Egyptian Miscellanies, Bruxelles 1937 (Bibliotheca Aegyptiaca VII), 13.

Übersetzungen:

🕮 Ricardo A. CAMINOS, Late-Egyptian Miscellanies, London 1954 (Brown Egyptological Studies I), 40-43.

🕮 Nikolaus TACKE, Verspunkte als Gliederungsmittel in ramessidischen Schülerhandschriften, Heidelberg 2001 (SAGA 22), 12-13.

Der vollkommene Gott, <groß> an Kraft wie Month,
Herrscher, groß an Siegen.
Göttliches [Kind], das aus Re gekommen ist,
Sproß des Stieres von Heliopolis.
Der auf dem Kampfplatz steht, der erobert durch seinen starken Arm,
wie der Große an Kraft in der Barke der Millionen.
König noch <im> Ei wie die Majestät des Horus,
er hat sich die Länder durch seine Siege genommen.
Der die Fremdländer bezwungen hat durch seine Pläne,
die Neunbogen sind getreten unter seinen Füßen.
Alle Fremdländer werden herbeigeführt mit ihren Tributen,
alle Länder werden ihm auf einem Weg gegeben.
Nicht gibt es Rebellen gegen ihn,
die Großen der aufrührerischen Länder sind erschlafft,
sie wurden zu Viehherden aus Furcht vor ihm.
Er drang in sie ein wie der Sohn der Nut,
sie liegen da vor seinem Gluthauch in einem Augenblick.
Libyen ist seinem Gemetzel gefallen, gefällt seinem Messer,
seine Kraft wurde ihm in Ewigkeit gegeben.
Seine Macht hat die Berge umfaßt,
(*Rꜥ-ms-sw-mrj-Jmn*) l.h.g., Herr der Stärke, Schützer seiner Truppen.

Praise of Meneptah and of his Delta Residence (*LEM* 28-29 = pAnastasi III, 7, 2-7, 10)

Edition:

🕮 Alan H. GARDINER, Late-Egyptian Miscellanies, Bruxelles 1937 (Bibliotheca Aegyptiaca VII), 28-29.

Übersetzungen:

📖 Ricardo A. CAMINOS, Late-Egyptian Miscellanies, London 1954 (Brown Egyptological Studies I), 101-103.

📖 Nikolaus TACKE, Verspunkte als Gliederungsmittel in ramessidischen Schülerhandschriften, Heidelberg 2001 (SAGA 22), 46-47.

(*B3-n-Rʿ-mrj-Jmn*)| l.h.g., das vorderste(?) Schiff,
die Keule(?) zur Züchtigung,
das Schwert, das die Fremdlandbewohner schlachtet,
der Speer für die Hand.
Er stieg herab vom Himmel, er wurde geboren in Heliopolis,
Siege wurden ihm bestimmt in jedem Land.
Wie schön ist ein Tag in deiner Zeit,
wie süß ist deine Stimme beim Sprechen!
Du hast das Haus des (*Rʿ-ms-sw-mrj-Jmn*)| l.h.g. (= Piramesse) gebaut,
das Erste eines jeden Fremdlandes,
das Ende Ägyptens.
Mit schönen Fenstern, mit leuchtenden Söllern,
aus Lapislazuli und Türkis.
Mit dem Übungsplatz für deine Pferdegespanne,
mit dem Appellplatz für deine Truppen,
mit dem Hafen für deine Schiffskämpfer.
Sie bringen dir Gaben,
du wirst gepriesen, wenn du kommst,
mit deinen Abteilungen von Bogenschützen,
mit wilden Gesichtern und brennenden Fingern,
die gehen [...]
wenn sie den Herrscher, l.h.g., im Kampf stehen sehen.
Berge haben nicht Bestand vor ihm,
sie fürchten dein Ansehen.
(*B3-n-Rʿ-mrj-Jmn*)| l.h.g.,
du bestehst, solange die Ewigkeit besteht,
die Ewigkeit besteht, solange du bestehst!
Mögest du dauerhaft sein auf dem Platz deines Vaters,
Re-Harachte.

In diesem Text klang bereits ein weiteres Motiv an, das in nicht wenigen *miscellanies* ausschließliches Thema ist: *laus urbis*, das Lob der Stadt. Zu dieser Thematik verweisen wir auf

📖 Ursula VERHOEVEN, Literarische Ansichtskarten aus dem Norden versus Sehnsucht nach dem Süden, in: Günter BURKARD – Alfred GRIMM – Sylvia

SCHOSKE – Alexandra VERBOVSEK unter Mitarbeit von Barbara MAGEN (Hrsgg.), Kon-Texte. Akten des Symposions „Spurensuche – Altägypten im Spiegel seiner Texte" 2.-4. Mai 2003, Wiesbaden 2004 (ÄAT 60), 65-80.

Praise of the Delta Residence (*LEM* 12-13 = pAnastasi II, 1, 1-2, 5)

Edition:

🕮 Alan H. GARDINER, Late-Egyptian Miscellanies, Bruxelles 1937 (Bibliotheca Aegyptiaca VII), 12-13.

Übersetzungen:

🕮 Ricardo A. CAMINOS, Late-Egyptian Miscellanies, London 1954 (Brown Egyptological Studies I), 37-40.

🕮 Nikolaus TACKE, Verspunkte als Gliederungsmittel in ramessidischen Schülerhandschriften, Heidelberg 2001 (SAGA 22), 10-11.

Eulogische Beschreibungen der beim heutigen Qantir gelegenen Ramsesstadt gehören ebenso zum festen Repertoire der Schülerhandschriften und damit des Schulunterrichts wie, wenn auch in geringerem Maße, Loblieder auf die Stadt Memphis. Die dichterische (und auch die inhaltliche) Form des hier ausgewählten Beispiels ist sehr einfach: Nach dem einleitenden, überschriftartigen Satz ist der Text in Doppelverse gegliedert, lediglich die abschließenden vier Verse bilden gemeinsam eine Einheit, wie das den vorletzten Vers einleitende unterordnende *jw* zeigt. Dieser Text ist mit Gliederungspunkten versehen, von denen allerdings bereits der erste vor dem indirekten Genitiv *n pꜣ nb n Km.t* mit Sicherheit falsch gesetzt ist.

Beginn des Rezitierens der Siege des Herrn von Ägypten.
Es hat Seine Majestät für sich ein Schloß gebaut,
‚Groß an Siegen' ist sein Name.
Es liegt zwischen *Ḏꜣhj* und Unterägypten,
und es ist angefüllt mit Nahrung und Lebensmitteln.
Es ist wie das südliche Heliopolis,
seine Dauer ist wie die von *Ḥw.t-kꜣ-Ptḥ*.
Es geht Schu an seinem Horizont auf,
und er geht unter in seinem Innern.
Jedermann hat seine Stadt verlassen
und siedelt in seinem Gebiet.
Sein Westen ist das Haus des Amun,
sein Süden das Haus des Seth.
Astarte hat in seinem Osten Gestalt angenommen,
Wꜣḏ.t in seinem Norden.

Der Palast, der in seinem Inneren ist,
ist wie der Horizont des Himmels.
(*Rꜥ-ms-sw-mrj-Jmn*)| l.(h.)g. ist in ihm als Gott,
Month-in-den-beiden-Ländern als Herold.
Sonne-der-Herrscher als Wesir,
die Freude Ägyptens.
Geliebt-von-Atum als *ḥꜣ.tj-ꜥ*,
das Land ist an seinen Platz gelangt.
Es schrieb der Große von Chatti
an den Großen von *Qdj*:
‚Mache dich bereit, damit wir nach Ägypten eilen
und sagen: ‚ein göttliches Wunder ist geschehen'.
Laßt uns schmeicheln dem (*Wsr-mꜣꜥ.t-Rꜥ*)| l.h.g.,
denn er gibt Atem dem, den er liebt.
Jedes Fremdland existiert durch seinen Wunsch,
Chatti durch seinen alleinigen Machterweis.
Gott empfängt nicht sein (= Chattis) Opfer,
nicht erblickt es (= Chatti) das Wasser des Himmels,
denn es ist in der Macht des (*Wsr-mꜣꜥ.t-Rꜥ*)| l.h.g.,
des Stieres, der die Stärke liebt.

A letter incorporating some maxims (*LEM* 10-11 = pBologna 1094, 11, 5-11, 9)

Edition:

🕮 Alan H. GARDINER, Late-Egyptian Miscellanies, Bruxelles 1937 (Bibliotheca Aegyptiaca VII), 10-11.

Übersetzung:

🕮 Ricardo A. CAMINOS, Late-Egyptian Miscellanies, London 1954 (Brown Egyptological Studies I), 30-31.

In dieser Belehrung in Briefform ist das ohnehin kurze Briefformular beinahe genau so lang wie der eigentliche Text, in dem einige sehr einfache Grundregeln zusammengefaßt werden:

> Der Schreiber *Pꜣ-wḥm* grüßt seinen Herrn, den Schreiber *Jn-ḥr-rḫ* in L.H.G. Es ist ein Schreiben, um meinen Herrn zu informieren. Ein weiterer Gruß an meinen Herrn! Fluche nicht! Hüte dich vor dem Sprechen! Schweige gegenüber deinem Gefährten in der Fähre! Gib für sie (= die Fähre?) den Fährlohn! Belohne den Handwerker, weil er für dich gearbeitet hat! Für den Ka des Schreibers *Jn-ḥr-rḫ*.

Wie für einen Brief angemessen, wurde in diesem Text auf die Versform verzichtet. Ein untergebener Schreiber wendet sich an seinen Herrn. Die Besonderheit, gleichzeitig ein deutlicher Hinweis auf die Fiktionalität des Textes bzw. auf seinen Sitz im Leben im Unterricht liegt darin, daß hier ein Untergebener seinem Vorgesetzten Verhaltensregeln gibt.

Eine zentrale Rolle spielen in den *LEM* die Texte, die wie weiter oben bereits erwähnt, gelegentlich als „Werde Schreiber"-Texte bezeichnet werden. Sie sollen die Schüler für den Beruf des Schreibers motivieren. Diesem Ziel nähern sie sich von zwei Seiten: Auf der einen Seite wird der Beruf des Schreibers besonders hervorgehoben und als einzig anzustrebender geschildert, wobei freilich nicht vergessen wird, zu betonen, daß der Weg dorthin steinig ist und ein Abirren von ihm sträflich; andererseits wird wie schon in der *Lehre des Cheti* im Mittleren Reich dieser Beruf durch die Verächtlichmachung aller anderen Tätigkeiten herausgestellt. Besonders hart trifft es dabei neben den Bauern die Angehörigen des Militärs, einfache Soldaten ebenso wie höhere Dienstgrade. Nicht selten sind beide Ansätze, der „positive" und der „negative", in ein und demselben Text anzutreffen.

Im folgenden Beispiel wird gleich eine ganze Anzahl verschiedener Berufe in aller Kürze mit dem des Schreibers kontrastiert:

The profession of scribe is superior to all others (*LEM* 16-17 = pAnastasi II, 6, 7-8, 5)

Edition:

🕮 Alan H. GARDINER, Late-Egyptian Miscellanies, Bruxelles 1937 (Bibliotheca Aegyptiaca VII), 16-17.

Übersetzungen:

🕮 Ricardo A. CAMINOS, Late-Egyptian Miscellanies, London 1954 (Brown Egyptological Studies I), 50-56.

🕮 Nikolaus TACKE, Verspunkte als Gliederungsmittel in ramessidischen Schülerhandschriften, Heidelberg 2001 (SAGA 22), 21-23.

Werde Schreiber, das bewahrt dich vor Arbeitsverpflichtung,
das schützt dich vor jeder Arbeit.
Es erspart dir das Tragen von Hacke und Haue(?),
so daß du keinen Korb tragen mußt.
Es befreit dich vom Bedienen des Ruders,
es erspart dir Qual,
so daß du nicht vielen Herren dienen mußt,

und nicht zahlreichen Vorgesetzten.
Der Mensch kommt aus dem Leib seiner Mutter heraus,
und eilt zu seinem Vorgesetzten.
Der Junge dient dem Soldaten,
der junge Mann ist ein Kämpfer(?).
Der groß Gewordene wird zum Bauern gemacht,
der Mann wird Soldat.
Der Lahme wird zum Torwächter gegeben,
der [Blinde] zum Ochsenknecht.
Der Vogelfänger geht zur Tenne,
der Fischer geht unter.
Der Gottesdiener steht da als Pächter-Bauer,
der *wꜥb*-Priester führt Aufträge aus.
Die Zeit verbringt er – das gibt es dreimal –,
mit Eintauchen in den Fluß.
Nicht unterscheidet er Winter und Sommer,
während der Himmel Wind und Regen ist.
Der Stallmeister steht bei seiner Arbeit,
und doch ist sein Gespann allein gelassen auf dem Feld,
während die Gerste an seine Frau ausgeteilt wird.
Seine Tochter steht am Uferdamm,
seine Dienerin ist bei den Lohnarbeiterinnen,
und sein Diener in Tura.
Der Bäcker steht da beim Backen
und gibt das Brot in das Feuer,
wobei sein Kopf im Ofen ist
und sein Sohn seine Füße ergreift.
Wenn er aus der Hand seines Sohnes gleitet,
fällt er hinein in die Ofenglut.
Nur nicht der Schreiber: Er leitet
alle Arbeiten, die es in diesem Land gibt.

All callings are bad except that of the scribe (*LEM* 103-104 = pLansing 4, 2-5, 7)

Edition:

🕮 Alan H. GARDINER, Late-Egyptian Miscellanies, Bruxelles 1937 (Bibliotheca Aegyptiaca VII), 103-104.

Übersetzungen:

🕮 Ricardo A. CAMINOS, Late-Egyptian Miscellanies, London 1954 (Brown Egyptological Studies I), 384-389.

🕮 Nikolaus TACKE, Verspunkte als Gliederungsmittel in ramessidischen Schülerhandschriften, Heidelberg 2001 (SAGA 22), 92-93.

Einzelbeitrag:

🕮 Waltraud GUGLIELMI, Berufssatiren in der Tradition des Cheti, in: Zwischen den beiden Ewigkeiten. Festschrift Gertrud Thausing, Wien 1994, 44-72.

Sieh du mit deinem eigenen Auge!
Die Ämter liegen vor dir!
Der Wäscher verbringt den Tag damit, hinauf- und hinab zu steigen,
alle seine Glieder sind schwach
vom täglichen Reinigen der Kleider seiner Nachbarn,
vom Waschen ihres Leinens(?).
Der Töpfer ist beschmiert mit Erde,
wie einer, dessen Angehörige tot sind.
Seine Hände und seine Füße sind voll Lehm,
er ist wie einer, der im Morast ist.
Der Sandalenmacher mischt Gerbstoff,
sein Gestank ist auffallend.
Seine Hände sind rot von Krapp,
wie einer, der mit seinem Blut beschmiert ist
und nach hinten blickt zum Milan(?),
wie ein Mann, der sein Fleisch gefunden hat (= das offenliegt?).
Der Blumenbinder richtet Pflanzenopfer her
und schmückt Kruguntersätze.
Die Nacht verbringt er mit Arbeit,
wie einer, auf dessen Glieder die Sonne scheint.
Die Kaufleute fahren stromab und stromauf,
sie sind geschäftig wie Kupfer(?)
beim Transportieren der Güter von Stadt zu Stadt,
indem sie den versorgen, der nichts hat,
obwohl(?) die Steuereintreiber Gold (fort-)tragen,
das wertvollste aller Mineralien.
Die Rudermannschaften eines jeden Gutes
sie empfangen ihre Ladungen.
Sie sind von Ägypten nach Palästina gefahren,
der Gott eines jeden Mannes ist bei ihm.
Keiner von ihnen sagt:
„Wir werden Ägypten wiedersehen".
Der Handwerker, der in der Schiffswerft ist,
trägt den Balken und befestigt ihn.
Die Arbeit von gestern macht er heute,
Schwäche kommt zu seinen Gliedern.

Der Schiffsbaumeister steht hinter ihm,
um ihm Schlimmes zu sagen.
Sein Freigelassener, der auf den Feldern ist:
das ist härter als jeder (andere) Beruf.
Er verbringt den Tag, beladen mit seinen Werkzeugen,
indem er angebunden ist an seine Werkzeugkiste.
Er kommt zurück zu seinem Haus am Abend,
indem er beladen ist mit der Kiste und dem Bauholz,
seinem Trinkkrug
und seinen Wetzsteinen.
Ausgenommen der Schreiber; er befiehlt
die Arbeiten aller dieser!
Mach dir das bewußt!

Diese Übersetzung bzw. ihre Zeileneinteilung entspricht mit wenigen Korrekturen der überlieferten. Es ist deutlich zu erkennen, daß es sich hier um Gliederungs- und nicht um Verspunkte handelt; eine Versdichtung liegt nicht vor, dieser Text ist ein Prosatext.

Advice to the youthful scribe (*LEM* 23-24 = pAnastasi III, 3, 9-4, 4)

Edition:

🕮 Alan H. GARDINER, Late-Egyptian Miscellanies, Bruxelles 1937 (Bibliotheca Aegyptiaca VII), 23-24.

Übersetzungen:

🕮 Ricardo A. CAMINOS, Late-Egyptian Miscellanies, London 1954 (Brown Egyptological Studies I), 83-85.

🕮 Nikolaus TACKE, Verspunkte als Gliederungsmittel in ramessidischen Schülerhandschriften, Heidelberg 2001 (SAGA 22), 31-33.

Dieser Text ist ein typischer Vertreter der „Werde Schreiber"-Texte. Er wurde hier aufgenommen, weil er die bekannte Passage mit dem „Ohr auf dem Rücken" des Schülers enthält. Auch hier handelt es sich wohl eher um einen durch Gliederungspunkte strukturierten Prosatext, allenfalls scheint gelegentlich ein sehr einfaches Doppelversschema vorzuliegen:

Der Schreiber *Jmn-m-jp.t*
spricht zum Schreiber *P3-b3s3*:
Man brachte dir dieses Schreiben aus folgendem Grund:
Oh Schreiber, sei nicht faul,
sonst wird man dich hart bändigen!
Überlaß dich nicht dem Vergnügen,

oder du wirst Mißerfolg haben!
Schreibe mit deiner Hand, lies mit deinem Mund!
Berate dich mit denen, die mehr wissen als du!
Übe dieses Amt des Großen aus,
damit du es noch im Alter (wert?) findest.
Glücklich ist ein Schreiber, der geübt in seinem Amt ist,
ein Herr der Ereignisse(?) über sein Fleisch hinaus(?).
Sei tüchtig im täglichen Handeln,
dann wirst du Erfolg haben dabei!
Verbringe nur ja keinen Tag des Faulseins,
oder man wird dich schlagen.
Das Ohr eines Jungen ist auf seinem Rücken,
er hört, wenn man ihn schlägt.
Sei aufmerksam, höre auf das, was ich dir sage,
es gereicht dir zum Nutzen!
Man lehrt die Affen zu tanzen
und man bändigt die Pferde.
Man gibt die Weihe in das Nest
und man knickt den Flügel des Falken.
Sei darauf bedacht, dich zu beraten und laß davon nicht ab!
Schreibe! Wende dich nicht davon ab!
Sei aufmerksam! Höre auf meine Worte!
Du wirst sie nützlich finden!

Wie auch weiter unten im „Brief" an den unbelehrbaren Schüler findet sich auch hier wieder der Vergleich zwischen der Erziehung der (Schreib-)Schüler und der Dressur von Tieren.

To an unteachable pupil (*LEM* 3-4 = pBologna 1094, 3, 5-4, 1)

Edition:

🕮 Alan H. GARDINER, Late-Egyptian Miscellanies, Bruxelles 1937 (Bibliotheca Aegyptiaca VII), 3-4.

Übersetzung:

🕮 Ricardo A. CAMINOS, Late-Egyptian Miscellanies, London 1954 (Brown Egyptological Studies I), 13.

Der unbelehrbare Schüler, Gegenstand einer ganzen Reihe von *miscellanies*, wird in diesem kurzen Text insbesondere mit dem Verhalten bzw. der Erziehbarkeit von Tieren verglichen, gegen die sich sein Benehmen negativ abhebe: bei ihm wisse man nicht, wie man ihn einschätzen könne:

> Der Schreiber *Mḥw* von der Waffenschmiede des Pharao, l.h.g., sagt zu dem Schreiber *P3-wḥm*: Es wurde dir dieses Schreiben gebracht aus folgendem Grund: Sei kein törichter Mann, der keine Erziehung hat! Da verbringt man die Nacht, indem man dich belehrt und den Tag, indem man dich erzieht, aber du hörst auf keine Ermahnung und machst, was du willst! Der Affe hört auf das Wort, und er wurde aus Kusch gebracht! Man belehrt den Löwen und man zügelt das Pferd, nur bei dir kennt man nicht deine Art unter den Menschen! Nimm das zur Kenntnis!

Formal liegt hier ein Brief vor, den der „Schreiber der Waffenschmiede Pharaos", *Mḥw*, an den Schreiber *P3-wḥm* sendet. Dem entspricht die literarische Form: Es ist ein Prosatext, wie die unterschiedlich langen syntaktischen Perioden auch in der Übersetzung deutlich machen können. Der pBologna 1094 ist ohne Gliederungspunkte geschrieben, wie es den in dieser Handschrift behandelten Themen entspricht, vgl. die Inhaltsangabe bei TACKE, S. 3. Zur Passage über die Tiere, die die menschliche Sprache verstehen, vgl. etwa die oben S. 107 zitierte Stelle aus der Lehre des Ani, B 23, 3ff.

Rebuke addressed to a dissipated scribe (*LEM* 47-48 = pAnastasi IV, 11, 8-12, 5)

Edition:

🕮 Alan H. GARDINER, Late-Egyptian Miscellanies, Bruxelles 1937 (Bibliotheca Aegyptiaca VII), 47-48.

Übersetzung:

🕮 Ricardo A. CAMINOS, Late-Egyptian Miscellanies, London 1954 (Brown Egyptological Studies I), 182-188.

Die Handschrift pAnastasi IV weist gelegentlich Gliederungspunkte auf, der folgende Text ist allerdings ungegliedert überliefert; es handelt sich denn auch um einen Prosatext, wie schon die unterschiedlich langen syntaktischen Perioden belegen.

> Man sagt mir, daß du die Schriften vernachlässigst und dich Vergnügungen hingibst. Du gehst von Gasse zu Gasse und Biergestank herrscht, jedesmal wenn du weggehst. Bier läßt ihn(? dich?) aufhören, ein Mann zu sein. Es bringt deinen Ba zum Umherziehen/zum Verworren-Sein. Du bist wie ein krummes Ruder in einem Boot, das auf keiner Seite gehorcht. Du bist wie ein Schrein ohne seinen Gott, wie ein Haus ohne Brot. Man hat dich gefunden beim Klettern über die Mauer, indem du den Fußblock zerbrochen hattest, indem Menschen

vor dir weglaufen, denen du Wunden zugefügt hattest. Wüßtest du doch, daß der Wein ein Abscheu ist, und würdest du doch dem *šdḥ*-Trank abschwören und nicht den Bier-Krug in dein Herz setzen und den *ṯnrk*-Wein vergessen! Man hat dich gelehrt, nach der Rohrpfeife zu singen, nach der Rohrflöte zu rezitieren (o.ä.), nach der Leier zu deklamieren (o.ä.) und nach dem *nṯḫ*-Instrument zu singen. Du aber sitzest im Haus, während dich die Dirnen umgeben, indem du dastehst und springst(?), während sie dich --?-- und während du vor der Dirne sitzest, indem du eingetaucht bist in Öl und indem dein Kranz von *mštpn* um deinen Hals hängt und indem du auf deinen Bauch trommelst. Du stolperst und fällst auf deinen Bauch und bist mit Schmutz beschmiert.

Wishes addressed to the scribe's master Amenemope (*LEM* 24-25 = pAnastasi III, 4, 4-4, 11)

Edition:

🕮 Alan H. GARDINER, Late-Egyptian Miscellanies, Bruxelles 1937 (Bibliotheca Aegyptiaca VII), 24-25.

Übersetzungen:

🕮 Ricardo A. CAMINOS, Late-Egyptian Miscellanies, London 1954 (Brown Egyptological Studies I), 85-88.

🕮 Nikolaus TACKE, Verspunkte als Gliederungsmittel in ramessidischen Schülerhandschriften, Heidelberg 2001 (SAGA 22), 34-35.

Loblieder auf den Lehrer gehörten offensichtlich ebenfalls zum Lehrstoff in den Schulen, wie das folgende Beispiel zeigt, das bei weitem nicht das einzige seiner Art ist:

Geehrter Herr, mögest du dauern,
Brot täglich bei dir!
Mögest du froh sein, mögest du gedeihen täglich,
mögest du millionenmal gepriesen sein!
Mögen sich dir Freude und Jubel vereinen,
mögen deine Glieder Gesundheit verkünden!
Mögest du jünger werden jeden Tag,
möge dir das Unheil nicht nahekommen!
Möge das Jahr kommen, da man sich deiner Vollkommenheit erinnert,
nicht wird man (mehr) deinesgleichen finden!
Dein Auge ist strahlend jeden Tag,
dein Ohr(?) stark!

Mögest du die schönen Jahre verdoppeln,
deine Monate in Gesundheit;
deine Tage in Leben und Glück,
deine Stunden in Gesundheit!
Deine Götter sind durch dich zufriedengestellt,
sie sind zufrieden mit deiner Rede!
Der schöne Westen wurde deinetwegen fortgeschickt,
du alterst nicht, du wirst nicht krank!
Du wirst 110 Jahre auf der Erde vollenden,
indem deine Glieder stark sind;
so wie es getan wird für einen Gelobten wie du,
den sein Gott lobt!
Es empfehle dich der Herr der Götter
an die Herren des Westgebirges!
Mögen Blumenopfer für dich herauskommen in Busiris
und eine Wasserspende in der Nekropole!
Möge dein Ba herauskommen und möge er sich ergehen
an jedem Platz, den er liebgewonnen hat!
Für den Ka des Einzigen, wahrhaft Zuverlässigen,
des sehr Gelobten seines Gottes Thot,
des Schreibers Amenemope, des Gerechtfertigten!

Formal gesehen ist dieser Text insofern ein wenig anspruchsvoller komponiert, als er neben dem üblichen Doppelvers-Schema zweimal ein *quatrain* verwendet.

The hardships of the soldier's life (*LEM* 26 = pAnastasi III, 5, 5-6, 2)

Edition:

🕮 Alan H. GARDINER, Late-Egyptian Miscellanies, Bruxelles 1937 (Bibliotheca Aegyptiaca VII), 26.

Übersetzungen:

🕮 Ricardo A. CAMINOS, Late-Egyptian Miscellanies, London 1954 (Brown Egyptological Studies I), 91-95.

🕮 Nikolaus TACKE, Verspunkte als Gliederungsmittel in ramessidischen Schülerhandschriften, Heidelberg 2001 (SAGA 22), 38-40.

Einzelbeitrag:

🕮 Hans-Werner FISCHER-ELFERT, Morphologie, Rhetorik und Genese der Soldatencharakteristik, in: GM 66, 1983, 45-65.

Wie beliebt das Thema des mühevollen Soldatenlebens war, zeigt die Tatsache, daß dieser Text auch im pAnastasi IV, 9, 4-10, 1, ähnlich im pChester Beatty

IV vso, 5, 6-6, 1 und V rto., 7, 4, und auch im oDeM 1030 erhalten ist. Im Unterschied zum vorliegenden Text sind die anderen unpunktiert.

„Soldatencharakteristik" nennt FISCHER-ELFERT diese Texte in Nachfolge von SEIBERTs Charakteristik,

> „weil sie als literarische Neuschöpfung und Nachahmung der von Peter Seibert herausgearbeiteten Sprechsitte ihr Thema ‚charakterisierend' besprechen, indem sie die besonders typischen, rein negativen Begleiterscheinungen des Soldatenberufs herausstreichen ... Ihre (sc. der Texte) Funktion besteht nach der *communis opinio* darin, innerhalb der Rivalität Beamtentum – Militär zugunsten der sich als Bewahrer alter Traditionen verstehenden Beamtenschaft den Schreiberberuf zu propagieren und den während des NR ständig wachsenden Zustrom zum Militär aufzufangen bzw. umzuleiten" (S. 45).

Der Schreiber *Jmn-m-jp.t*
spricht zum Schreiber *Pꜣ-bꜣsꜣ*:
Man brachte dir dieses Schreiben aus folgendem Grund:
Bemühe dich, Schreiber zu werden,
es ist angenehm, einen Schreiberberuf zu finden.
Komm, laß mich dir von der Lage des Soldaten berichten,
des viel Gequälten.
Er wird gebracht als Kind von einem *nbj*-Maß,
er wird in der Kaserne(?) eingesperrt.
Ein brennender(?) Schlag wird auf seinen Leib gegeben,
ein zerstörender Schlag auf sein Auge,
ein spaltender Schlag auf seine Augenbrauen,
sein Gesicht ist gespalten durch eine Wunde.
Er wird hingelegt und wird geschlagen wie Papyrus,
er ist zerschlagen durch Züchtigungen.
Und komm, sein Marsch nach Syrien,
und sein Marschieren auf die Hügel!
Sein Brot und sein Wasser sind auf seiner Schulter,
wie die Last eines Esels,
sein Nacken bildet einen Rist wie ein Esel.
Die Wirbel seines Rückens sind gebeugt,
wenn er brackiges Wasser trinkt,
er macht nur Halt, um Wache zu halten.
Er ist an den Feind geraten,
indem er wie ein gerupfter Vogel ist,
und keine Kraft in seinen Gliedern ist.
Er ist schließlich nach Ägypten gelangt,
indem er wie ein Stock ist, den der *kk*-Wurm gefressen hat,

er ist krank, Bettlägerigkeit hat ihn ergriffen.
Er wurde auf einem Esel gebracht,
wobei seine Kleider durch Diebstahl weggenommen sind,
und sein Diener geflohen ist.

Auch dieser Text ist wie das vorausgehende Beispiel etwas anspruchsvoller komponiert, was sich hier an der Anzahl von *triplets* im zweiten Teil zeigt.

The sufferings of an army officer (*LEM* 27 = pAnastasi III, 6, 2-6, 10)

Edition:

🕮 Alan H. GARDINER, Late-Egyptian Miscellanies, Bruxelles 1937 (Bibliotheca Aegyptiaca VII), 27.

Übersetzungen:

🕮 Ricardo A. CAMINOS, Late-Egyptian Miscellanies, London 1954 (Brown Egyptological Studies I), 95-99.

🕮 Nikolaus TACKE, Verspunkte als Gliederungsmittel in ramessidischen Schülerhandschriften, Heidelberg 2001 (SAGA 22), 41-44.

Nicht nur der einfache Soldat, sondern auch seine Vorgesetzten wurden in die negative Schilderung dieses Berufsstandes einbezogen, wie das folgende Beispiel zeigt:

Der Schreiber *Jmn-m-jp.t*
spricht zum Schreiber *P3-b3s3*:
Man brachte dir dieses Schreiben aus folgendem Grund:
Gib acht! Werde Schreiber!
Dann wirst du die Menschheit führen.
Komm, laß mich dir über einen elenden Beruf berichten,
den des Wagenkämpfers.
Er wird in den Stall gegeben wegen seines Vaters seiner Mutter,
mit fünf Sklaven.
Es werden ihm zwei Mann von ihnen gegeben,
sie sind ihm unterstellt.
Er eilt, um sich mit Pferden zu befassen,
im Stall, vor Seiner Majestät, l.h.g.
Schöne Pferde werden für ihn besorgt,
er freut sich jauchzend.
Er erreicht mit ihnen seine Stadt
und bemüht sich, sie traben zu lassen.
Er ist glücklich beim Traben nach (seiner) Hand(?),
(aber) er kennt nicht ihre(?) Absicht(?).
Er hat den Besitz von Vater und Mutter hingegeben

und hat den Wagen gekauft.
Dessen Deichsel kostete 3 Deben,
der Wagen selbst 5 Deben.
Er eilt, um zu fahren(?) mit ihm
und macht sich Sandalen des Schuhmachers(?).
Er ergreift sie und gibt sie an die Zügelleine(?),
und sie werfen ihn in das Gestrüpp.
Seine Füße werden geschnitten durch die Zügelleine(?),
seine Seiten werden durchbohrt von Bissen.
Man kommt, um das Futter einzufordern(?),
er ist voller Qualen(?).
Er wird auf den Boden geworfen
und mit 100 Schlägen gezüchtigt.

Dieser Text ist wieder sehr einfach in Gedankenpaare gegliedert. Die Funktion der Punkte als Gliederungs- und nicht als Verspunkte zeigt sich hier wie in anderen Texten (s. weiter oben) etwa bei der Anrede, wo bereits nach dem Namen des Absenders ein Punkt steht.

An official complains of the hardships of his post abroad (*LEM* 48-49 = pAnastasi IV, 12, 5-13, 8)

Edition:

🕮 Alan H. GARDINER, Late-Egyptian Miscellanies, Bruxelles 1937 (Bibliotheca Aegyptiaca VII), 48-49.

Übersetzungen:

🕮 Ricardo A. CAMINOS, Late-Egyptian Miscellanies, London 1954 (Brown Egyptological Studies I), 188-198.

Auch nichtmilitärische Offizielle waren bei ihrem Dienst im Ausland offenbar nicht geringen Unannehmlichkeiten ausgesetzt, wie das folgende Beispiel belegt. Der fiktive Ort Qenqen-en-ta, der in Z. 1 genannt wird, läßt sich mit FISCHER-ELFERT sehr treffend mit „Hölle auf Erden“ wiedergeben. [14]

> Ich sitze in Qenqen-en-ta, indem ich nicht versorgt bin und indem niemand da ist, der Ziegel knetet und (auch) nicht Stroh in der Umgebung. Was ich als Bedarf (mit)gebracht habe, verschwindet, obwohl kein Esel da ist, der es raubt. Ich verbringe den Tag mit dem Betrachten der Vögel; ich fange Vögel und Fische und mein Auge schielt auf den Weg, der hinaufführt nach Djahj. Ich schlafe unter Bäumen, die

[14] FISCHER-ELFERT, Vom Fluch zur Passion. Zur literarischen Genese des „Tale of Woe“ (Pap. Pushkin 127), in: Kon-Texte, München 2004 (ÄAT 60), 82.

keine Frucht zum Essen haben, ihre Datteln, die (noch) nicht reif sind, sind verschwunden. Die Mücke ist da bei Sonnenuntergang, die Fliege zur Mittagszeit; die Sandfliege sticht und saugt aus jeder Ader. Ich gehe wie einer, der derbe Knochen hat, ich durchziehe die Länder auf meinen Füßen. Wenn ein Krug geöffnet wird, der voll ist mit Bier von Qedi, und wenn die Menschen herauskommen, um den Krug nach draußen zu bringen, sind 200 große Hunde und 300 Hyänen da, insgesamt 500, die bereit dastehen jeden Tag am Eingang des Hauses, jedesmal wenn ich herauskomme, durch den Geruch, den das Gebräu verursacht, wenn der Krug geöffnet ist. Hätte ich nicht den kleinen Hund des Königsschreibers Nahereh hier im Haus! Er ist es, der mich rettet vor ihnen wieder und wieder, sooft ich das Haus verlasse. Er ist bei mir als Leiter auf dem Weg; dann bellt er, und dann laufe ich, um den Riegel (der Tür) zu öffnen (?). Isheb sagen sie zu einem roten Schakal mit langem Schwanz. Er geht in der Nacht in den Ställen der Rinder umher, beginnt mit den großen zuerst und macht überhaupt keinen Unterschied; sein Gesicht ist wild. Gott rettet, wen er will. Die Hitze, die hier ist, sie will nicht weichen. – Ein weiteres: Ein *mns*-Schreiber ist hier bei mir; jeder Muskel seines Gesichtes zuckt, die *wšt.t*-Krankheit ist in seinem Auge entstanden, es beißt der Wurm in seine Zähne. Ich kann ihn nicht seinem Schicksal überlassen. Die Menge meiner Meister (o.ä.) {sagt}: ‚Gib, daß ihm seine Rationen hier gegeben werden, damit er in Ruhe bleibe in der Umgebung von Qen-qen-en-ta'.

VII. Verschiedene kleinere und fragmentarische Texte

Im folgenden wird eine Reihe kleinerer Texte vorgestellt, die wegen ihres geringen Umfangs, ihres fragmentarischen Zustandes und gelegentlich auch wegen ihres relativ versteckten Publikationsortes geeignet sind, keine bzw. nicht die ihnen gebührende Aufmerksamkeit zu finden. Um die Veröffentlichung dieser Texte hat sich vor allem FISCHER-ELFERT verdient gemacht:

🕮 Hans-Werner FISCHER-ELFERT, Literarische Ostraka der Ramessidenzeit in Übersetzung, Wiesbaden 1986 (KÄT [9]) und

🕮 Hans-Werner FISCHER-ELFERT, Lesefunde im literarischen Steinbruch von Deir el-Medineh, Wiesbaden 1997 (KÄT 12).

In den „Literarischen Ostraka der Ramessidenzeit" veröffentlichte FISCHER-Elfert neben einer Anzahl religiöser Texte (meist Hymnen), die hier nicht berücksichtigt werden, einige lehrhafte Kompositionen, die weiter oben vorgestellt wurden. Aber auch Andere haben sich gelegentlich dieser Texte angenommen, wie im folgenden zu zeigen sein wird. In der Mehrzahl auf Ostraka erhalten, stammen sie wie deren *gros* mehrheitlich aus der Ramessidenzeit und insbesondere aus Deir el Medine. Doch es gibt auch Ausnahmen, sowohl was die Herkunft, als auch, was die Datierung betrifft. Das gilt etwa für den folgenden Text:

1. Sehnsucht nach Theben

Die Texte, die die Schönheit von Memphis oder auch die der Ramsesstadt preisen, dabei gelegentlich auch einer Person in den Mund gelegt werden, die fern dieser Stadt ist, und von der Sehnsucht, dort zu sein sprechen, sind vor allem in den *LEM* immer wieder zu finden. Dagegen ist dort, zumindest im bisher bekannten Material, kein einziger Text belegt, der von der Sehnsucht nach Theben spricht. Das ist einerseits nicht verwunderlich, lag doch in dieser Zeit der Schwerpunkt des Landes eindeutig wieder im Norden, in Memphis und in der Ramsesstadt. Theben war lediglich aus religiösen Gründen noch von Bedeutung, solange die Herrscher sich im Tal der Könige beisetzen ließen. Außerdem stammt die Mehrzahl der Papyri, in denen diese Texte belegt sind, aus dem Gebiet von Memphis/Saqqara, soweit sich das noch rekonstruieren läßt. Andererseits ist man doch ein wenig überrascht, daß Theben in den *LEM* eine so geringe Rolle spielt, zumal ja auch eine Reihe von Ostraka mit Auszügen aus den *miscellanies* erhalten ist, und diese stammen in aller Regel aus Theben bzw. Deir el Medine. Doch spiegelt sich auch der Wunsch, in Theben – und auch in anderen Städten als den bisher genannten – weilen zu können, gelegentlich in den Texten wider.

Mit dieser Gattung der „Sehnsucht nach der Stadt“ oder auch der *laus urbis* hat sich wie bereits erwähnt jüngst

🕮 Ursula VERHOEVEN, Literarische Ansichtskarten aus dem Norden versus Sehnsucht nach dem Süden, in: Günter BURKARD – Alfred GRIMM – Sylvia SCHOSKE – Alexandra VERBOVSEK unter Mitarbeit von Barbara MAGEN (Hrsgg.), Kon-Texte. Akten des Symposions „Spurensuche – Altägypten im Spiegel seiner Texte“ 2.-4. Mai 2003, Wiesbaden 2004 (ÄAT 60), 65-80

ausführlich auseinandergesetzt. Die folgenden Übersetzungen stammen, wo nicht anders vermerkt, aus diesem Beitrag.

oGardiner 25

Edition:

🕮 Jaroslav ČERNÝ – Alan H. GARDINER, Hieratic Ostraca I, Oxford 1957, Taf. 38 u. 38a.

Übersetzung:

🕮 Miriam LICHTHEIM, The Praise of Cities in the Literature of the Egyptian New Kingdom, in: Panhellenica. Essays in Ancient History and Historiography in honor of Truesdell S. Brown (ed. Stanley M. Burstein), Lawrence 1980, 15-23, hier S. 21.

Die folgende Übersetzung übernehmen wir in respektvoller Verehrung von Miriam LICHTHEIM:

> What says their heart to them each day,
> To those who are far from Thebes,
> Who spent the time evoking its name?
> „If only we were in its districts,
> Its hut for him who has no clothes,
> Its pavilion for the nobleman!
> The bread within it is tastier
> Than pastries made with goose fat;
> How much sweeter than honey are its [waters],
> One could drink of them to drunkenness!
> Such is the way of the dweller in Thebes,
> Heaven doubles its breeze for him!“

oTT 87, 87/173

Der folgende Beleg stammt interessanterweise aus der 18. Dynastie, wie Schriftduktus und archäologischer Fundkontext zweifelsfrei zeigen. Veröffentlicht wurde er von

🕮 Heike GUKSCH, „Sehnsucht nach der Heimatstadt“: ein ramessidisches Thema?, in: MDAIK 50, 1994, 101-106.

Auch wenn der Name Theben nirgends steht, ist durch den Fundort – im Grab des Nacht-Min, TT 87 – und die Bezeichnung als Stadt des Amun sicher, daß es sich um diese Stadt handelt. Der kurze Text auf dem *recto* von Ostrakon 87/173 lautet in der Übersetzung VERHOEVENs (a.a.O., S. 74f.):

> Amun, bring mich an deinen Ort,
> Angenehmer ist das Leben eines, der unter deinen Städtern geliebt wird,
> als das Alter in einer anderen Stadt zu verbringen.
>
> Amun, bring mich an deinen Ort,
> Angenehmer ist das Leben eines, den deine Stadt liebt,
> als Gerste im Sommer in einem Jahr des Hungerleidens.
>
> Amun, hole mich in deine Festung!
> Angenehm (fühlt) sich der, den du bewachst.
> Verhindere, daß die Hand eines anderen auf mich fällt.

oDeM 1232

Ebenfalls von der Sehnsucht nach Theben spricht ein sehr kurzer Text, der auf dem oDeM 1232, 1-2 erhalten ist und der der Vollständigkeit halber genannt sei; er wurde zuerst veröffentlicht von

🕮 Hans-Werner FISCHER-ELFERT, Lesefunde im literarischen Steinbruch von Deir el-Medineh, Wiesbaden 1997 (KÄT 12), 17-18.

Inzwischen hat VERHOEVEN eine leicht verbesserte Übersetzung vorgelegt (a.a.O., S. 76):

> Angenehm ist Theben, verhaßt das Nordwärtsfahren.
> <Ich> liebe die Größe Amuns, der zu dem Schiff gehört,
> wenn <ich> wieder nordwärts fahre.

Weitere Texte, die von der Sehnsucht nach Theben sprechen, sind ebenso wie solche, die Hermopolis oder Heliopolis mit der gleichen Intention nennen, formal Gebete bzw. Hymnen an Götter und werden hier demzufolge nicht berücksichtigt. Interessierte verweisen wir hierzu auf den Beitrag von VERHOEVEN.

2. Die Tötung des Falkendämonen

Edition:

🕮 Serge SAUNERON (mise à jour Yvan KOENIG), Deux pages d'un texte littéraire inédit, Papyrus Deir el-Médineh 39, in: MIFAO 104, 1980, 135-141.

Übersetzung:

🕮 Frank KAMMERZELL, Die Tötung des Falkendämonen, in: TUAT III, 5, Gütersloh 1995, 970-972.

pDeM 39 ist ein Fragment von 18 : 21 cm (B : H) mit den Resten einer einzigen Kolumne im Umfang von jeweils 9 Zeilen auf Vorder- und Rückseite. Schriftduktus und Sprachform weisen die Niederschrift der zweiten Hälfte der 19. Dynastie zu. Der Text ist durch Rubra gegliedert. Aus den geringen Resten läßt sich die Erzählung, KAMMERZELL folgend, folgendermaßen rekonstruieren:

Ein göttlicher Falke wird unter Mitwirkung des Gottes Herischef und des Generals Merire getötet. Dazu wird eine besonders scharfe Klinge in Auftrag gegeben. Weitere beteiligte Personen sind der Handwerker, der die Klinge anfertigen soll, und eine nicht namentlich genannte Frau mit offenbar magischen Fähigkeiten. Nachdem deren Wirksamkeit außer Kraft gesetzt ist, wird der Falke getötet und begraben. Am Ende befinden sich Herischef, Merire und die Frau in einem Gebäude. Die Frau spricht einen Fluch aus, eine Person (Merire?) soll Bier trinken; hier bricht die Erzählung ab.

Die folgenden Textbeispiele (Übersetzung nach KAMMERZELL) mögen den fragmentarischen Zustand des Textes illustrieren, kursive Stellen sind sinngemäß ergänzt:

> [... General] Merire sprach zu ihm: „Befiehl, daß die von mir erteilte Anweisung [*‚ein Handwerker möge mir eine Klinge, die*] ganz besonders sch[arf ist, *anfertigen'*] ausgeführt wird." Also brachte man den Handwerker vor Herischef, und der sprach [zu ihm: *„Stelle ihm eine Klinge her, die ganz besonders scharf ist." Der Handwerker* erwiderte] ihm: „Gewiß doch, gewiß" (VS Z. 2-4)!
>
> Herischef, der Held [...] General Merire und sorge dafür, daß er sich betrinkt, denn du weißt ja: er schätzt das Bier [...] (RS Z. 8-9, Ende des erhaltenen Textes).

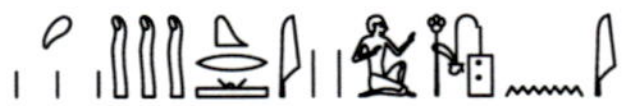

Literaturverzeichnis

ALBERS, SABINE, *Untersuchungen zur Lautsymbolik in altägyptischen Texten*, Magisterarbeit München 2000 (unveröffentlicht).

ALLAM, SCHAFIK, *Papyrus Moscow 127 (Translation and Notes)*, in: JEA 61, 1975, 147-153.

ALTENMÜLLER, HARTWIG, *Bemerkungen zum Hirtenlied des Alten Reiches*, in: CdE 48, 1973, 211-231.

ALTENMÜLLER, HARTWIG, *Bemerkungen zum Kapitel 13 der Lehre des Amenemope (Am. 15,19-16,14)*, in: MANFRED GÖRG (Hrsg.), Fontes atque Pontes. Eine Festgabe für Hellmut Brunner, Wiesbaden 1983 (ÄAT 5), 1-17.

ASSMANN, JAN, *Das ägyptische Zweibrüdermärchen (Papyrus d'Orbiney): Eine Textanalyse auf drei Ebenen am Leitfaden der Einheitsfrage*, in: ZÄS 104, 1977, 1-25.

ASSMANN, JAN, *Fest des Augenblicks, Verheißung der Dauer. Die Kontroverse der ägyptischen Harfnerlieder*, in: JAN ASSMANN – ERIKA FEUCHT – REINHARD GRIESHAMMER (Hrsgg.), *Fragen an die altägyptische Literatur*, Studien zum Gedenken an Eberhard Otto, Wiesbaden 1977, 55-84.

ASSMANN, JAN, *Die Harfnerlieder*, in: Stein und Zeit. Mensch und Gesellschaft im alten Ägypten. München 1991, 215-217.

ASSMANN, JAN, *Kulturelle und literarische Texte*, in: ANTONIO LOPRIENO (Hrsg.), Ancient Egyptian Literature – History and Forms, Leiden, New York, Köln 1996 (Probleme der Ägyptologie 10), 59-81.

ASSMANN, JAN, *Das Lied des Antef*, in: TUAT II, 6, Gütersloh 1991, 905-906.

ASSMANN, JAN, *Literatur und Karneval im Alten Ägypten*, in: SIEGMAR DÖPP (Hrsg.), Karnevaleske Phänomene in antiken und nachantiken Literaturen und Kulturen, Trier 1993, 31-57.

ASSMANN, JAN – BLUMENTHAL, ELKE (Hrsgg.), *Literatur und Politik im pharaonischen und ptolemäischen Ägypten*, Le Caire 1999 (BdE 127).

ASSMANN, JAN, *Die Verborgenheit des Mythos im Alten Ägypten*, in: GM 25, 1977, 7-43.

ASSMANN, JAN, *Verkünden und Erklären – Grundformen hymnischer Rede im Alten Ägypten*, in: WALTER BURKERT – FRITZ STOLZ (Hrsgg.), Hymnen der Alten Welt im Kulturvergleich, Fribourg – Göttingen 1994 (OBO 131), 33-58.

BAINES, JOHN, *Classicism and Modernism in the Literature of the New Kingdom*, in: ANTONIO LOPRIENO (Hrsg.), Ancient Egyptian Literature – History and Forms, Leiden, New York, Köln 1996 (Probleme der Ägyptologie 10), 157-174.

BAINES, JOHN, *Myth and Literature*, in: ANTONIO LOPRIENO (Hrsg.), Ancient Egyptian Literature – History and Forms, Leiden, New York, Köln 1996 (Probleme der Ägyptologie 10), 373-374.

BAINES, JOHN, *On Wenamun as a Literary Text*, in: JAN ASSMANN und ELKE BLUMENTHAL (Hrsgg.), Literatur und Politik im pharaonischen und ptolemäischen Ägypten, Le Caire 1999 (BdE 127), 209-233.

BAINES, JOHN, *Prehistories of Literature: Performance, Fiction, Myth*, in: GERALD MOERS (Hrsg.), Definitely: Egyptian Literature, Göttingen 1999 (LingAeg, Studia monographica 2), 17-41.

BAINES, JOHN, *Research on Egyptian Literature*, in: Egyptology at the Dawn of the Twenty-first Century. Proceedings of the 8th International Congress of Egyptologists, Cairo 2000, Vol. 3: Language, Conservation, Museology, ed. ZAHI HAWASS – LYLA PINCH-BROCK, Cairo – New York 2003, 1-47.

BARTA, WINFRIED, *Die Reziprozität der homosexuellen Beziehung zwischen Horus und Seth*, in: GM 129, 1992, 33-38.

BECKERATH, JÜRGEN VON, *Zur Geschichte von Chonsemheb und dem Geist*, in: ZÄS 119, 1992, 90-107.

BICKEL, SUSANNE, MATHIEU, BERNARD, *L'écrivain Amennakht et son enseignement*, in: BIFAO 93, 1993, 31-51.

BLACK, JAMES ROGER, *The Instruction of Amenemope: A Critical Edition and Commentary. Prolegomenon and Prologue*, Diss. Univ. of Wisconsin-Madison 2002.

BLACKMAN, AYLWARD M., *The Ancient Egyptians; A Sourcebook of Their Writing*, introduction by WILLIAM K. SIMPSON, London 1927, Reprint New York 1966.

BLUMENTHAL, ELKE (Hrsg.), *Altägyptische Reiseerzählungen. Die Lebensgeschichte des Sinuhe. Der Reisebericht des Wen-Amun*, Leipzig ²1984.

BLUMENTHAL, ELKE, *Die Erzählung des Papyrus d'Orbiney als Literaturwerk*, in: ZÄS 99, 1972, 1-17.

BROZE, MICHELE, *Les aventures d'Horus et Seth dans le Papyrus Chester Beatty I*, Leuven 1996 (OLA 76).

BRUNNER, HELLMUT, *Altägyptische Weisheit. Lehren für das Leben*, Zürich – München 1988.

BRUNNER, HELLMUT, *Der freie Wille Gottes in der ägyptischen Weisheit*, in: Les sagesses du Proche-Orient Ancien, Paris 1963, 103-120.

BRUNNER, HELLMUT, *Die Lehre des Amenemope*, in: WALTER BEYERLIN (Hrsg.), Religionsgeschichtliches Textbuch zum Alten Testament, Göttingen 1975, 75-88.

BRUNNER-TRAUT, EMMA, *Altägyptische Märchen*, München 1963 (Erstauflage).

BUCHBERGER, HANNES, *Zum Ausländer in der ägyptischen Literatur. Eine Kritik*, in: WdO 20/21, 1989/90, 28-29.

BUDGE, ERNEST A. WALLIS, *Facsimiles of Egyptian Hieratic Papyri in the British Museum*, Second Series, London 1923.

BURKARD, GÜNTER, *Der formale Aufbau altägyptischer Literaturwerke: Zur Problematik der Erschließung seiner Grundstrukturen*, in: SAK 10, 1983, 79-118.

BURKARD, GÜNTER – GRIMM, ALFRED – SCHOSKE, SYLVIA – VERBOVSEK, ALEXANDRA unter Mitarbeit von BARBARA MAGEN (Hrsgg.), *Kon-Texte. Akten des Symposions „Spurensuche – Altägypten im Spiegel seiner Texte", 2.-4. Mai 2003*, Wiesbaden 2004 (ÄAT 60).

BURKARD, GÜNTER, *Metrik, Prosodie und formaler Aufbau ägyptischer literarischer Texte*, in: ANTONIO LOPRIENO (Hrsg.), Ancient Egyptian Literature – History and Forms, Leiden, New York, Köln 1996 (Probleme der Ägyptologie 10), 447-463.

CAMINOS, RICARDO A., *Late-Egyptian Miscellanies*, London 1954 (Brown Egyptological Studies I).

CAMINOS, RICARDO, *The Moscow Literary Letter*, in: JAN ASSMANN – ERIKA FEUCHT – REINHARD GRIESHAMMER (Hrsgg.), Fragen an die altägyptische Literatur, Studien zum Gedenken an Eberhard Otto, Wiesbaden 1977, 147-153.

CAMINOS, RICARDO A., *A Tale of Woe. From a Hieratic Papyrus in the A.S. Pushkin Museum of Fine Arts in Moscow*, Oxford 1977.

ČERNÝ, JAROSLAV – GARDINER, ALAN H., *Hieratic Ostraca I*, Oxford 1957.

ČERNÝ, JAROSLAV, *Paper and Books in Ancient Egypt*, London 1952.

CODY, AELRED, *The Phoenician Ecstatic in Wenamun. A Professional Oracular Medium*, in: JEA 65, 1979, 99-106.

COLLOMBERT, PHILIPPE – COULON, LAURENT, *Les dieux contre la mer. Le début du „papyrus d'Astarté" (pBN 202)*, in: BIFAO 100, 2000, 193-242.

DERCHAIN, PHILIPPE, *La perruque et le cristal*, in: SAK 2, 1975, 55-74.

DERCHAIN, PHILIPPE, *Pour l'érotisme*, in: CdE 74, 1999, 261-267.

DIETRICH MANFRED – LORETZ, OTTO, *Mythen und Epen in ugaritischer Sprache*, in: TUAT III, 6, Gütersloh 1997, 1118-1134.

DORN, ANDREAS, *Die Lehre Amunnachts*, in: ZÄS 131, 2004, 38-55.

EBACH, JÜRGEN H., *Der byblitische Ekstatiker im Bericht des Wn-Imn und die Seher in der Inschrift des Zkr von Hamath*, in: GM 20, 1976, 17-22.

EDEL, ELMAR, *Der Reisebericht des Wn-'mn*, in: KURT GALLING (Hrsg.), Textbuch zur Geschichte Israels, Tübingen 1968, 41-48.

EGBERTS, ARNO, *The Chronology of the Report of Wenamun*, in: JEA 77, 1991, 57-67.

EGBERTS, ARNO, *Double Dutch in the Report of Wenamun?*, in: GM 172, 1999, 17-22.

EGBERTS, ARNO, *Hard Times: The Chronology of „The Report of Wenamun" Revised*, in: ZÄS 125, 1998, 93-108.

Egypt, Israel and the Ancient Mediterranean World. Studies in Honor of Donald. B. Redford, ed. by GARY N. KNOPPERS and ANTOINE HIRSCH, Philadelphia 2004 (Probleme der Ägyptologie 20).

ENGLUND, GERTIE, *The Border and the Yonder Side*, in: EMILY TEETER – JOHN A. LARSON (Hrsgg.), Gold of Praise: Studies on Ancient Egypt in Honor of E. F. Wente, Chicago 1999 (SAOC 58), 101-109.

ERMAN, ADOLF, *Eine ägyptische Quelle der „Sprüche Salomos"*, in: SPAW 1924, 86-93.

ERMAN, ADOLF, *Die Literatur der Ägypter. Gedichte, Erzählungen und Lehrbücher aus dem 3. und 2. Jahrtausend*, Leipzig 1923.

EYRE, CHRIS, *Fate, Crocodiles and the Judgement of the Dead. Some Mythological Allusions in Egyptian Literature*, in: SAK 4, 1976, 103-114.

EYRE, CHRISTOPHER J., *Irony in the Story of Wenamun: the Politics of Religion in the 21st Dynasty*, in: JAN ASSMANN – ELKE BLUMENTHAL (Hrsgg.), Literatur und Politik im pharaonischen und ptolemäischen Ägypten, BdE 127, Le Caire 1999, 235-252.

FECHT, GERHARD, *Der Moskauer „literarische Brief" als historisches Dokument*, in: ZÄS 87, 1962, 12-31.

FISCHER-ELFERT, HANS-WERNER, *Abseits von Maat. Fallstudien zu Außenseitern im Alten Ägypten*, Würzburg 2005.

FISCHER-ELFERT, HANS-WERNER, *„Die Frau von Außerhalb" – eine wandernde Hübschlerin? (Lehre des Ani B 16,13-17)*, in: Abseits von Maat. Fallstudien zu Außenseitern im Alten Ägypten, Würzburg 2005, 165-213.

FISCHER-ELFERT, HANS-WERNER, *„Lache nicht über einen Blinden und verspotte nicht einen Zwerg!" Über den Umgang mit Behinderten im Alten Ägypten*, in: MAX LIEDTKE (Hrsg.), Behinderung als pädagogische und politische Herausforderung. Historische und systematische Aspekte, Bad Heilbrunn 1996, 93-116.

FISCHER-ELFERT, HANS-WERNER, *Lesefunde im literarischen Steinbruch von Deir el-Medineh*, Wiesbaden 1997 (KÄT 12).

FISCHER-ELFERT, HANS-WERNER, *Literarische Ostraka der Ramessidenzeit in Übersetzung*, Wiesbaden 1986 (KÄT [9]), 8-12.

FISCHER-ELFERT, HANS-WERNER, *Literature as a Mirror of Private Affairs. The Case of Mnn3 (i) and his Son Mrj-Sḫm.t (iii)*, in: Andreas DORN, Tobias HOFMANN (eds.), Living and Writing in Deir el-Medine. Socio-historical Embodiment of Deir el-Medine Texts, Basel 2006 (Aegyptiaca Helvetica 19), 87-92.

FISCHER-ELFERT, HANS-WERNER, *Morphologie, Rhetorik und Genese der Soldatencharakteristik*, in: GM 66, 1983, 45-65.

FISCHER-ELFERT, HANS-WERNER, *Persönliche Frömmigkeit und Bürokratie. Zu einer neuen Edition der Lehre des Ani*, in: WdO 28, 1997, 18-30.

FISCHER-ELFERT, HANS-WERNER, *Representations of the Past in New Kingdom Literature*, in: „Never Had the Like Occurred". Egypt's Views of the Past, ed. JOHN TAIT, London 2004 (Encounters with Ancient Egypt), 119-137.

FISCHER-ELFERT, HANS-WERNER, *Die satirische Streitschrift des Papyrus Anastasi I. Textzusammenstellung*, Wiesbaden 1983 (KÄT 7).

FISCHER-ELFERT, HANS-WERNER, *Die satirische Streitschrift des Papyrus Anastasi I*, Wiesbaden 1986 (ÄA 44).

FISCHER-ELFERT, HANS-WERNER, *The Sufferings of an Army Officer*, in: GM 63, 1983, 43-45.

FISCHER-ELFERT, HANS-WERNER, *Vom Fluch zur Passion. Zur literarischen Genese des „Tale of Woe" (Pap. Pushkin 127)*, in: GÜNTER BURKARD – ALFRED GRIMM – SYLVIA SCHOSKE – ALEXANDRA VERBOVSEK unter Mitarbeit von BARBARA MAGEN (Hrsgg.), Kon-Texte. Akten des Symposions „Spurensuche – Altägypten im Spiegel seiner Texte" 2.-4. Mai 2003, Wiesbaden 2004 (ÄAT 60), 81-89.

FOSTER, JOHN L., *Love Songs of the New Kingdom*, Austin 1992.

FOX, MICHAEL V., *The Song of the Songs and the Ancient Egyptian Love-Songs*, Madison (Wisc.) 1985, 7-29.

FOX, MICHAEL V., *A Study of Antef*, in: Orientalia 46, 1977, 393-423.

GARDINER, ALAN H., *The Astarte Papyrus*, in: Studies Presented to Francis Llewellyn Griffith, London 1932, 74-85.

GARDINER, ALAN H., *Egyptian Hieratic Texts Transcribed, Translated and Annotated. Series 1: Literary Texts of the New Kingdom, part 1: The Papyrus Anastasi I and the Papyrus Koller*, Leipzig 1911

GARDINER, ALAN H., *Hieratic Papyri in the British Museum*, 3rd series, London 1935.

GARDINER, ALAN H., *Late-Egyptian Miscellanies*, Bruxelles 1937 (Bibliotheca Aegyptiaca VII).

GARDINER, ALAN H., *Late-Egyptian Stories*, Bruxelles 1932 (Bibliotheca Aegyptiaca I).

GARDINER, ALAN H., *The Library of A. Chester Beatty. Description of a Hieratic Papyrus with a Mythological Story, Love Songs, and Other Miscellaneous Texts. The Chester Beatty Papyri N°1*, London 1931.

GARDINER, ALAN H., *A New Moralizing Text*, in: WZKM 54, 1957, 43-45.

GOEDICKE, HANS, *The Capture of Joppa*, in: CdE 43, 1968, 219-233.

GOEDICKE, HANS, *The Quarrel of Apophis and Seqenenreᶜ*, San Antonio 1986.

GOEDICKE, HANS, *The Report of Wenamun*, Baltimore 1975.

GOEDICKE, HANS, *The Teaching of Amenemope, Chapter XX (Amenemope 20,20-21,20)*, in: RdE 46, 1995, 99-106.

GÖRG, MANFRED, *Der Ekstatiker von Byblos*, in: GM 23, 1977, 31-33.

GOLENISCHEFF, WLADIMIR, *Papyrus hiératique de la Collection W. Golénischeff, contenant la description du voyage de l'Égyptien en Phénicie*, in: RecTrav 21, 1899, 74-102.

GRAEFE, ERHART, *Die letzte Zeile des „Wenamun" und sḏr* 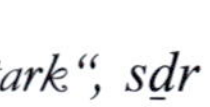 *„stark", sḏr*  *„sichern"*, in: GM 188, 2002, 73-75.

GREEN, MICHAEL, *m-k-m-r und w-t-k-t-r in der Wenamun-Geschichte*, in: ZÄS 113, 1986, 115-119.

GRIFFITHS, JOHN G., *Allegory in Greece and Egypt*, in: JEA 53, 1967, 79-102.

GRUMACH, IRENE, *Untersuchungen zur Lebenslehre des Amenope*, München 1972 (MÄS 23).

GUGLIELMI, WALTRAUD, *Berufssatiren in der Tradition des Cheti*, in: Zwischen den beiden Ewigkeiten. Festschrift Gertrud Thausing, Wien 1994, 44-72.

GUGLIELMI, WALTRAUD, *Die ägyptische Liebespoesie*, in: ANTONIO LOPRIENO (Hrsg.), Ancient Egyptian Literature – History and Forms, Leiden, New York, Köln 1996 (Probleme der Ägyptologie 10), 335-350.

GUGLIELMI, WALTRAUD, *Eine „Lehre" für einen reiselustigen Sohn (Ostrakon Oriental Institute 12074)*, in: WdO 14, 1983, 147-166.

GUKSCH, HEIKE, *„Sehnsucht nach der Heimatstadt": ein ramessidisches Thema?*, in: MDAIK 50, 1994, 101-106.

GUNN, BATTISCOMBE – GARDINER, ALAN H., *New Renderings of Egyptian Texts. II. The Expulsion of the Hyksos*, in: JEA 5, 1918, 36-56.

HAGEN, FREDRIK, *The Prohibitions: A New Kingdom Didactic Text*, in: JEA 91, 2005, 125-164.

HALLER, FRIEDRICH, *Widerlegung der allgemeinen Annahme, der Bericht des Wenamun (Papyrus Moskau nr. 120) breche gegen Ende unvermittelt ab und der Schluß sei verloren*, in: GM 173, 1999, 9.

HAWTHORN, JEREMY, *Grundbegriffe moderner Literaturtheorie*, UTB 1756, Stuttgart 1994.

HEINTZ, JEAN-GEORGE, *La sagesse égyptienne d'Aménémopé et le livre biblique des Proverbes, vus par l'égyptologue Étienne Drioton*, in: Ktema 14, 1989, 19-29.

HELCK, WOLFGANG, *Die Erzählung vom verwunschenen Prinzen*, in: Form und Mass. Beiträge zur Literatur, Sprache und Kunst des alten Ägypten. Festschrift für Gerhard Fecht, hrsg. von JÜRGEN OSING und GÜNTER DREYER, Wiesbaden 1987 (ÄAT 12), 218-225.

HELCK, WOLFGANG, *Die Herkunft der Erzählung des sog. „Astartepapyrus"*, in: Fontes atque Pontes. Eine Festgabe für Hellmut Brunner, hrsg. von MANFRED GÖRG, Wiesbaden 1983 (ÄAT 5), 215-223.

HERMANN, ALFRED, *Altägyptische Liebesdichtung*, Wiesbaden 1959.

HERMANN, ALFRED, *Der Prinz, dem drei Geschicke drohen*, in: Mélanges Maspero, Le Caire 1935-38 (MIFAO 66/1), 313-325.

HERRMANN, SIEGFRIED, *Steuerruder, Waage, Herz und Zunge in ägyptischen Bildreden*, in: ZÄS 79, 1954, 106-115.

HINTZE, FRITZ, *Untersuchungen zu Stil und Sprache neuägyptischer Erzählungen*, Berlin 1950-1952.

HOCH, JAMES E., *Semitic Words in Egyptian Texts of the New Kingdom and Third Intermediate Period*, Princeton 1994.

HOLLIS, SUSAN T., *The Ancient Egyptian „Tale of the Two Brothers". The Oldest Fairy Tale in the World*, Univ. of Oklahoma Press 1990.

HOLLIS, SUSAN T., *Anubis' Mortuary Functions in „The Tale of the Two Brothers"*, in: Hermes Aegyptiacus. Egyptological Studies for B. H. Stricker on his 85th Birthday, ed. by TERENCE DUQUESNE, Oxford 1995, 87-99.

HORNUNG, ERIK, *Gesänge vom Nil*, Zürich – München 1990.

HUBAI, PÉTER, *Eine literarische Quelle der ägyptischen Religionsphilosophie? Das Märchen vom Prinzen, der drei Gefahren zu überstehen hatte*, in: ULRICH LUFT (Hrsg.), The Intellectual Heritage of Egypt, Studies Presented to László Kákosy, Studia Aegyptiaca XIV, 1992, 277-300.

ISRAELI, SHLOMIT, *Chapter Four of the Wisdom Book of Amenemope*, in: Studies in Egyptology Presented to Miriam Lichtheim, ed. SARAH ISRAELIT-GROLL, Jerusalem 1990, 464-484.

IVERSEN, ERIK, *Amenemope. Some Suggestions*, in: ZÄS 123, 1996, 41-45.

JANSEN-WINKELN, KARL, *Diglossie und Zweisprachigkeit im alten Ägypten*, in: WZKM 85, 1995, 87-115.

JANSEN-WINKELN, KARL, *Lebenslehre und Biographie*, in: ZÄS 131, 2004, 59-72.

JUNGE, FRIEDRICH, *Die Eroberung von Joppe*, in: TUAT Ergänzungslieferung, Gütersloh 2001, 143-146.

JUNGE, FRIEDRICH, *Die Erzählung vom Streit der Götter Horus und Seth um die Herrschaft*, in: TUAT III, 5, Gütersloh 1995, 930-950.

JUNGE, FRIEDRICH, *Mythos und Literarizität: Die Geschichte vom Streit der Götter Horus und Seth*, in: HEIKE BEHLMER, (Hrsg.), ... *quaerentes scientiam.* Festgabe für Wolfhart Westendorf zu seinem 70. Geburtstag überreicht von seinen Schülern, Göttingen 1994, 83-101.

JUNGE, FRIEDRICH, *Neuägyptisch. Einführung in die Grammatik*, Wiesbaden, ²1999, 16-22.

KAMMERZELL, FRANK, *Die Tötung des Falkendämonen*, in: TUAT III, 5, Gütersloh 1995, 970-972.

KAMMERZELL, FRANK, *Vom Streit zwischen Leib und Kopf*, in: TUAT III, 5, Gütersloh 1995, 951-954.

KATARY, SALLY L.D., *The Two Brothers as Folktale: Constructing the Social Context*, in: JSSEA 24, 1994 (ersch. 1997), 39-70.

KOROSTOVTSEV, MIKHAIL A., *Jeratičeskij papirus 127 iz sobranija GMJJ im. A.S. Puškina*, Moskva 1961.

KOROSTOVTSEV, MIKHAIL A., *Putešhestvie Un-Amuna v. Bibl.*, Moskva 1960.

LABIB, PAHOR, *Die Herrschaft der Hyksos in Ägypten und ihr Sturz*, Glückstadt 1936.

LABRIQUE, FRANÇOISE, *La transmission de la royauté égyptienne, dans le De Iside, le Jugement d'Horus et Seth (P. Chester Beatty I) et le Conte des Deux Frères (P. d'Orbiney)*, in:

Pouvoir des hommes, signes des dieux dans le monde antique, ed. MICHEL FARTZOFF – ELISABETH SMADJA – EVELYNE GENY, Paris 2002, 9-26.

LACOMBE-UNAL, FRANÇOISE, *Les notions d'acquis et d'inné dans le dialogue de l'Enseignement d'Ani*, in: BIFAO 100, 2000, 371-381.

LANGE, HANS O., *Das Weisheitsbuch des Amenemope aus dem Papyrus 10474 des British Museum*, Kopenhagen 1925.

LEITZ, CHRISTIAN, Magical and Medical Papyri of the New Kingdom, London 1999 (HPBM VII).

LEPROHON, RONALD J., *What Wenamun Could Have Bought: the Value of his Stolen Goods*, in: Egypt, Israel and the Ancient Mediterranean World. Studies in Honor of Donald. B. Redford, ed. by GARY N. Knoppers and ANTOINE HIRSCH, Philadelphia 2004 (Probleme der Ägyptologie 20), 1-5.

LESKO, LEONARD H., *Three Late Egyptian Stories Reconsidered*, in: Egyptological Studies in Honor of Richard A. Parker, ed. by LEONARD H. LESKO, Hanover – London 1986, 98-103.

LICHTHEIM, MIRIAM, *Ancient Egyptian Literature*, Vol. II, The New Kingdom, Berkeley 1976.

LICHTHEIM, MIRIAM, *The Praise of Cities in the Literature of the Egyptian New Kingdom*, in: Panhellenica. Essays in Ancient History and Historiography in Honor of Truesdell S. Brown (ed. STANLEY M. BURSTEIN), Lawrence 1980, 15-23.

LICHTHEIM, MIRIAM, *The Songs of the Harpers*, in: JNES 4, 1945, 178-212.

LIVERANI, MARIO, *Prestige and Interest. International Relations in the Near East ca. 1600-1100 B.C.*, Padova 1990.

LOPEZ, JESUS, *Ostraca ieratici N. 57450-57568. Tabelle lignee N. 58001-58007*, Catalogo del Museo Egizio di Torino, Seria seconda: Collezioni, Vol. III, fasc. 4, Mailand 1984.

LOPRIENO, ANTONIO, *Amenemope ed i proverbii: un problema di comparazione lessicale*, in: Vicino Oriente III, 1980, 47-76.

LOPRIENO, ANTONIO (Hrsg.), *Ancient Egyptian Literature – History and Forms*, Leiden, New York, Köln 1996 (Probleme der Ägyptologie 10).

LOPRIENO, ANTONIO, *La pensée et l'écriture. Pour une analyse sémiotique de la culture égyptienne*, Paris 2001.

LOPRIENO, ANTONIO, *Topos und Mimesis*, Wiesbaden 1988 (ÄA 48).

MASPERO, GASTON, *Les contes populaires de l'Egypte ancienne*, [5]Paris 1911.

MATHIEU, BERNARD, *La poésie amoureuse de l'Égypte ancienne. Recherches sur un genre littéraire au Nouvel Empire*, Le Caire 1996 (BdE 115).

MATHIEU, BERNARD, *Vérité et mensonge. Un conte égyptien du temps des Ramsès*, in: L'Égypte 11, 1998, 27-36.

MÖLLER, GEORG, *Hieratische Lesestücke*, 2. Heft: Literarische Texte des Neuen Reiches, [2]Leipzig 1927, Nachdruck Berlin 1961.

MOERS, GERALD, *Der Brief des Wermai. Der Moskauer literarische Brief*, in: TUAT III 5, Gütersloh 1995, 922-929.

MOERS, GERALD, (Hrsg.), *Definitely: Egyptian Literature*, Göttingen 1999 (LingAeg, Studia monographica 2).

MOERS, GERALD, *Fingierte Welten in der ägyptischen Literatur des 2. Jahrtausends v. Chr.*, Leiden 2001 (Probleme der Ägyptologie 19).

MOERS, GERALD, *Die Reiseerzählung des Wenamun*, in: TUAT III, 5, Gütersloh 1995, 912-921.

MORENZ, SIEGFRIED, *Untersuchungen zur Rolle des Schicksals in der ägyptischen Religion*, Berlin 1960.

MURNANE, WILLIAM J., *„Overseer of the Northern Foreign Countries": Reflections on the Upper Administration of Egypt's Empire in Western Asia*, in: Essays on Ancient Egypt in Honour of Herman Te Velde. Ed. by JACOBUS VAN DIJK, Groningen 1997, 251-258.

NEWBERRY, PERCY E., *The Amherst Papyri*, London 1899.

NIWINSKI, ANDRZEJ, *Bürgerkrieg, militärischer Staatsstreich und Ausnahmezustand in Ägypten unter Ramses XI. Ein Versuch neuer Interpretation der alten Quellen*, in: INGRID GAMER-WALLERT – WOLFGANG HELCK (Hrsgg.), Gegengabe. Festschrift für Emma Brunner-Traut, Tübingen 1992, 252-257.

OBSOMER, CLAUDE, OOSTHOEK, ANN-LAURE (Hrsgg.), *Amosiadès. Melanges offerts au Professeur Claude Vandersleyen par ses anciens étudiants*, Louvain-la-Neuve 1992.

OSING, JÜRGEN – DREYER, GÜNTER (Hrsgg.), *Form und Mass. Beiträge zur Literatur, Sprache und Kunst des alten Ägypten.* Festschrift für Gerhard Fecht, Wiesbaden 1987 (ÄAT 12).

PESTMAN, PIETER W., *Who were the Owners in the „Community of Workmen" of the Chester Beatty Papyri?*, in: Gleanings from Deir el-Medîna, ed. ROBERT J. Demaree – JACOBUS J. Janssen, Leiden 1982, 155-172.

PETERSON, BENGT JULIUS, *A New Fragment of the Wisdom of Amenemope*, in: JEA 52, 1966, 120-128.

PEUST, CARSTEN, *Das Zweibrüdermärchen*, in: TUAT Ergänzungslieferung, Gütersloh 2001, 147-165.

PIEPER, MAX, *Das altägyptische Märchen*, Morgenland 27, Leipzig 1935.

PIEPER, MAX, *Das Märchen von der Wahrheit und der Lüge und seine Stellung unter den ägyptischen Märchen*, in: ZÄS 70, 1934, 92-97.

POLZ, DANIEL, *Der Beginn des Neuen Reiches. Zur Vorgeschichte einer Zeitenwende*, Berlin 2007 (SDAIK 31).

POLZ, DANIEL, *„Ihre Mauern sind verfallen ..., ihre Stätte ist nicht mehr." Der Aufwand für den Toten im Theben der Zweiten Zwischenzeit*, in: HEIKE GUKSCH – EVA HOFMANN – MARTIN BOMMAS (Hrsgg.), Grab und Totenkult im Alten Ägypten (Festschrift Assmann), München 2003, 75-87.

POLZ, DANIEL, *Theben und Avaris. Zur „Vertreibung" der Hyksos*, in: Stationen. Beiträge zur Kulturgeschichte Ägyptens. Rainer Stadelmann gewidmet, hrsg. von HEIKE GUKSCH und DANIEL POLZ, Mainz 1998, 219-231.

POSENER, GEORGES, *Catalogue des ostraca hiératiques littéraires de Deir el Médineh*, Le Caire 1951 (DFIFAO 18).

POSENER, GEORGE, *Le chapitre IV d'Aménémopé*, in: ZÄS 99, 1973, 129-135.

POSENER, GEORGES, *L'exorde de l'instruction éducative d'Amennakhte*, in: RdE 10, 1955, 61-72.

POSENER, GEORGE, *La légende égyptienne de la mer insatiable*, in: AIPHOS 13, 1953 (Mélanges Isidore Lévy), Bruxelles 1955, 461-478.

POSENER, GEORGE, *Les malheurs d'un prêtre égyptien. Un récit sous forme de lettre*, in: Journal des Savants 1979, 199-204.

POSENER, GEORGE, *On the Tale of the Doomed Prince*, in: JEA 39, 1953, 107.

POSENER, GEORGES, *La piété personnelle avant l'âge amarnien*, in: RdE 27, 1975, 195-210.

QUACK, JOACHIM F., *Die Lehren des Ani. Ein neuägyptischer Weisheitstext in seinem kulturellen Umfeld*, Fribourg – Göttingen 1994 (OBO 141).

QUACK, JOACHIM F., *Ein neuer Versuch zum Moskauer literarischen Brief*, in: ZÄS 128, 2001, 167-181.

QUAEGEBEUR, JAN, *Le dieu égyptien Shaï dans la religion et l'onomastique*, Brüssel 1975 (OLA 2).

QUIRKE, STEPHEN G., *Archive*, in: ANTONIO LOPRIENO (Hrsg.), Ancient Egyptian Literature – History and Forms, Leiden, New York, Köln 1996 (Probleme der Ägyptologie 10), 379-401.

REEVES, NICHOLAS, *The Ashburnham Ring and the Burial of General Djehuty*, in: JEA 79, 1993, 259-261.

RITNER, ROBERT K., *The Legend of Astarte and the Tribute of the Sea*, in: William W. HALLO – K. Lawson YOUNGER JR. (eds.), The Context of Scripture I: Canonical Compositions from the Biblical World, Leiden 1997, 35-36.

RÖMHELD, DIETHARD, *Wege der Weisheit. Die Lehren Amenemopes und Proverbien 22,17-24,22*, Beihefte ZAW 184, Berlin 1989.

RÖSSLER-KÖHLER, URSULA, *Die Reise nach Byblos*, in: Dankesgabe für Heinrich Schützinger, Hallesche Beiträge zur Orientwissenschaft 29/2000, 137-144.

ROSMORDUC, SERGE, *À propos du conte du Revenant*, in: GM 195, 2003, 81-86.

RYHOLT, KIM S. B., *The Political Situation in Egypt during the Second Intermediate Period*, Copenhagen 1997 (CNI Publications 20).

SATZINGER, HELMUT, *How good was Tjeker-Ba'l's Egyptian? Mockery at foreign diction in the Report of Wenamun*, in: LingAeg 5, 1997, 171-176.

SAUNERON, SERGE, (mise à jour Yvan KOENIG), *Deux pages d'un texte littéraire inédit, Papyrus Deir el-Médineh 39*, in: MIFAO 104, 1980, 135-141.

SCHAD, BRIGITTE, *Die Entdeckung des Briefes als literarisches Ausdrucksmittel in der Ramessidenzeit*, Hamburg 2006.

SCHEEPERS, ANNE, *Le Voyage d'Ounamoun: Un texte „litteraire" ou „non-litteraire"?*, in: CLAUDE OBSOMER – ANN-LAURE OOSTHOEK (Hrsgg.), Amosiadès. Melanges offerts au Professeur Claude Vandersleyen par ses anciens étudiants, Louvain-la-Neuve 1992.

SCHIPPER, BERND U., *Die Erzählung des Wenamun. Ein Literaturwerk im Spannungsfeld von Politik, Geschichte und Religion*, Fribourg – Göttingen 2005 (OBO 209).

SCHNEIDER, THOMAS, *Ausländer in Ägypten während des Mittleren Reiches und der Hyksoszeit, Teil 1: Die ausländischen Könige*, Wiesbaden 1998 (ÄAT 42).

SCHOTT, SIEGFRIED, *Altägyptische Liebeslieder*, Zürich 1950.

Select Papyri in the Hieratic Character from the Collection of the British Museum, part I, London 1842.

Select Papyri in the Hieratic Character from the Collections of the British Museum, part II, London 1860.

SHIRUN-GRUMACH, IRENE, *Bemerkungen zu Rhythmus, Form und Inhalt in der Weisheit*, in: ERIK HORNUNG – OTHMAR KEEL (Hrsgg.), Studien zu altägyptischen Lebenslehren, Fribourg – Göttingen 1979 (OBO 28).

SHIRUN-GRUMACH, IRENE, *Die Lehre des Amenemope*, in: TUAT III, 2, Gütersloh 1991, 222-250.

SHUPAK, NILI, *Where Can Wisdom be Found? The Sage's Language in the Bible and in Ancient Egyptian Literature*, Fribourg – Göttingen 1993 (OBO 130).

SIMON, HENRIKE, *Die Erzählung vom Verwunschenen Prinzen. Gattungstheoretische Untersuchungen zur Literatur des Neuen Reiches*, Magisterarbeit Göttingen 2003 (unveröffentlicht).

SIMPSON, WILLIAM K., (Hrsg.), *The Literature of Ancient Egypt. An Anthology of Stories, Instructions, Stelae, Autobiographies, and Poetry*, New Haven, London 2003. Diese überarbeitete Neuauflage ersetzt die Erstauflage (New Haven, London 1972).

SPIEGEL, JOACHIM, *Die Erzählung vom Streite des Horus und Seth in Pap. Beatty I als Literaturwerk*, Glückstadt 1937 (LÄS 9).

SPIEGELBERG, WILHELM, *Die Schlußzeilen der Erzählung vom verwunschenen Prinzen*, in: ZÄS 64, 1929, 86-87.

STÖRK, LOTHAR, *Was störte den Hyksos Apophis am Gebrüll der thebanischen Nilpferde?*, in: GM 43, 1981, 67-68.

Studies in Egyptology Presented to Miriam Lichtheim, ed. by SARAH ISRAELIT-GROLL, Jerusalem 1990.

STURTEWAGEN, CHRISTIAN; TRABACCHIN, GIANNI; VACANTE, FRANCA M., *A Few Additions to oChicago 12074*, in: Discussions in Egyptology 1, 1985, 47-50.

SUHR, CLAUDIA, *Zum fiktiven Erzähler in der ägyptischen Literatur*, in: GERALD MOERS (Hrsg.), Definitely: Egyptian Literature, Göttingen 1999 (LingAeg, Studia monographica 2), 91-129.

SWEENEY, DEBORAH, *Gender and Conversational Tactics in The Contendings of Horus and Seth*, in: JEA 88, 2002, 141-162.

SWEENEY, DEBORAH, *Gender and Language in the Ramesside Love Songs*, in: BES 16, 2002, 27-50.

SWEENEY, DEBORAH, *Women's correspondence from Deir el-Medineh*, in: GIAN M. ZACCONE – TOMASO R. DI NETRO (Hrsgg.), VI congressi Internationale di Egittologia, Vol. II, Turin 1993.

TACKE, NIKOLAUS, *Verspunkte als Gliederungsmittel in ramessidischen Schülerhandschriften*, Heidelberg 2001 (SAGA 22).

TEYSSEIRE, PASCALE M., *The Portrayal of Women in the Ancient Egyptian Tale*, Diss. Yale 1998.

THÉODORIDÈS, ARISTIDE, *Le serment terminal de „Vérité-Mensonge" (P. Chester Beatty II, 11, 1-3)*, in: RdE 21, 1969, 85-105.

THOMPSON, STITH, *Motif Index of Folk Literature: a Classification of Narrative Elements in Folk-Tales etc.*, 6 Bde, ²Bloomington 1955-58.

VERHOEVEN, URSULA, *Ein historischer „Sitz im Leben" für die Erzählung von Horus und Seth des Papyrus Chester Beatty I*, in: MECHTHILD SCHADE-BUSCH (Hrsg.), Wege öffnen. Festschrift für Rolf Gundlach zum 65. Geburtstag, Wiesbaden 1996 (ÄAT 35), 347-363.

VERHOEVEN, URSULA, *Literarische Ansichtskarten aus dem Norden versus Sehnsucht nach dem Süden*, in: GÜNTER BURKARD – ALFRED GRIMM – SYLVIA SCHOSKE – ALEXANDRA VERBOVSEK unter Mitarbeit von BARBARA MAGEN (Hrsgg.), Kon-Texte. Akten des Symposions „Spurensuche – Altägypten im Spiegel seiner Texte" 2.-4. Mai 2003, Wiesbaden 2004 (ÄAT 60), 65-80.

VERHOEVEN, URSULA, *Untersuchungen zur späthieratischen Buchschrift*, Leuven 2001 (OLA 99).

VERNUS, PASCAL, *Chants d'amour de l'Égypte antique*, Paris 1992.

VERNUS, PASCAL, *Essai sur la conscience de l'Histoire dans l'Égypte pharaonique*, Paris 1995, 24-31.

VERNUS, PASCAL, *Sagesses de l'Égypte pharaonique*, Paris 2001.

VITTMANN, GÜNTER, *Altägyptische Wegmetaphorik*, Wien 1999.

VOLTEN, AKSEL, *Studien zum Weiheitsbuch des Ani*, Kopenhagen 1937.

VORLAUF(-HOFMANN), BEATE, *Untersuchungen zur Grammatik der neuägyptischen Erzählungen von Horus und Seth*, Magisterarbeit Marburg 1993 (unveröffentlicht).

WALCOT, PETER, *Hesiod an the Near East*, Cardiff 1966.

WASHINGTON, HAROLD C., *Wealth and Poverty in the Instruction of Amenemope and the Hebrew Proverbs*, Atlanta, Ga. 1994.

WEGNER, WOLFGANG, *„Erzfeinde" oder „völlige Vernichtung"? Ein neuer Vorschlag zu P. Moskau 127, 2, 6f.*, in: ZÄS 133, 2006, 181-192.

WENTE, EDWARD F., *Letters from Ancient Egypt*, ed. EDMUND S. MELTZER, Atlanta 1990, 98-110 Nr. 129 (Society of Biblical Literature, Writings of the Ancient World Vol. 1).

WETTENGEL, WOLFGANG, *Die Erzählung von den beiden Brüdern. Der Papyrus d'Orbiney und die Königsideologie der Ramessiden*, Fribourg – Göttingen 2003 (OBO 195).

WETTENGEL, WOLFGANG, *Zur Rubrengliederung der Erzählung von den zwei Brüdern*, in: GM 126, 1992, 97-106.

WILLIAMS, RONALD J., *The alleged Semitic Original of the Wisdom of Amenemope*, in: JEA 47, 1961, 100-106.

WINAND, JEAN, *Études de néo-égyptien, 1. La morphologie verbale*, Liège 1992 (Aegyptiaca Leodiensia 2).